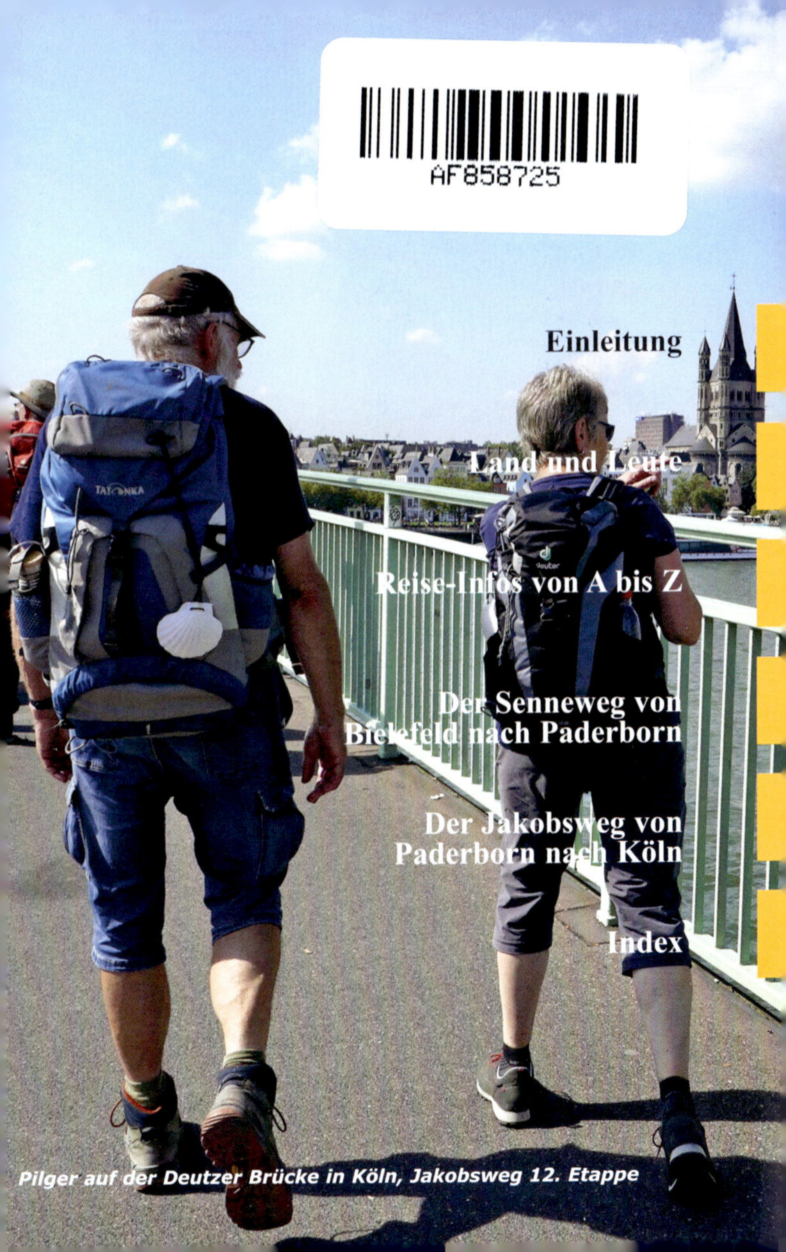

Pilger auf der Deutzer Brücke in Köln, Jakobsweg 12. Etappe

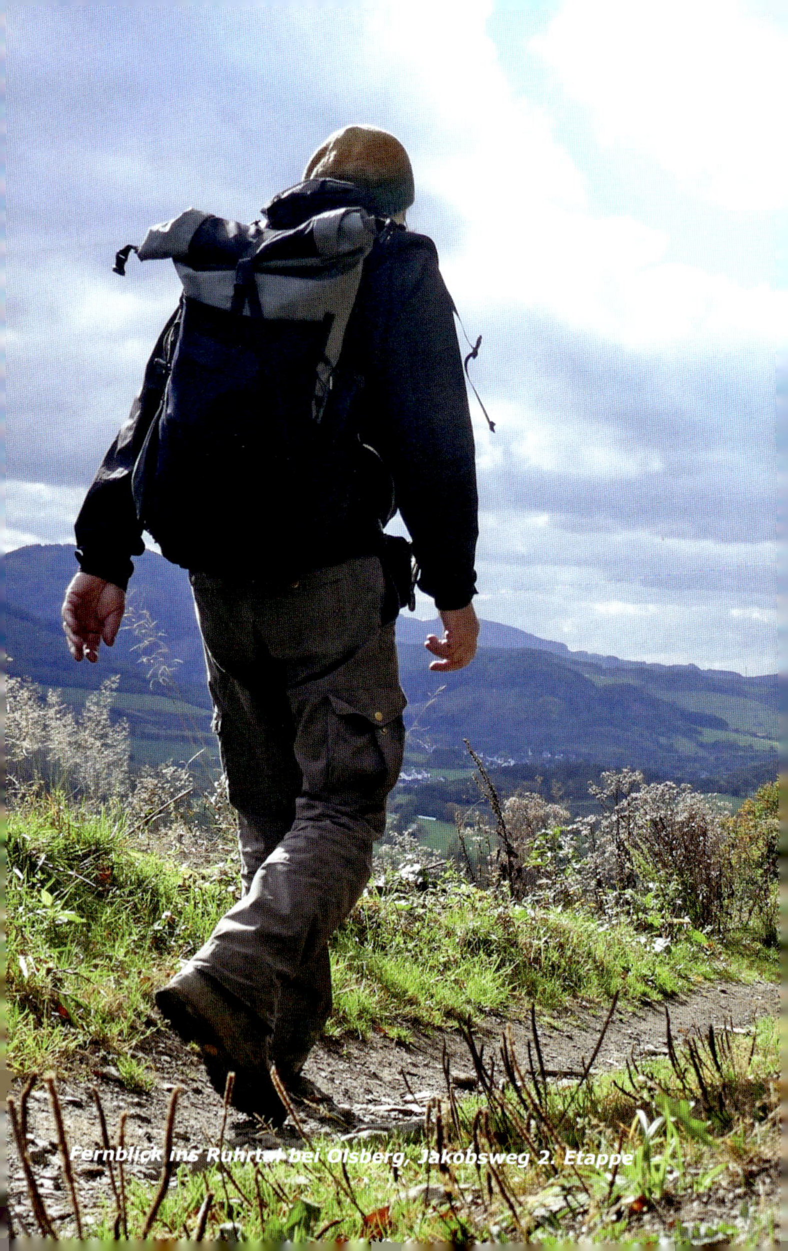

Fernblick ins Ruhrtal bei Olsberg, Jakobsweg 2. Etappe

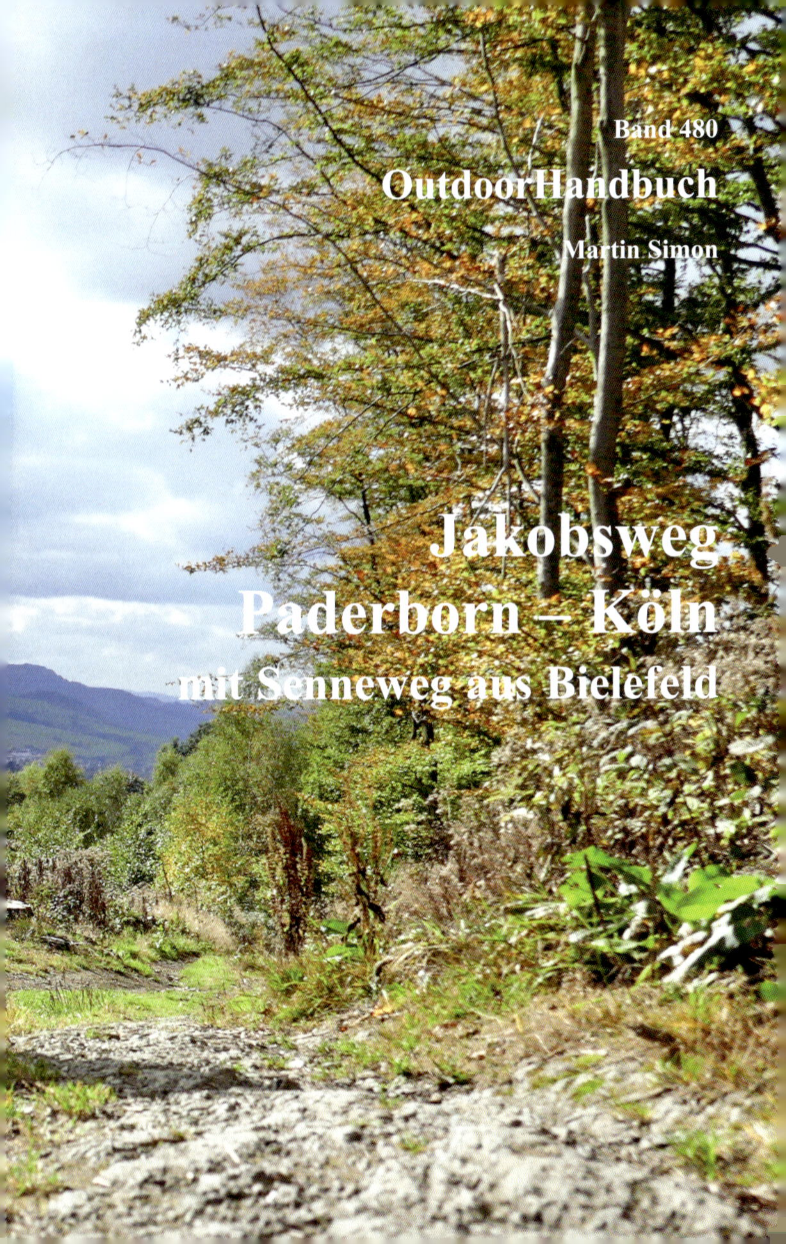

Band 480

OutdoorHandbuch

Martin Simon

Jakobsweg Paderborn – Köln

mit Senneweg aus Bielefeld

Jakobsweg

Der Autor und der Verlag sind für Lesertipps und Verbesserungen (besonders per E-Mail) unter Angabe der Auflagen- und Seitennummer dankbar.

Dieses OutdoorHandbuch hat 224 Seiten mit 47 farbigen Abbildungen sowie 23 farbigen Kartenskizzen im Maßstab 1:100.000, 15 farbigen Höhenprofilen, einer farbigen, ausklappbaren Übersichtskarte und 4 farbigen Stadtplänen. Es wurde auf chlorfrei gebleichtem Papier gedruckt, in Deutschland klimaneutral hergestellt und transportiert und wegen der größeren Strapazierfähigkeit mit PUR-Kleber gebunden.

Klimaneutral
Druckprodukt
ClimatePartner.com/53106-2207-1027

Dieses Buch ist im Buchhandel und in Outdoor-Läden erhältlich und kann im Internet oder direkt beim Verlag bestellt werden.

Paderborn – Köln

OutdoorHandbuch Band 480

ISBN 978-3-86686-737-6 1. Auflage 2022

Text und Fotos: Martin Simon
Karten: Heide Schwinn
Lektorat: Ricarda Kuschma
Layout: Alexandra Sauerland

Gesamtherstellung: AZ Druck und Datentechnik GmbH, Kempten

Dieses OutdoorHandbuch wurde konzipiert und redaktionell erstellt vom:

Conrad Stein Verlag GmbH, Kiefernstr. 6, 59514 Welver,
☎ 023 84/96 39 12,
info@conrad-stein-verlag.de,
www.conrad-stein-verlag.de

Titelfoto: Viehweide bei Obermarsberg, 2. Etappe

Einleitung

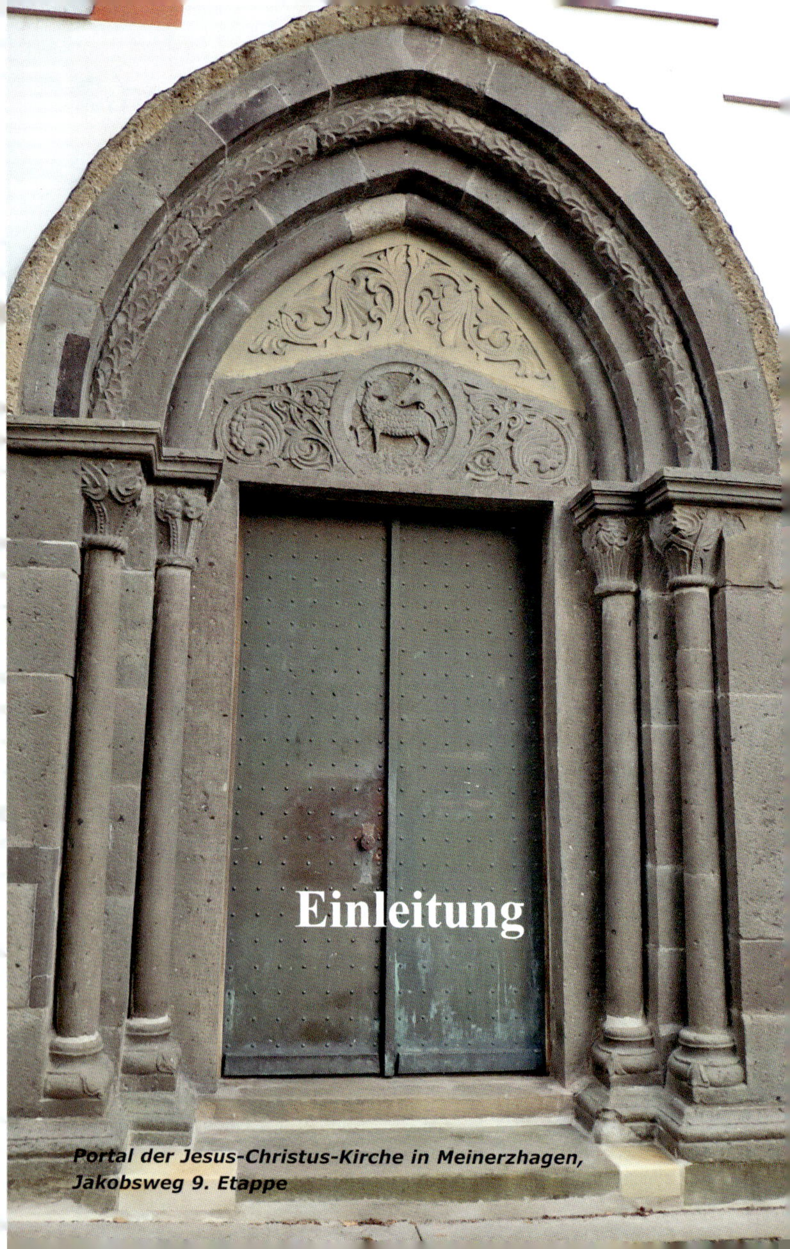

Portal der Jesus-Christus-Kirche in Meinerzhagen, Jakobsweg 9. Etappe

Pilgerinnen und Pilger früherer Zeiten, die auf ihrem Weg zum Grab des Apostels Jakobus das Gebiet des heutigen Nordrhein-Westfalens durchquerten, nutzten die großen Handelswege des Mittelalters. Hier war sicheres und zügiges Vorankommen gewährleistet. Hier gab es die zum Überleben wichtige Infrastruktur im Schutze der Mauern der Städte. Die Chancen auf andere Reisende zu treffen, denen man sich anschließen konnte, waren hier am größten. Handelte es sich doch auch um schwierige Zeiten, in denen das Reisen in Gesellschaft einen gewissen Schutz vor Überfällen oder Hilfe bei Krankheit oder Verletzung bot.

Diese alten Wege aufzuspüren und für die Pilgerinnen und Pilger von heute wieder erfahrbar zu machen und Fußwegalternativen zu finden, wo die Wege von großen Straßen überbaut sind, steht auch in Nordrhein-Westfalen im Fokus der Pilgerwegsforschung, mit der hier die Landschaftsverbände Westfalen und Rheinland beauftragt sind. Sie entscheiden nach wissenschaftlichen Kriterien, ob eine bestimmte Streckenführung als ein Weg der Jakobspilgerinnen und Jakobspilger gelten kann.

Paderborn lag im Kreuzungspunkt großer mittelalterlicher Handelswege. Der bedeutendste war der sogenannte Hellweg, der auch zur Unterscheidung von anderen Westfälischer Hellweg genannt wird. Er führte in Ost-West-Richtung am Nordrand der Mittelgebirgsschwelle, am Rande zum Nordeuropäischen Tiefland entlang und wird in NRW heute repräsentiert durch die Bundesstraße 1. Der Jakobsweg entlang des mittelalterlichen Hellweges war einer der ersten in NRW, der von den Landschaftsverbänden erforscht und mit dem europaweit einheitlichen Jakobswegzeichen, der stilisierten gelben Muschel auf blauem Grund, gekennzeichnet wurde (2010).

Ich habe diesen Weg im Conrad Stein Verlag in einer Auflage aus dem Jahr 2013 beschrieben.

📖 **NRW: Jakobsweg**, Schloss Corvey – Aachen von Martin Simon, Conrad Stein Verlag, ISBN 978-3-86686-147-3, € 12,90

Als ich im Zuge der Recherchen zum eben genannten Weg im Jahre 2012 auch im Pilgerbüro des Freundeskreises der Jakobuspilger vorsprach, war ich doch etwas erstaunt, dass der frisch eröffnete Jakobspilgerweg über den Hellweg nicht nur auf reine Freude stieß.

Immerhin gab es ja nun einen Jakobsweg, der wie in ganz alten Zeiten Pilgerinnen und Pilger nach Paderborn führte, und zwar entlang einer der wichtigsten Altstraßen über Soest und Dortmund nach Aachen oder Duisburg. Die Paderborner hatten anderes im Sinn.

Es gab bereits eine Forschungsgruppe Heidenstraße, bei der es sich um einen bedeutenden Fernweg im Süden von Paderborn handelt, der von Köln durch das Sauerland nach Kassel führte. Mit der systematischen Erforschung der Weg- und Pilgerspuren hatte man bereits begonnen und man kam bald auch zu einem erfolgreichen Abschluss. Aber es musste auch eine Route geben, welche die Jakobspilgerinnen und -pilger von Paderborn aus durch das Sauerland an diese Altstraße geführt hatte. Pilgerinnen und Pilger, die nach Paderborn gekommen waren, um die Reliquien des Heiligen Liborius zu verehren und weiter nach Köln wollten, müssen nicht zwingend über Dortmund gewandert sein. Ein Weg durch das Sauerland wäre doch naheliegend?!

Mag sein, dass es im Ursprung die als tiefer empfundene Nähe zum Landschaftsraum des Sauerlands als zur Hellwegzone war, welche die pilgererfahrenen Menschen des Freundeskreises anspornte, nach den Spuren der Jakobspilger und Jakobspilgerinnen dort zu suchen.

Heinrich Wipper von der Jakobusbruderschaft Düsseldorf hat sich jedenfalls 2006 in seinem Pilgerführer (☞ Literatur, S. 27) mit dem vielleicht nicht nur von ihm vertretenen Urteil klar positioniert: „Ein Wanderweg von Paderborn nach Köln am Rhein kann heute nicht mehr dem traditionellen Hellweg folgen, der gänzlich durch Schnellstraßen belegt ist und durch das Ruhrgebiet führt."

Dem kann ich mich so nicht anschließen. Mich hat der Jakobsweg über den Westfälischen Hellweg begeistert, aber er konnte da ja auch noch nicht den, von den Landschaftsverbänden 2010 eröffneten Jakobsweg NRW durch eben diesen Landschaftsraum kennen.

Begeistert bin ich allerdings auch vom Jakobsweg durch das Sauerland, der ohne die Hartnäckigkeit der Forschungsgruppe Heidenstraße vielleicht nie entdeckt worden wäre.

Das Sauerland ist hinsichtlich seiner Jakobusspuren inzwischen vermutlich so gut untersucht wie kaum eine andere Region. Die beiden Wege über die Heidenstraße durch Westfalen in das Rheinland und nach Köln sowie der Jakobsweg über die Via Regia und den Römerweg von Paderborn über Marsberg, Brilon und Eslohe nach Elspe an die Heidenstraße, sind seit 2019 bzw. 2020 mit den laufenden

Nummern 6 und 7 in die Obhut der Altertumskommission des Landschaftsverbandes Westfalen übergegangen und als Wege der Jakobspilgerinnen und -pilger in Westfalen anerkannt und ausgeschildert.

Das war ein ganz wichtiger Schritt, da nur so die Markierung mit dem europaweit einheitlichen Zeichen, der gelben stilisierten Muschel auf blauem Grund, möglich war. Fachleute des Eggegebirgsvereins und des Sauerländer Heimatbundes bzw. des SGV (Sauerländischer Gebirgsverein) sorgen für die Dauerhaftigkeit der Markierung.

Pilgerinnen und Pilger auf dem Weg nach Santiago de Compostela haben nun zwei Möglichkeiten, in Paderborn weiterzugehen. Sie gehen entweder wie bisher auf dem NRW-Jakobsweg über den Hellweg nach Dortmund und Aachen und weiter durch Belgien oder aber durch das Sauerland nach Köln und weiter durch die Eifel nach Trier und stoßen dort auf die französischen Wege. Zusätzlich haben Sie auch die Möglichkeit, in Dortmund in den Weg über Wuppertal nach Köln einzubiegen.

Der hier beschriebene Pilgerweg von Paderborn durch das Sintfeld und das Sauerland nach Elspe und weiter über die Heidenstraße nach Köln eignet sich aber nicht nur für Pilgerinnen und Pilger, die nach Santiago de Compostela wollen, sondern auch für „Einsteiger und Einsteigerinnen", also für Menschen, die mal schnuppern wollen, wie pilgern eigentlich geht. Als Bergweg ist er ein abwechslungsreicher Weg, vom Charakter her eher ein Rennsteig als ein Heerweg. Als historische Route ist er gespickt mit Kulturgütern ersten Ranges wie z. B. vielen Kirchen aus der Zeit der Romanik, aber auch vielen Kleinoden wie die Kapellchen, die nahezu jedes Dorf im ehemals kurkölnischen Sauerland seit Jahrhunderten pflegt. Auf dem Weg der Jakobspilgerinnen und -pilger werden Sie auf die Jakobspilgerspuren vergangener Jahrhunderte treffen, die den Weg als Pilgerweg so authentisch machen.

Senneweg

Damit diejenigen Pilgerinnen und Pilger, die aus dem Norden Deutschlands Nordrhein-Westfalen erreichen, auch die Möglichkeit haben, über Paderborn und das Sauerland weiterzugehen, hat sich eine weitere Arbeitsgruppe des Freundeskreises der Jakobuspilger Paderborn um einen Verbindungsweg aus Bielefeld bemüht. Bisher war es so, dass alle, die über Minden und Herford nach Bielefeld pilgerten, entweder über Lippstadt und Soest an den Hellweg oder aber über Telgte nach Münster geleitet wurden.

Der neu entstandene **Senneweg** von Bielefeld nach Paderborn erfüllt nicht die strengen wissenschaftlichen Kriterien für einen Weg der Jakobspilger, ist aber auch kein rein touristischer Weg. Er orientiert sich wie die Jakobswege an den alten Fernwegen, die es auch in der Senne schon seit vielen Jahrhunderten gibt. Bronzezeitliche Hügelgräbergruppen lassen sogar den Schluss zu, dass es sich bei einem Teilstück um einen ähnlich alten, nämlich bronzezeitlichen Weg handelt, wie es der Westfälische Hellweg ist. Offen bleibt allerdings – auch wenn die Wahrscheinlichkeit groß ist –, ob auch Jakobspilgerinnen und -pilger den Weg durch die Senne nahmen. Ihre Spuren jedenfalls wurden bis dato dort nicht gefunden. Der Senneweg hat kein eigenes Markierungszeichen, da man der Meinung war, dass es derer in der Landschaft schon viel zu viele gibt, er folgt aber markierten Wegen, sodass es ein Leichtes ist, ihn mit dieser Beschreibung zu gehen.

Danke

Im Spätsommer des Jahres 2021 hatte ich das Glück, mich einer vom Freundeskreis der Jakobuspilger Paderborn organisierten Pilgerwanderung von Elspe nach Köln anschließen zu können. Auf diesen ersten Kontakt mit dem Weg, begleitet durch viele Gespräche, konnte ich meine Wegbeschreibung aufbauen. An dieser Stelle bedanke ich mich bei allen Teilnehmern und Teilnehmerinnen, besonders aber für die kenntnisreiche Führung bei Karl-Rudolph Böttcher und die Pilgerbegleitung durch Maria Diedrich. Mein Dank geht auch an Heino von Groote, Präsident des Freundeskreises der Jakobuspilger Paderborn, der mein Projekt von Anfang an unterstützt hat, und an Heinz Volke. Mit beiden durfte ich den Senneweg erkunden. Danke auch an Norbert Sapp, der immer geduldig meine vielen Fragen zum Weg im Raum Eslohe beantwortet hat.

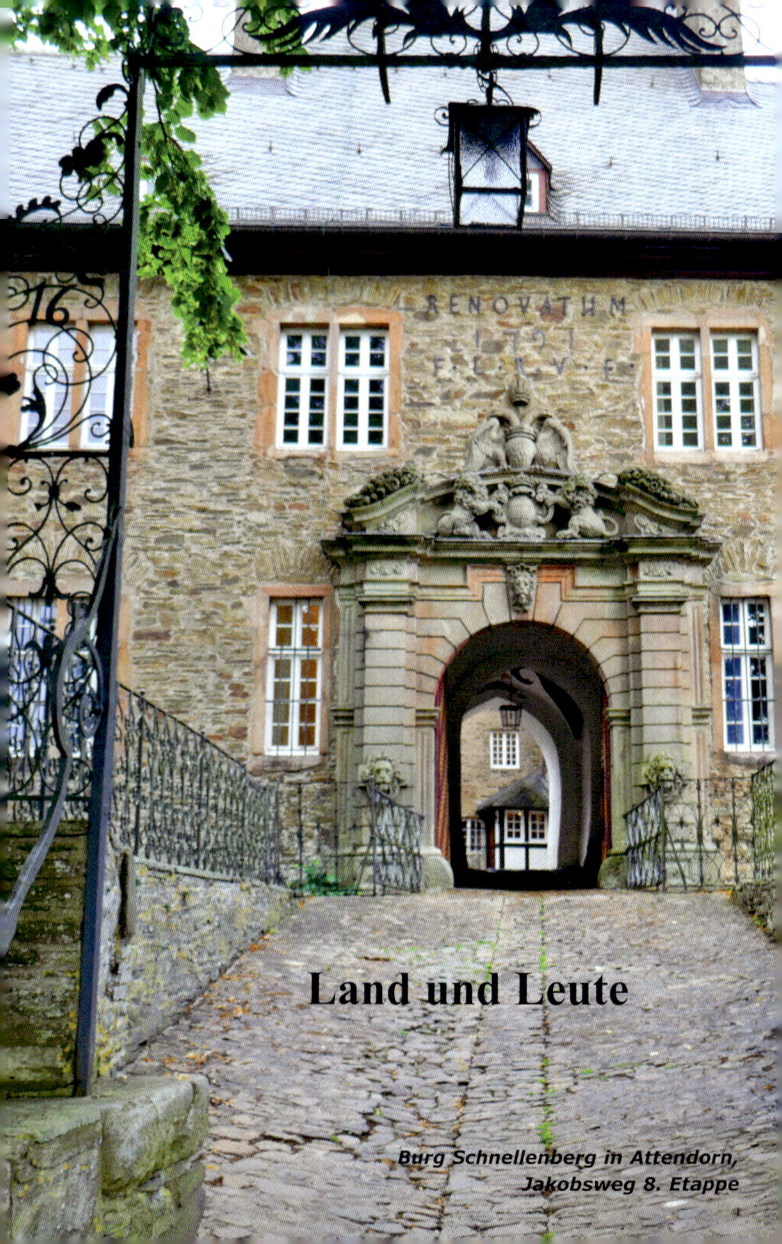

Land und Leute

Burg Schnellenberg in Attendorn,
Jakobsweg 8. Etappe

Wer in der kreisfreien Stadt Bielefeld mit dem Senneweg startet, muss zunächst den Teutoburger Wald überqueren. Dazu steigen Sie auf den ersten Höhenzug des Kammgebirges, auf dem die Sparrenburg den Bielefelder Pass über den Osning, wie er früher genannt wurde, bewachte. Die Burg ist gut erhalten. Ihre wahre Größe erlebt sich erst im Umwandern. Dahinter laufen Sie im Hang der Siedlung Gadderbaum. Hier hat sich die größte Einrichtung zur Behandlung und Versorgung von Menschen mit Epilepsien in Deutschland etabliert (Bethel). Besuchen Sie die Zionskirche und das Haus der Stille der Sarepta Schwesternschaft, wenn Sie mit Menschen vor Ort in Kontakt kommen wollen.

Längst haben Sie den Buchenmischwald des Teutoburger Waldes erreicht, wenn Sie den Hauptkamm überwinden und in den Südhang hinabsteigen. Die sandige Senne, durch eiszeitliche Sandablagerungen vor rund 200.000 Jahren entstanden, ist hier dem Waldgebirge zur Westfälischen Tieflandbucht hin südlich vorgelagert.

Der Weg orientiert sich am Senne Hellweg, der im 8. Jahrhundert die beiden Bischofsstädte Paderborn und Osnabrück miteinander verband. In Teilen müssen Sie aber wieder in das Gebirge zurück. Einmal zur Übernachtung nach Oerlinghausen und dann, um dem Truppenübungsplatz, der sich in der Senne etabliert hat, auszuweichen.

Das stellte sich für die Pilgerinnen und Pilger früherer Zeiten noch anders dar, wie wir z. B. vom isländischen Abt Nikolás, einem Benediktiner, hören. Er kam um 1150 von Minden durch die Dörenschlucht über die Via Regia, die später auch Frankfurter Weg genannt wurde, nach Paderborn und durchquerte die Senne, wobei es nicht ganz sicher ist, wo genau dort die alte Straße verlief. Die Spuren sind hier rar.

Bielefeld reicht mit dem ihm zugehörigen Umland bis an das ehemalig selbstständige Land Lippe. Seit etwa dem 12. Jh. bis 1947 war das Reich der lippischen Landesherren deutscher Staat mit der Landeshauptstadt Detmold, Reichsgrafschaft, Fürstentum und Freistaat in der Weimarer Republik. 1947 wurde es Teil des bereits 1946 von der britischen Besatzungsmacht aus dem Nordteil der preußischen Provinz Rheinland und der preußischen Provinz Westfalen zusammengefügten Konglomerats Nordrhein-Westfalen. Im Namen wird es nicht genannt aber im Wappen des bevölkerungsreichsten Bundeslandes der BRD befindet sich die lippische Rose. Selbstbewusst behauptet sich das kleine Land bis heute im Kreis Lippe mit der Bezirksregierung in Detmold. Rund 35 km verläuft der Weg in Lippe.

Zwischen Schlangen und Bad Lippspringe erreichen Sie wieder Westfalen im Kreis Paderborn. Bad Lippspringe gehört nicht mehr zu Lippe, wie der Name vielleicht vermuten ließe. Der Name der Edelherren zur Lippe ist aber dem Fluss entlehnt, der in Lippspringe entspringt. Das Geschlecht selbst stammt aus Lipperode bei Lippstadt.

Paderborn wurde im Jahr 777 als Patrisbrunna das erste Mal erwähnt, als Karl der Große seine erste Reichsversammlung auf sächsischem Boden abhielt. Was den Ort so besonders macht, sind seine rund 200 Quellen, die sich zum kürzesten Fluss Deutschlands, der Pader vereinen. Der Kalkstock im Süden der Stadt, das Sintfeld als Teil der Paderborner Hochfläche, ist durchlöchert wie ein Schweizer Käse. Niederschlagswasser bleibt dort nur selten lange an der Oberfläche. Die Bäche fallen trocken und kommen unter anderem in Paderborn als üppig sprudelnde Quellen wieder zutage. Pilgerinnen und Pilger besuchen heute neben dem Quellgebiet vor allem den Dom, wie sie es vor Jahrhunderten auch taten, als vor dem Paradiesportal noch die Pilgerherberge stand. Ein Teil der einst doppelt so großen, verschlossenen Halle ist bis heute erhalten. Dann geht es auf der Via Regia, die als Hohlweg in Teilen noch erlebbar ist, zum Sintfelt hinauf und über die Hochebene. Dabei entspricht der heutige Gembrisweg der alten Via Regia bzw. dem Frankfurter Weg. Dem Kloster Dalheim am Weg, im 15. Jh. als Augustiner Chorherrenstift gegründet, ging eine in klösterlicher Gemeinschaft lebende Frauengemeinschaft voraus. Vielleicht haben die Einrichtungen auch damals schon einige Pilgerreisende erlebt. Heute ist es als Klostermuseum mit Dauer- und Sonderausstellungen zur klösterlichen Kulturgeschichte sehenswert.

Das weiter südlich in Marsberg erreichte Diemeltal kann als naturräumliche Grenze zum Sauerland angesehen werden, obwohl schon auf den Höhen davor, in Meerhof, der Hochsauerlandkreis betreten wird.

Der Pilgerweg durchquert das Sauerland von Nordost nach Südwest in den Kreisen Hochsauerlandkreis und Olpe. Der Märkische Kreis wird in Meinerzhagen nur gestreift. Der Pilgerweg verlässt im Diemeltal die Via Regia, den Frankfurter Weg, und biegt in den Römerweg ein. Bezeichnet wird dieser auch als Heerweg/Römerweg und war eine Verbindung nach Bonn. Er führt Sie nach Elspe an die Heidenstraße.

Die historischen Wege führten nie durch die Täler, da diese in aller Regel versumpft waren, aber manchmal müssen diese durchquert werden. Da, wo es früher Furten gab und später Brücken, entwickelten sich die Siedlungen. Burgen bewachten die zollpflichtigen Übergänge.

Über die Höhen geht es weiter in das Hoppecketal, aus dem ein tief eingeschnittener Hohlweg zur Briloner Hochfläche hinaufführt. Besonders an den Steigungen sind im Laufe der Jahrhunderte die Hohlwege entstanden, die heute über den Verlauf der alten Straßen Auskunft geben. Da die Wege nicht befestigt waren, schnitten sie sich durch häufiges Befahren mit schweren Transportkarren oft tief in die Landschaft ein. Das abfließende Wasser spülte die Rinnen weiter aus. War ein Weg unbefahrbar geworden, legte man daneben einfach einen neuen an. Es entstanden sogenannte Hohlwegbündel. Immer wieder treffen Sie auf diese zum Teil als Bodendenkmal geschützten Relikte.

Der Bergweg, dem Sie weiter durch das Ruhrtal folgen, wird sicherlich keine bevorzugte Route für Gütertransporte gewesen sein. Viel zu viele Steigungen mussten überwunden werden. Aber Reisende, die zu Fuß oder auf Pferden unterwegs waren, Boten sowie auch Pilgerinnen und Pilger und vermutlich auch bereits die Herrschenden aus der Zeit des Reisekönigtums werden auf diesem Weg zum Königshof nach Paderborn gereist sein. Vermutet wird, dass das Alter des Weges bis in die Latènezeit (um 450 v. Chr.) zurückgeht. Der Name Römerweg und einige Münzfunde weisen auf die Nutzung durch die Römer hin. Regional spielte der Weg auch eine wichtige Rolle beim Transport der Bodenschätze. Die Eisenerze wurden bereits seit der Zeit vor Christi Geburt gewonnen und verhüttet.

Das auch Jakobuspilgerinnen und -pilger diesen Weg benutzten, zeigen unter anderem die Jakobuspatrozinien einiger Kirchen am Weg. Beispiele sind die St.-Jakobus-Kapelle in Eslohe-Bremscheid und die Jakobuskirche in Remblinghausen. Die Jakobus dem Älteren geweihte Kirche in Elspe gilt als die bedeutendste Jakobusstätte im Sauerland. Bereits an der Heidenstraße in Attendorn und Dünschede wurden bei Grabungen in den Kirchen Pilgermuscheln gefunden. In Attendorn war sie einem Verstorbenen auf die Brust gelegt worden. Da in den Anfängen und der Hochzeit der Pilgerbewegung die Schalen der Jakobsmuschel als Zeichen des Erfolgs der Pilgerschaft aus Spanien mitgebracht wurden und sie nicht wie heute bei jedem Fischhändler zu beziehen waren, nimmt man an, dass es sich um Pilgerreisende handelte, die sie aus Santiago de Compostela nach Attendorn und Dünschede getragen haben.

Hinter Meinerzhagen überschreiten Sie eine alte Kulturgrenze. Einst stießen hier die Reiche der bereits christlichen Franken und das der nicht christlichen Sachsen aufeinander. Heute ist es die Grenze von Westfalen zum Rheinland innerhalb des Bundeslandes Nordrhein-Westfalen. Die Landschaft ist die gleiche geblieben. Das Bergische Land, das Sie erreicht haben, ist Teil des großen

Rheinischen Schiefergebirges, zu dem auch das Sauerland zählt. Seinen Namen hat es von den Grafen und späteren Herzögen von Berg, die es über viele Jahrhunderte in Besitz hatten. Sie bewohnten zuerst die Burg Berge in Altenberg, ab 1133 dann das Schloss Burg an der Wupper und ab dem späten 14. Jahrhundert das Düsseldorfer Schloss am Zusammenfluss von Düssel und Rhein. Am Weg treffen Sie auch in Bensberg auf eine ehemalige Residenz.

Um nach Köln zu kommen, mussten Pilgerinnen und Pilger früherer Zeiten den Rhein überqueren. Heute gilt das nur noch für das Pilgerziel, den Kölner Dom. Die rechtsrheinisch gelegene, auf ein römisches Kastell zurückgehende, bis 1888 selbstständige Stadt Deutz zählt heute zur Kölner Innenstadt. Eingemeindet sind auch die zusammengewachsenen, ehemals bergischen Dörfer Brück, Merheim und Kalk, durch die Sie der Weg auf rund 10 km hindurchführt, bevor Sie über die Deutzer Brücke das (vorläufige?) Ziel Ihrer Pilgerreise, den Kölner Dom, erreichen.

Reise-Infos von A bis Z

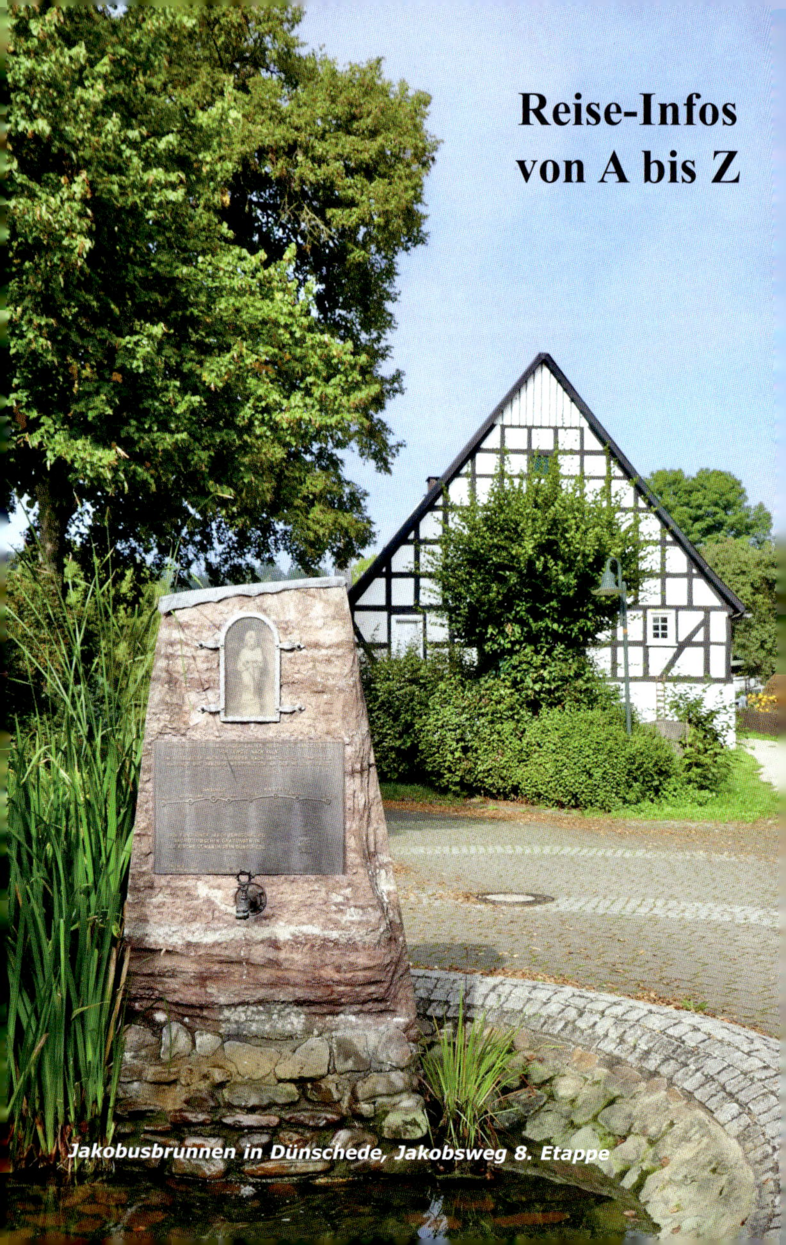

Jakobusbrunnen in Dünschede, Jakobsweg 8. Etappe

Anreise- und Abreise

Zu Fuß

Von Magdeburg führt ein Jakobsweg über Braunschweig und Hildesheim nach Corvey an den westfälischen Jakobsweg. Mit ihm erreichen Pilgerinnen und Pilger aus dem Osten Deutschlands Paderborn. Aus dem Norden kommend führen die Wege über Minden und Herford nach Bielefeld. Mit dem hier beschriebenen Senneweg kommen Pilgerinnen und Pilger in drei Tagen von Bielefeld nach Paderborn.

Mit dem Auto

Sowohl Bielefeld als auch Paderborn liegen verkehrsgünstig an der A33, die von Osnabrück bis an die A44 südlich von Paderborn führt. Über diese wird in östlicher Richtung Kassel und in westlicher Richtung Dortmund und das weitere Ruhrgebiet erreicht. Bielefeld liegt auch an der A2 zwischen Hannover und Dortmund.

Parken ist immer ein Problem, das es vor Ort zu lösen gilt. Sowohl in Bielefeld als auch in Paderborn können Sie es in den ruhigeren Außenbezirken in einer der Straßen versuchen. Sicher steht Ihr Auto in einem der Parkhäuser, die z. B. schon für € 8 (Tageskarte), € 30 (Wochenkarte) oder € 70 (Monatskarte) zu haben sind.

Wenn Sie auf den unten angegebenen Webseiten „Parken" in die Suchfunktion eingeben, erhalten Sie umfassende Informationen über die Parkmöglichkeiten in Paderborn bzw. Bielefeld und Umgebung. In Bielefeld stehen einige kostenlose Park&Ride-Plätze an den Endhaltestellen der Stadtbahn zur Verfügung. Der Bedarf ist aber auch relativ hoch, sodass diese Plätze schnell knapp werden.

💻 www.paderborn.de

♦ www.bielefeld.de

Mit der Bahn

Sowohl Bielefeld als auch Paderborn sind mit dem Zug gut zu erreichen. In den meisten Städten bekommen Sie in den Reisezentren der Bahnhöfe Auskunft und Fahrkarten. Möglich ist auch immer die Nutzung der in jedem Bahnhof aufgestellten Automaten.

Noch einfacher ist die Verbindungssuche mit dem DB-Navigator, den Sie auf ihr Smartphone laden. Wer ein eigenes Konto eröffnet, kann von überall unterwegs Fahrkarten auch spontan buchen oder einfach nur die verschiedenen Fahrmöglichkeiten recherchieren.

Auch über eine Internetseite ist die Verbindungssuche und der Kauf von Fahrkarten möglich.

💻 www.reiseauskunft.bahn.de.

Die Wegbeschreibung beginnt in Bielefeld am Hbf., sodass Sie nach Ankunft einfach loslaufen können. In Paderborn beginnt die Beschreibung am Dom. Den erreichen Sie vom Hbf. über die Bahnhofstraße (rechts). Am Westerntor folgen Sie geradeaus der Westernstraße zum Rathaus (Fußgängerzone) und weiter geradeaus der Straße Schildern zum Domplatz.

Wer aus Bielefeld mit der Sennebahn anreist, kann bereits am Bf. Kasseler Tor aussteigen. Der liegt direkt am Pilgerweg und am nördlichen Altstadtrand, ☞ Wegbeschreibung.

Mit dem Bus

Weder Bielefeld noch Paderborn sind nach meinen Recherchen mit Fernbuslinien zu erreichen. Ausführung zu Busverbindungen in NRW ☞ Verkehrsmittel unterwegs

Mit dem Flugzeug

Paderborn ist über den Flughafen Paderborn/Lippstadt zu erreichen.

💻 www.airport-pad.com

Rückreise

Wer seine Pilgerreise in Köln beendet (oder unterbricht), kommt mit dem Zug leicht wieder an den Ausgangspunkt oder die Heimatadresse zurück. Um nach Paderborn zurückzufahren, bieten sich die stündlich verkehrenden Regionalbahnverbindungen mit einem Umstieg in Hamm an. Der Fernverkehr bringt keinen zeitlichen Vorteil.

So oder so benötigen die Züge unter zweieinhalb Stunden. Nach Bielefeld verkehren Direktzüge. Ohne Umstieg fahren IC und ICE in rund zwei Stunden von Köln nach Bielefeld.

Ausrüstung

Für diesen Weg brauchen Sie keine besonderen Ausrüstungsgegenstände. Sie kleiden sich der Jahreszeit entsprechend, ziehen gut eingelaufene, leichte Wanderschuhe an und packen einmal Wechselwäsche ein. Idealerweise ist die Wechselwäsche mit dem, was Sie anhaben, kombinierbar, sodass Sie z. B. an kühlen Tagen ein Teil mehr anziehen können. Eine möglichst leichte, im Herbst und Winter auch schwerere Windjacke und einen Regenschutz (Schirm oder Poncho) sollten Sie immer dabeihaben.

Detaillierte Tipps zur Ausrüstung finden Sie in folgendem Buch:

📖 **Ausrüstung 1 – von Kopf bis Fuß** von Markus Gründel & Johann Schinabeck, Conrad Stein Verlag, ISBN 978-3-86686-417-7, € 10,90

Einkaufen

Sie haben unterwegs, auch an Etappenorten, nicht immer Gelegenheit zum Einkaufen von Lebensmitteln sowie anderer Dinge des täglichen Bedarfs. Da lohnt es sich schon, etwas vorausschauend zu planen, denn es kann vorkommen, dass Sie abends z. B. in einer Pension o. Ä. (Appartement) unterkommen, wo es keine Möglichkeiten zum Abendessen oder zum Einkaufen gibt. Anhand der aufgeführten Infrastruktur lässt sich die jeweilige Situation gut überschauen und durch rechtzeitigen Einkauf ein knurrender Magen vermeiden.

☺ Ein wenig Notverpflegung wie Nussmischungen, Trockenfrüchte, Möhren oder Obst sollten Sie immer dabeihaben. Auch empfiehlt es sich, für den Fall der Fälle ein paar Teebeutel Ihrer Wahl und/oder etwas Kaffeepulver mitzutragen, falls sich einmal die Gelegenheit bietet, an heißes Wasser zu kommen.

Essen und Trinken

Bäckereien und Cafés finden sich in vielen auch kleineren Ortschaften. Der klassische Gasthof allerdings, der einmal auch für die Mittagsversorgung Reisender zuständig war, ist heute fast ausgestorben. Es gibt ihn jedenfalls sehr viel seltener und in den meisten Fällen öffnet er erst am späten Nachmittag oder Abend. Ausnahmen gibt es an Sonn- und Feiertagen.

Man geht nicht mehr zum Mittagessen in den Gasthof. Das Essengehen ist ein soziales Ereignis und dem Feierabend oder dem Sonntag vorbehalten. Anders ist das in den größeren Städten und in Gewerbegebieten. Dort hat sich die Gastronomie auf die schnelle, imbissartige Versorgung der Berufstätigen eingestellt.

Richten Sie sich darauf ein, die tägliche warme Mahlzeit erst am Abend zu bekommen. Das empfiehlt sich für ein unbeschwertes Wandern sowieso. Im Einzelnen finden Sie die jeweilige Infrastruktur in den Ortsüberschriften mit aufgeführt.

In der Regel finden Sie in Westfalen, Lippe und auch im Rheinischen eine internationale Küche. Es gibt italienische, griechische, chinesische Restaurants etc. sowie den deutschen Gasthof mal mit einfacher und mal mit gehobener Küche. Manchmal befinden sich aber auch noch landesspezifische Spezialitäten auf den Speisekarten.

Dazu gehört z. B. der Pickert, den es in Lippe als Lippischer Pickert und in Westfalen als Westfälischer Pickert gibt. Es handelt sich dabei um einen Hefeteig aus rohen, geriebenen Kartoffeln, Mehl, Eiern, Milch oder Wasser und Rosinen. Daraus werden kleine Pfannkuchen gebacken und oft süß mit Pflaumenmus oder Rübenkraut serviert.

Aus der kargen Senne sind auch ältere Rezepte mit Buchweizenmehl bekannt und in Westfalen kommt auch schon mal der Schweinespeck mit in die Pfanne.

Im Rheinland achten Sie vielleicht auf Typisches wie Flöns (Blutwurst) mit Öllich (Zwiebeln), auch Kölscher Kaviar genannt, Rosenkränzchen (geringelte Bratwurst), Himmel un Ääd aus gestampften Kartoffeln und Apfelmus.

Trinkwasser

Wichtig ist es, die 1-Liter-Trinkwasserflasche immer gefüllt dabeizuhaben. Sie können nicht sicher sein, jederzeit ausreichend Nachschub zu finden. In der kalten und in der heißen Jahreszeit ist es durchaus empfehlenswert, eine dieser modernen, doppelwandigen Edelstahlflaschen einzupacken. Sie hält im Winter den Inhalt warm und im Sommer kühl.

Sichere Trinkwasserquellen gibt es eher selten am Weg. Aus jedem Hahn können Sie aber bedenkenlos das Wasser trinken.

Etappen

Ich habe die 308 km, die von Bielefeld nach Köln zu laufen sind, in 15 Etappen eingeteilt. Drei Etappen und 65 km entfallen auf den Senneweg. Das entspricht einem Durchschnitt von 20 Tageskilometern und dem, was eine durchschnittlich trainierte Person täglich leisten möchte. Sie haben in vielen Fällen die Möglichkeit die Etappenlänge an Ihr persönliches Bedürfnis anzupassen. Wenn Sie sich nicht sicher sind, ob Sie die vorgeschlagene Etappe schaffen können, wählen Sie von vornherein einen kürzeren Weg, machen Pausen, nehmen ein Picknick mit und schauen in die grüne Weite des Sauerlands. Lassen Sie das Leistungsdenken zu Hause und nicht nur die „Seele baumeln", sondern ab und an auch mal die Beine. Die Wahrnehmung ist so beschaffen, dass sich oft erst in Ruhe zeigt, was sich in der Umgebung (im Wald und auf den Wiesen) so alles bewegt.

In den Wegbeschreibungen finden Sie an einigen Stellen Vorschläge für andere Etappenaufteilungen und zum Pilgern ohne schweres Gepäck.

Feiertage

Neben den neun bundeseinheitlichen Feiertagen ist in Nordrhein-Westfalen zusätzlich Christi Himmelfahrt und Allerheiligen arbeitsfrei. Christi Himmelfahrt ist ein beweglicher Feiertag, der immer donnerstags, 10 Tage nach Pfingsten gefeiert wird. Allerheiligen ist am 1. November.

Geld

Eine kleine Summe Bargeld sollten Sie immer mit sich führen, da in NRW (und im übrigen Deutschland) die Kartenzahlung immer noch nicht überall möglich ist. Banken (in der Regel Volksbanken und Sparkassen) finden Sie ganz regelmäßig am Weg.

GPS

Die moderne Form der Orientierung im Gelände wird durch das vom US-Militär entwickelte Satellitennavigationssystem GPS (Global Positioning System) ermöglicht. Es besteht aus rund 30 Satelliten, die die Erde in einer Höhe von etwa 20.000 km umkreisen.

Durch die Abfrage der Daten von mehreren Satelliten kann ein GPS-fähiges Gerät seine Position bis auf wenige Meter genau bestimmen. Diese Technik, die in den meisten Last- und Personenkraftwagen inzwischen Standard ist, gewinnt auch beim Wandern und Pilgern zunehmend an Beliebtheit, zumal die meisten Menschen einen solchen Empfänger im Smartphone ständig bei sich tragen.

Der große Vorteil gegenüber der Orientierung mithilfe von Papierkarten ist die genaue Positionsbestimmung. Ein Nachteil bleibt der in der Regel sehr kleine sichtbare Kartenausschnitt auf tragbaren Geräten. Die Orientierung in der weiteren Umgebung ist somit erschwert.

Voraussetzung für eine Nutzung sind elektronische Karten, die erstens offline verfügbar sind, zweitens außer den Straßen auch die Wanderwege abbilden und drittens müssen Sie wissen, wo es jeweils weitergehen soll. Der Weg muss also auf der Karte abgebildet sein.

Wer erste Erfahrungen mit dem Handy sammeln will, ist z. B. mit der für alle Betriebssysteme geeigneten, sehr schnellen und zuverlässigen Smartphone-App Guru Maps gut beraten.

Vergessen Sie nicht, bereits zu Hause oder im WLAN eines Hotels, an Bahnhöfen oder der Touristinformation etc. die passenden Wanderkarten herunterzuladen und im Vorfeld der ersten Nutzung ein wenig zu üben. Eine passende Anleitung finden Sie auf der gleichnamigen Webseite.

gurumaps.app

Wesentlich detailliertere Karten bietet ein tschechischer Routenplaner, den es im Web und als Smartphone-App für Android-Systeme in deutscher Sprache gibt. Auf einer personalisierten Seite legen Sie sich im Web die benötigten GPS-Tracks durch einfaches Hochladen und Speichern an. Sie werden automatisch mit der Smartphone-App synchronisiert. So haben Sie die Tracks vom Weg immer dabei.

Auch bei dieser Anwendung laden Sie die benötigten Karten für unterwegs im Vorfeld oder in einem Hotel auf ihr Handy. Dann sind sie immer verfügbar, kosten unterwegs keine Daten und die App funktioniert auch im Funkloch. Viele Wanderwege und auch der Jakobsweg durch das Sauerland von Paderborn nach Köln sind auch bereits auf den wählbaren Wanderkarten eingezeichnet. Die Anwendung ist kostenfrei und die angekündigte Werbung habe ich nach einem halben Jahr Gebrauch noch nicht gesehen.

www.mapy.cz

Meine wichtigste Navigationsapp ist immer noch die Entwicklung des Spaniers Jose Vazquez mit dem Namen OruxMaps. Sie ist nur für Android-Smartphones verfügbar und kostet wenige Euro. Leider ist diese Anwendung nur denjenigen zu empfehlen, die Einarbeitungszeit nicht scheuen.

Aufgrund sehr vieler Funktion ist sie wenig übersichtlich, mit den gratis Wanderkarten (OSM) von 💻 www.openandromaps.org meiner Meinung nach, aber unschlagbar im Gebrauch und komplett offline handhabbar.

Die GPS-Tracks zu den beschriebenen Wegen können Sie auf der Internetseite des Verlags (💻 www.conrad-stein-verlag.de) herunterladen.

📖 Tipps zum Umgang mit dem GPS-Gerät finden Sie in dem Ratgeber „**GPS** – Grundlagen · Tourenplanung · Navigation" von Michael Hennemann, Conrad Stein Verlag, ISBN 978-3-86686-495-5, € 9,90.

Hunde

Menschen, die mit ihrem Hund unterwegs sind, finden im Übernachtungsverzeichnis auch immer wieder Hinweise auf hundefreundliche Beherbergungsbetriebe. Gekennzeichnet sind diese mit dem kleinen Symbol 🐕 und ergänzt – soweit bekannt – mit den dafür anfallenden Kosten. Nicht auf allen Websiten der Unterkünfte wird ausdrücklich auf die Unterbringungsmöglichkeit eines Vierbeiners hingewiesen. Das bedeutet aber nicht, dass dieses in jedem Fall kategorisch ausgeschlossen ist. Auf Anfrage erhalten Sie Auskunft. Bei meinen Recherchen bin ich immer wieder auf die Aussage gestoßen, dass insbesondere kleine Hunde kein Problem darstellen. Der Weg selbst wird in tierischer Begleitung sicher an Qualität gewinnen, bedarf aber bezüglich der Übernachtungsfrage etwas mehr Planung.

Information

Touristische Einrichtungen

Auskunft zu allen touristischen Fragen geben die Touristinformationen vor Ort sowie der Tourismusverband Nordrhein-Westfalen.

ℹ Tourismus NRW e.V., Völklinger Str. 4, 40219 Düsseldorf, ☏ 0211/91 32 05 00, ✉ info@nrw-tourismus.de, 💻 www.dein-nrw.de

Jakobusgesellschaften

Die Jakobusgesellschaften bieten Pilgerberatungen und Informationen zu den Pilgerwegen. Es werden auch Veranstaltungen rund um das Pilgern angeboten. Hier erhalten Sie auch Ihren Pilgerausweis, ☞ Pilgerausweis.

In Paderborn gibt es den Freundeskreis der Jakobuspilger Paderborn und in Köln die Santiago-Freunde, welche den Weg im Bergischen und Kölner Raum entscheidend mitgeprägt haben. Die jeweiligen Adressen habe ich bei den Orten einsortiert.

☺ Wählen Sie auf der Seite des Freundeskreises der Jakobuspilger Paderborn im Menü „Rund ums Pilgern" und anschließend „Pilgerwege in Deutschland und Westfalen". Es öffnen sich die Unterseiten mit vielen Informationen auch zu dem hier beschriebenen Weg.

Landschaftsverband

Die historische und archäologische Erforschung des mittelalterlichen Wegenetzes, das auch die Jakobspilgerinnen und -pilger nutzten, lag bei den Landschaftsverbänden. Das Projekt ist inzwischen abgeschlossen. Für Westfalen ist aber eine Betreuung seitens des Landschaftsverbandes weiterhin vorgesehen. So konnten auch die beiden von der Paderborner Projektgruppe erforschten Wege in die Betreuung durch den Landschaftsverband übergehen. Sie werden dort unter den Nummern 6 und 7 geführt. Auf der Webseite finden Sie Informationen zu den jeweiligen Wegen, zum Teil auch Verzeichnisse der Pilgerunterkünfte. Auch GPS-Tracks werden abrufbar bereitgehalten.

💻 www.jakobspilger.lwl.org/de

Projektgruppe Heidenstraße

Über die Arbeit der Projektgruppe informiert:

💻 www.jakobuswege-sauerland.de

Allgemeine Übersicht Jakobswege und GPS-Tracks

Eine Übersicht der Jakobspilgerwege inklusive aller GPS-Tracks für Deutschland und ganz Europa sowie jede Menge anderer Tipps der Pilgererfahrenen bekommen Sie auf den privaten Seiten von Beate Steger und Hans-Jörg Bahmüller.

💻 www.deutsche-jakobswege.de

♦ www.jakobswege-europa.de

Lippischer Pilgerweg

Der Lippische Pilgerweg ist kein Jakobsweg, aber ein markierter Weg, der zum Pilgern in Lippe einlädt. Einem Teil der Westroute dieses Weges werden Sie folgen, wenn Sie in Bielefeld mit dem Senneweg starten.

www.lippische-landeskirche.de → Angebote → Pilgern in Lippe

Allgemeine Informationen

Auf der folgenden privaten Homepage finden Sie viele Informationen rund um das Thema Pilgern.

www.jakobus-info.de

Klima und Reisezeit

Grundsätzlich ist der Weg ganzjährig begehbar. Insbesondere in den Monaten Dezember und Januar sind allerdings viele Gasthöfe geschlossen, sodass Sie evtl. nur ein eingeschränktes Übernachtungsangebot vorfinden. Erkundigen Sie sich auf jeden Fall in den Wintermonaten nach den Schneehöhen, die eventuell die Begehbarkeit der Wege erschweren könnten.

Literatur

- Von der Projektgruppe Heidenstraße sind drei Bände **Wandern und Pilgern auf der Heidenstraße** herausgegeben worden. Leider ist zurzeit aber nur Bd. 3 auf dem Markt erhältlich. Die letzten Exemplare einer sehr detaillierten Wegbeschreibung von Marienheide nach Köln, die in Zusammenarbeit mit den **Santiago-Freunden aus Köln** entstanden sind, können Sie nur noch im Shop des Freundeskreises der Jakobuspilger Paderborn erwerben, ☞ Paderborn.
- Ein sehr informatives Buch zu den Altstraßen und Jakobusspuren im Sauerland wird im Antiquariat noch in ausreichender Anzahl angeboten.
  Annemarie Schmoranzer: **Wege der Jakobspilger im kurkölnischen Sauerland**, Volkach/Main 1995, ISBN 3-928542-10-9
- Heinrich Wipper hat den Weg von Paderborn durch das Sauerland nach Köln 2006 beschrieben. In seinem Buch ist in Teilen eine andere Route vorgeschlagen. Sie finden dort aber eine sehr kenntnisreiche Beschreibung der Sehenswürdigkeiten. Heinrich Wipper: **Von Paderborn durch das Sauerland nach Köln,** Paderborn 2006, ISBN 978-3-89710-315-3 (antiquarisch)

▷ In der Mitgliederzeitschrift des Freundeskreises der Jakobuspilger Paderborn finden Sie immer wieder Artikel zum Jakobsweg Paderborn – Köln. Sie können einzelne Zeitungen im Pilgershop erwerben oder Mitglied im Verein werden. Dann ist die Zeitschrift im Jahresbeitrag enthalten.

▷ **Der Jakobusfreund**, Freundeskreis der Jakobuspilger Paderborn e. V.
Nr. 32, S. 33: Auf dem Jakobsweg durchs Sauerland, Pilgerbericht.
Nr. 33 Pilgern auf der Heidenstraße.

Markierungen

Von Paderborn bis Köln ist der Weg zuverlässig mit dem europaweit einheitlichen Zeichen für Jakobuspilgerwege, der stilisierten gelben Muschel auf blauem Grund, ausgeschildert. Die Ausführung liegt zwischen Paderborn und Marsberg beim Eggegebirgsverein und von Marsberg bis an den Stadtrand von Köln beim Sauerländer Heimatbund bzw. dem SGV (Sauerländischer Gebirgsverein).

Vom Eggegebirgsverein werden die Markierungszeichen zusätzlich mit Richtungspfeilen versehen. Der Westfälische Heimatbund nutzt das Zeichen selbst als richtungsweisend.

Das Wegzeichen ist so beschaffen, dass die Strahlen, welche die Wege der Jakobspilgerinnen und -pilger symbolisieren, sich in einem Punkt, Santiago de Compostela, vereinen. Der Heimatbund bezeichnet diesen Zusammenschluss als Schloss. Wenn das Schloss der Muschel nach oben zeigt, führt der Weg weiter geradeaus, zeigt es nach links, biegen Sie links ab und gehen entsprechend rechts, wenn das Schloss nach rechts zeigt. Dieses Prinzip wird zwischen Niedermarsberg und Köln angewendet.

Die Markierung in Köln obliegt bereits dem Eifelverein, ist aber innerhalb des Stadtgebietes und im Königsforst von den Santiago-Freunden Köln übernommen worden.

Für die Finanzierung der Markierung haben die Landschaftsverbände Westfalen und Rheinland gesorgt.

Die Markierung ist zwar als außerordentlich zuverlässig zu bezeichnen, trotzdem habe ich auch Stellen gefunden, an denen die Ausrichtung nicht eindeutig ausgeführt ist. Bleiben Sie also aufmerksam und lesen Sie im Zweifel diese Wegbeschreibung oder schauen auf den GPS-Track.

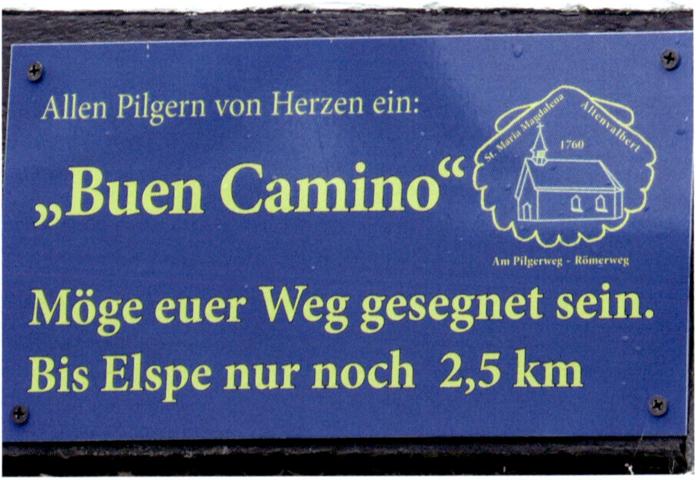

Wertschätzung am Wegesrand

Senneweg

Der Senneweg hat kein eigenes Markierungszeichen erhalten. Sie folgen im Stadtgebiet Bielefeld den Jakobswegzeichen (soweit vorhanden, im Stadtbereich verschwinden sie auch gerne unter Plakaten oder einem Wildwuchs von Aufklebern).

An der Sparrenburg wechseln Sie auf den Lippischen Pilgerweg, der mit einem weißen Fisch auf schwarzem Grund markiert ist. Anschließend gehen Sie auf dem Sennerandweg, der auch Lönsweg heißt und als X10 markiert ist, und später auf dem X4. Die Markierungen der X-Wege (Hauptwanderwege) werden überwiegend mit weißer Farbe an die Bäume oder andere passende Untergründe gemalt und bestehen aus einem weißen Andreaskreuz und gelegentlicher Ergänzung der Nummern.

Zusätzlich zu den Zeichen sind an wichtigen Abzweigen und Einmündungen Wegweiser aufgestellt, welche die jeweilige Zielrichtung anzeigen. Im Raum Bielefeld und Lippe ist der Eggegebirgsverein für die Markierung und der Teutoburger-Wald-Verband e. V. für die Planung verantwortlich.

Medizinische Versorgung und Notruf

Die medizinische Versorgung durch Ärzte und Apotheken ist auch im ländlichen Raum in sehr vielen Orten gegeben. Die häufig guten ÖPNV-Anbindungen erweitern die Möglichkeit, im Bedarfsfalle Hilfe zu finden. ⊞ Krankenhäuser finden Sie in vielen größeren Orten. Sollte es mal zu einem Notfall kommen, wählen Sie ☏ 112.

Sollten Sie außerhalb der Öffnungszeiten der Arztpraxen Hilfe benötigen, können Sie unter folgender Nummer ☏ 116117 oder im Internet unter 💻 116117.de den Bereitschaftsdienst finden.

Öffnungszeiten

Zum Zeitpunkt der Recherche war es nicht in allen Fällen möglich, dauerhaft verbindliche Öffnungszeiten für Museen, Touristinformationen usw. zu benennen, da ständig auf eine sich ändernde Pandemielage reagiert wurde (Stand Frühjahr 2022). Ich habe mich um Angaben bemüht, die in „normalen" Zeiten gültig sind. Zu vielen Kirchen habe ich Öffnungszeiten angegeben, bei manchen aber auch nicht. Das heißt aber nicht zwingend, dass Sie dort keinen Zutritt finden, sondern nur, dass ich keine Informationen habe.

Pilgerausweis und Pilgerstempel

Der Pilgerpass (auf Spanisch *credencial*), oft verbunden mit einem Empfehlungs- oder Geleitschreiben, war das wichtigste Dokument für Pilgerinnen und Pilger des Mittelalters. Nur so konnten sie in Herbergen und Hospitälern auf Aufnahme hoffen oder mit Hilfe in der Not rechnen. Das ist heute ähnlich und hat sich zuerst im Norden Spaniens etabliert, auf dem Hauptweg, in den die Wege aus ganz Europa einmünden.

Die Infrastruktur der preisgünstigen Herbergen, die dort seit den 1950er-Jahren wieder entstanden sind, ist allein denjenigen vorbehalten, die zu Fuß, mit dem Rad und zu Pferd pilgern. Die Stempel im Pass dokumentieren den zurückgelegten Weg und belegen, dass man berechtigt ist, in einer Herberge zu übernachten. Einzelpersonen haben Vorrang vor Gruppen. Wer ein bestimmtes Reglement einhält, bekommt am Ziel im Pilgerbüro der Kathedrale von Santiago de Compostela eine Urkunde, die Compostela, ausgehändigt.

Die in Spanien gängige Praxis konnte auch auf andere europäische Länder übertragen werden. Zwar gibt es nicht überall so viele Herbergen, doch Freundinnen und Freunde der Jakobuspilgerschaft und vor allem viele Kirchengemeinden haben sich bereit erklärt, Pilgerinnen und Pilgern auf ihrem Weg Gastfreundschaft zu gewähren. Voraussetzung ist die Vorlage eines credencial, des Pilgerbriefs oder Pilgerpasses. Leider gibt es an diesem, noch jungen Jakobsweg durch das Sauerland nur in Bielefeld, Paderborn und Köln spezielle Pilgerunterkünfte. Wenn Sie dort übernachten wollen, brauchen Sie auf jeden Fall einen Pilgerpass, der Ihre Reise dokumentiert.

Der Pilgerpass kann aber auch einfach nur zur persönlichen Dokumentation der Pilgerreise dienen. An vielen Orten am Weg, zumeist in den Kirchen und Kapellen, sind schöne Stempel hinterlegt, die Sie in Ihr Heft drücken können. So haben Sie auf einfache Weise am Ende Ihrer Reise eine schöne Erinnerung. Die Jakobusfreunde in Paderborn empfehlen, wie es auch alle anderen Jakobusgesellschaften tun, für lange Strecken, den offiziellen spanischen Pass zu erwerben. Diesen kann man durch das Einkleben von weiteren Seiten beliebig verlängern und wer weiß, vielleicht übertragen Sie ja auch irgendwann mal den letzten Stempel an der Kathedrale von Santiago de Compostela in ihr Buch. Dann haben Sie alle Stempel zusammen.

Vergoldete Jakobsmuschel am Kirchenportal St. Jakobus Elspe

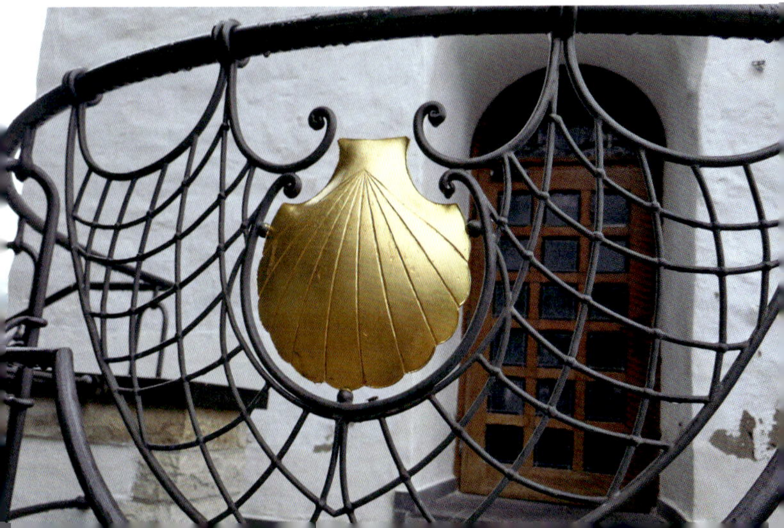

Für alle diejenigen, die erst einmal nur ein kurzes Stück auf den westfälischen Wegen zurücklegen wollen, haben einige Jakobusgesellschaften eigene Pässe vorrätig. Auch in Paderborn wird ein solcher zurzeit entwickelt und vermutlich ab dem Sommer 2022 käuflich zu erwerben sein. Es wird ein Heft für Stempel, Erlebnisse und Notizen geben, das auch Pilgerimpulse, schöne Gedanken und Anregungen, die Ihren Weg begleiten können, enthält. Fragen Sie einfach im Pilgershop nach oder schauen auf die Webseite ☞ Paderborn.

Tragen Sie auf dem Dokument Ihren Namen und die Anschrift, den Start Ihrer Pilgerschaft und das Ziel sowie das Datum, an dem Sie die Reise beginnen ein und lassen Sie den Pass einmal täglich stempeln. Die offiziellen Stempelstellen für diesen Weg habe ich aufgeführt. Die meisten liegen in Selbstbedienung an den entsprechenden Orten aus.

☺ Kurzentschlossene haben in Paderborn noch die Möglichkeit, bei der Domaufsicht einen Pilgerpass zu erwerben. Zu den Öffnungszeiten gibt es auch im Pilgerbüro, Busdorfmauer 33, noch einen Pass vor Abreise ausgestellt, ☞ Paderborn.

Radfahren

Der Weg kann in großen Teilen auch mit dem Rad zurückgelegt werden, jedenfalls dann, wenn man bereit ist, sich auf ein gemächlicheres Tempo, bedingt durch immer wieder holprige Wege, einzulassen. Immer dann, wenn schwierige Wegstücke anliegen, habe ich Umgehungen vorgeschlagen. Ich kann allerdings nicht garantieren, dass die Befahrbarkeit, so wie ich sie vorgefunden habe, zu jeder Jahreszeit gegeben ist, bin aber sicher, dass Sie in dem Fall selbst eine alternative Wegführung finden werden. Dafür kann ich Ihnen u. a. den Routenplaner empfehlen. In jedem Fall sollten Sie auch mit starken Steigungen und Abfahrten umgehen können.

💻 radroutenplaner.nrw.de

Telefon

Die Netzabdeckung auf dem gesamten Weg ist durchweg als ausreichend zu bezeichnen. Mit Funklöchern ist in Deutschland allerdings auch immer zu rechnen. In der Regel hilft es aber schon, zu warten, bis man eine Anhöhe erreicht oder aus dem Wald herausgefunden hat.

Unterkunft

Bei den Informationen zu den Orten finden Sie auch immer einige Unterkünfte aufgeführt, an denen Sie sich bei Ihrer Planung orientieren können. Wenn Sie kein passendes Quartier finden sollten, ist Ihr erster Ansprechpartner immer die Touristinformation.

Dort bekommen Sie auch Informationen über Privatunterkünfte und evtl. auch Ferienwohnungen genannt, die auch für eine Nacht vermietet werden. Natürlich lassen sich heute auch praktischerweise Buchungsportale wie booking.com oder airbnb.de nutzen (bevorzugt als Handy-App).

Campingplätze gibt es einige am Weg aber nicht für jeden Etappenort. Alle, die mit dem Rad unterwegs sind, haben es etwas einfacher. Sie können schon eher mal einige Kilometer zu einem Platz in der Nähe fahren. Bei den Recherchen ist mir auch aufgefallen, dass manche Campingplätze nur für Dauercamper eingerichtet sind.

Updates

Der Conrad Stein Verlag veröffentlicht Updates zu diesem Buch, die direkt vom Autor oder von den Leserinnen und Lesern dieses Buches stammen. Sie finden diese auf der Verlagshomepage www.conrad-stein-verlag.de. Der rechts abgebildete QR-Code führt Sie direkt dorthin.

Verkehrsmittel unterwegs – Wandern ohne Gepäck

Auch mit eingeschränkter körperlicher Leistungsfähigkeit bzw. dem Wunsch nach mehr Bequemlichkeit lässt sich dieser Pilgerweg genießen. So habe ich z. B. mal eine Wandergruppe getroffen, welche die Fußreise mithilfe eines privaten Begleitfahrzeugs organisierte. Jeweils zwei der Gruppe hatten im Wechsel die Aufgabe, das Gepäck zu transportieren sowie, soweit möglich, an einem vorher vereinbarten Treffpunkt das Mittagessen zu servieren.

Im verkehrsreichen Nordrhein-Westfalen ist es aber auch möglich, von vielen Etappenorten mit öffentlichen Verkehrsmitteln in ein festes Quartier zurückzufahren. Manchmal kann auch die Taxifahrt weiterhelfen.

Für Gruppen ist auch ein kontinuierlicher Gepäcktransport mithilfe der örtlichen Taxiunternehmen zu organisieren und auch bezahlbar.

Öffentliche Verkehrsmittel unterwegs braucht auch derjenige, der nur jeweils einige Tage unterwegs sein will. Da empfiehlt es sich vor allem, als Ausgangs- und Endpunkt Etappenorte mit Bahnanschluss zu wählen.

Bei den einzelnen Informationen zu den Orten am Weg habe ich Details zu den öffentlichen Verkehrsmitteln aufgeführt. Manchmal sind es nur die Webadressen der örtlichen Verkehrsbetriebe. Manchmal beinhalten sie auch Hinweise zu den wichtigsten Linien vor Ort. Sie können Grundlage für eine Planung Ihrer individuellen Tagestouren oder Kurztrips sein.

Grundsätzlich können Sie bei der Planung den im Kapitel „Anreise mit dem Zug" erwähnten DB-Navigator einsetzten. Der kennt auch die meisten Busverbindungen. Es gibt aber auch komfortable Auskunftsportale der Bundesländer, jeweils auch als Handy-App, so auch für ganz NRW:

www.vrr.de

Aus der Schweiz stammt die Handy-App Fairtiq. Sie eignet sich vor allem dann, wenn mehrere Fahrten am Tag anstehen. Um Fahrkarten brauchen Sie sich damit nicht mehr zu kümmern. Sie betätigen nur einen Schieber beim Einsteigen und Aussteigen und schon fahren Sie zum günstigsten Preis. Nähere Informationen finden Sie auf der Webseite.

fairtiq.com

Eine Schwierigkeit bei der Planung von Busfahrten ist es, die richtige Haltestelle in einem Ort zu benennen. Ohne die bekommt man keine Auskunft. Die Liste der Vorschläge, welche die Apps oder Reiseplaner bereitstellen, ist oft lang und beinhaltet auch unbrauchbare Vorschläge, wie z. B. reine Schulbushaltestellen. Durch Herumprobieren bekommen Sie vielleicht irgendwann ein brauchbares Ergebnis. Besser ist es, die Haltestellen zu kennen, an denen die Regional- und Schnellbusse des Regelverkehrs halten. Sie liegen meist an den Hauptstraßen und in den Ortszentren. Bei der Handy-App Google Maps gibt es eine Einstellung zu den Kartendetails, die Informationen zum ÖPNV einblendet und insbesondere auch die Namen der Haltestellen verrät. Zudem sind dort inzwischen auch Angaben zu den verkehrenden Linien zu finden.

Viele Haltestellen sind auch auf den unter GPS genannten digitalen Offline-Karten eingezeichnet.

Wanderkarten

Die detaillierten Wegbeschreibungen und die Karten im Buch, verbunden mit den guten Markierungen entlang des Weges, reichen aus, um auf diesem Jakobsweg zu wandern, ohne sich zu verlaufen. Alle, die gute analoge Karten mit mehr Details und einer großformatigen Übersicht suchen, werden nur zum Teil passende Wanderkarten finden.

▷ Lippe – Detmold – Lemgo – Paderborn, 1:35.000, Topographische Wanderkarte GeoMap ISBN 978-3-93618-425-9, € 7,95, deckt den Bereich Oerlinghausen bis Paderborn ab, Etappen 2 u. 3 (Senneweg)

▷ Kompass Wanderkarte 844 Südlicher Teutoburger Wald – Eggegebirge – Oberwälder Land, ISBN 978-3-99044-997-4, € 11,99, alternativ zur GeoMap-Karte, deckt den Bereich von Schlangen, Paderborn, bis zum Diemeltal (Marsberg) ab, Etappen 2 (teilweise) und 3 Senneweg, Etappen 1 und 2 Jakobsweg

▷ Kompass Wanderkarte 841 Sauerland 1, Hochsauerland, Arnsberger Wald, 1:50.000, ISBN 978-3-99121-230-0, € 11,99, deckt den Bereich von Brilon, Meschede bis Eslohe ab, Etappen 4 (teilweise), 5 u. 6

▷ Naturpark Bergisches Land 1, Wanderkarte im Naturpark Bergisches Land, 1:25.000, Naturarena, ISBN 978-3-93640-584-2, € 7,95, deckt den Bereich Meinerzhagen – Marienheide – Lindlar, Etappe 10

▷ Naturpark Bergisches Land 4, Wanderkarte im Naturpark Bergisches Land, 1:25.000, Naturarena, ISBN 978-3-93640-587-3, € 8.90, deckt den Bereich Bergisch Gladbach – Overath – Lindlar, Etappen 11 u. 12 (teilweise)

☺ Die Kartenempfehlungen wurden von der Geobuchhandlung Kiel überprüft.

💻 www.geobuchhandlung.de

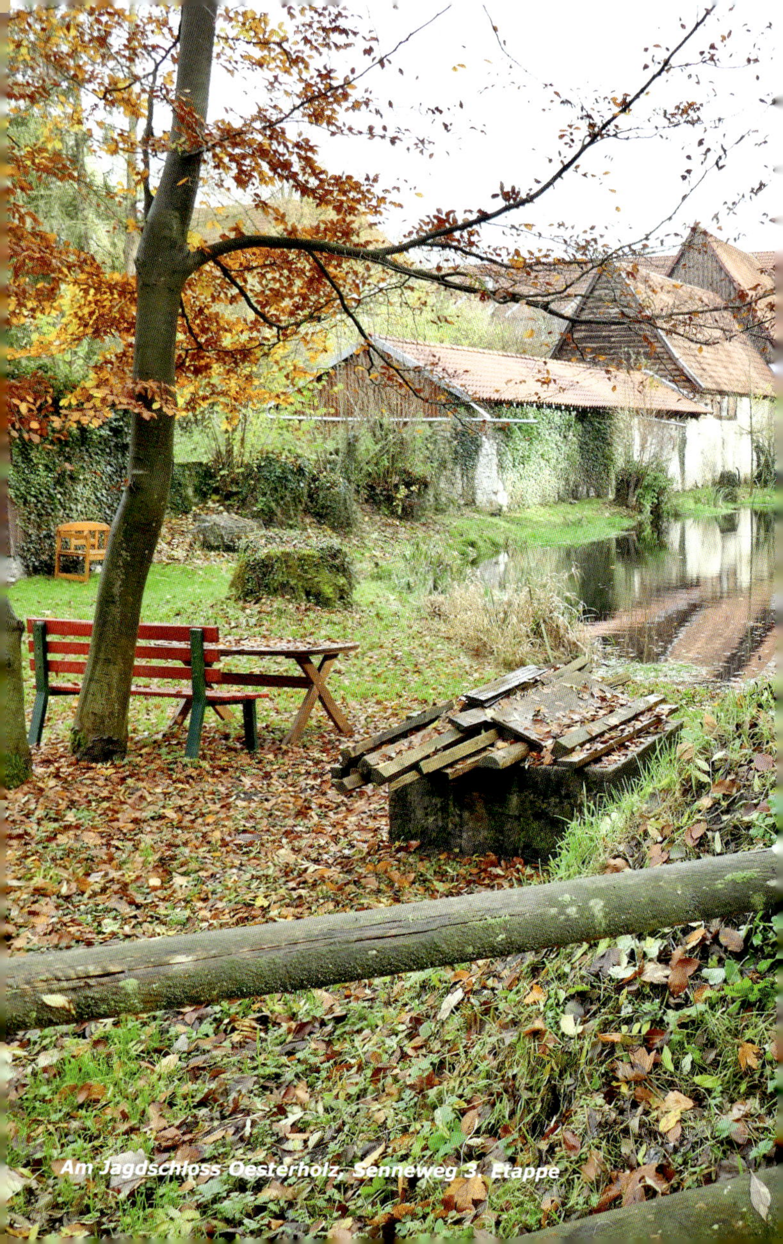
Am Jagdschloss Oesterholz, Senneweg 3. Etappe

Der Senneweg von Bielefeld nach Paderborn

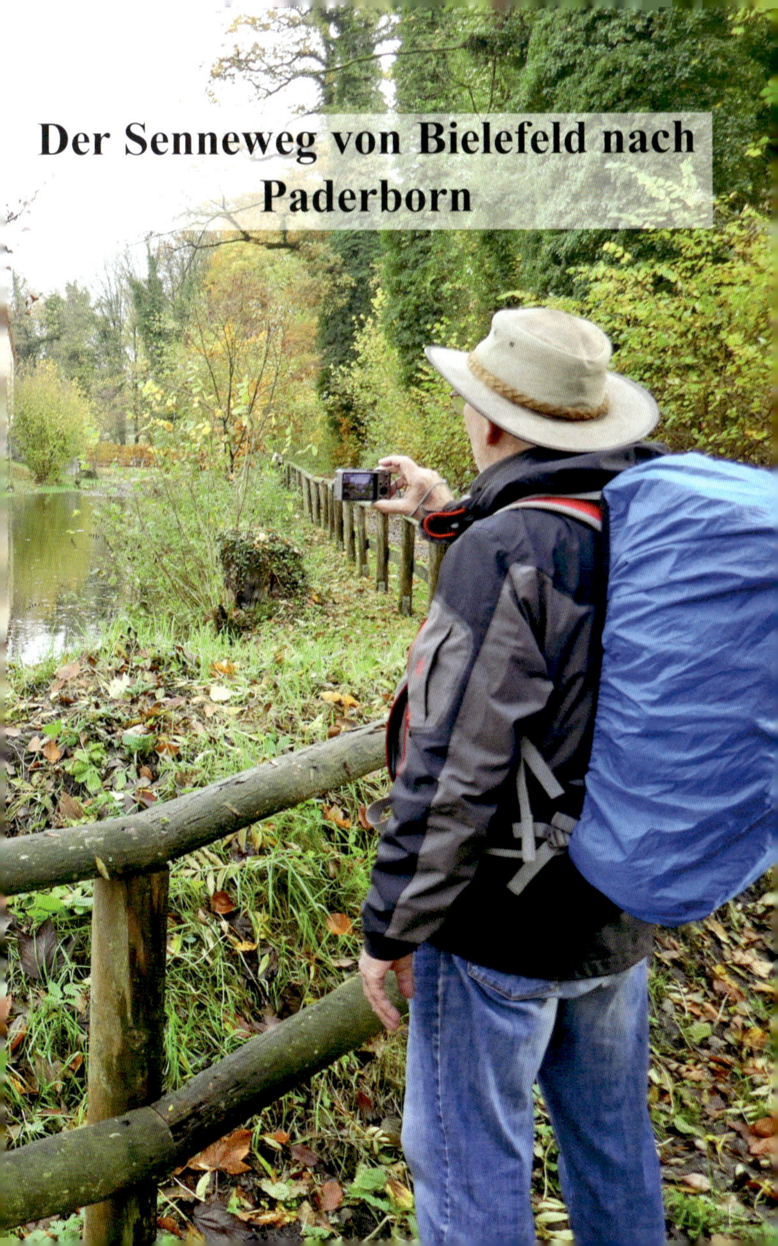

Bielefeld

05 21

Touristinfo im Neuen Rathaus, Niederwall 23, 33597 Bielefeld, 51 69 99, touristinfo@bielefeld-marketing.de, www.bielefeld.de, Mo-Fr 10:00-18:00, Sa 10:00-14:00, 160 m

CityKloster Bielefeld, Bärbel Lödige, Susanne Kochannek, Klosterplatz 2+10, 33602 Bielefeld, 16 39 82 40, info@citykloster-bielefeld.de, www.citykloster-bielefeld.de, zwei EZ mit gemeinsam genutztem Bad, Bettwäsche, Schreibtisch, , , Trockner, WLAN, , voll ausgestattete Küche, für Pilger, Pilgerinnen und Gäste mit und ohne Pilgerausweis, das Angebot, welches als Zeichen der Gastfreundschaft angesehen wird, ermöglicht – als Träger der Einrichtung – das Erzbistum Paderborn, eine Spende ist aber willkommen, 250 m

Pilgerstempel im Klosterladen, Mi-Fr 15:00-18:00, Sa 11:00-14:00, zusätzliche Zeiten: Mi vor und nach dem Mittagsgebet um 12:30, oder vereinbaren Sie telefonisch einen Termin.

Jugendgästehaus, Hermann-Kleinewächter-Straße 1, 33602 Bielefeld, 52 20 50, Jgh-bielefeld@djh-wl.de, www.jugendherberge.de → Schnellsuche, ÜF ab € 36,50, 700 m, östlich der Altstadt

♦ Über die hier aufgeführten Unterkünfte hinaus finden Sie weitere spezielle Pilgerunterkünfte (unter anderem auch private Angebote) auf den Seiten des Landschaftsverbands Westfalen-Lippe, www.jakobspilger.lwl.org → Routen → Weg 3 und Weg 4 → Unterkünfte.

Hotel Lindenhof, Quellenhofweg 125, 33617 Bielefeld, 144 61 00, zimmer@lindenhof-bielefeld.de, www.lindenhof-bielefeld.de, ÜF EZ ab € 64, DZ ab € 96,50, Restaurant: Mo-Sa 9:00-21:00, So bis 17:00, Preisnachlass gegen Vorlage des Pilgerausweises, Lunchpaket, 500 m im OT Bethel, 4,5 km vom Bahnhof (Wegneschreibung)

Waldhotel Brand's Busch, Furtwängler Str. 52, 33604 Bielefeld, 921 14 44, post@brands-busch.de, www.brands-busch.de, Ü EZ ab € 70, DZ ab € 88, Fr-So abzüglich € 10, F ab € 9,90, , 250 m, 4,5 km vom Bahnhof

aappartel Boarding House, Friedrich-Verleger-Str. 1, 33602 Bielefeld, 39 95 24 55, info@aappartel.de, www.aappartel.de, EZ € 55 (Wochenende/Werktag), DZ € 65, DBZ € 75, VBZ ab € 85, 170 m, östlich vom Jahnplatz

♦ **Altstadt-Hotel**, Ritterstraße 15, 33602 Bielfeld, 96 72 50, info@altstadt-hotel-bielefeld.de, www.altstadt-hotel-bielefeld.de, Ü EZ ab € 69, DZ ab € 94, F € 10, 420 m, in der Altstadt

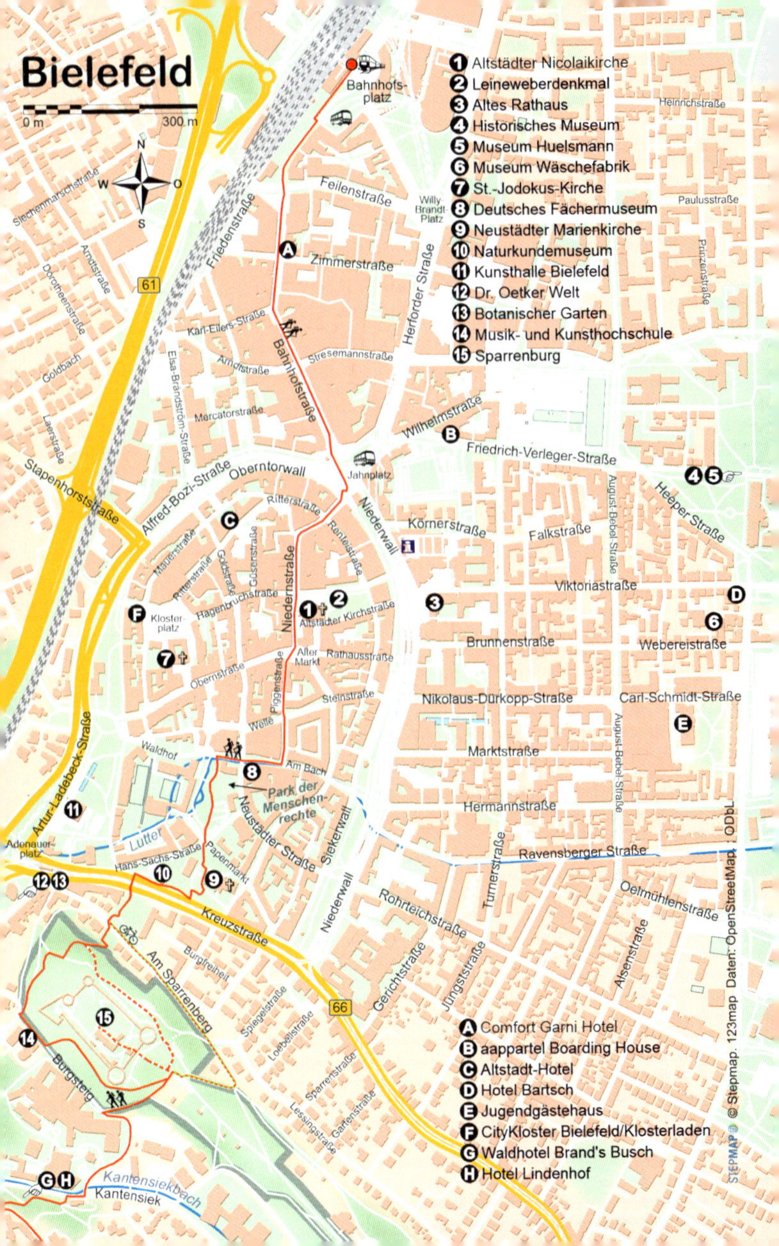

Bielefeld
0 m
300 m
N
W
O
S
1 Altstädter Nicolaikirche
2 Leineweberdenkmal
3 Altes Rathaus
4 Historisches Museum
5 Museum Huelsmann
6 Museum Wäschefabrik
7 St.-Jodokus-Kirche
8 Deutsches Fächermuseum
9 Neustädter Marienkirche
10 Naturkundemuseum
11 Kunsthalle Bielefeld
12 Dr. Oetker Welt
13 Botanischer Garten
14 Musik- und Kunsthochschule
15 Sparrenburg
A Comfort Garni Hotel
B aappartel Boarding House
C Altstadt-Hotel
D Hotel Bartsch
E Jugendgästehaus
F CityKloster Bielefeld/Klosterladen
G Waldhotel Brand's Busch
H Hotel Lindenhof
Bahnhofs-platz
Heinrichstraße
Feilenstraße
Willy-Brandt-Platz
Paulusstraße
Siechenmarschstraße
Friedenstraße
Zimmerstraße
Herforder Straße
Prinzenstraße
Arndtstraße
Dorotheenstraße
61
Karl-Eilers-Straße
Bahnhofstraße
Stresemannstraße
Goldbach
Elsa-Brändström-Straße
Arndtstraße
Mercatorstraße
Wilhelmstraße
Laerstraße
Friedrich-Verleger-Straße
Stapenhorststraße
Alfred-Bozi-Straße
Oberntorwall
Jahnplatz
Ritterstraße
Niederwall
Heeper Straße
Körnerstraße
Falkstraße
August-Bebel-Straße
Mauerstraße
Renteistraße
Gusenstraße
Goldstraße
Ritterstraße
Niedernstraße
Viktoriastraße
Hagenbruchstraße
Altstädter Kirchstraße
Kloster-platz
Alter Markt
Rathausstraße
Brunnenstraße
Webereistraße
Obernstraße
Piggenstraße
Steinstraße
Nikolaus-Dürkopp-Straße
Carl-Schmidt-Straße
Welle
Artur-Ladebeck-Straße
Waldhof
Am Bach
Marktstraße
August-Bebel-Straße
Park der Menschen-rechte
Neustädter Straße
Siekerwall
Hermannstraße
Lutter
Adenauer-platz
Hans-Sachs-Straße
Papenmarkt
Ravensberger Straße
Turnerstraße
Oelmühlenstraße
Niederwall
Rohrteichstraße
Kreuzstraße
Burgfreiheit
Am Sparrenberg
Gerichtstraße
Jöllenbecker Straße
Alsenstraße
66
Spiegelstraße
Loebellstraße
Burgsteig
Sparrenstraße
Lessingstraße
Gartenstraße
Kantensiekbach
Kantensiek
Stepmap, 123map Daten: OpenStreetMap, ODbL
STEPMAP

Comfort Garni Hotel, Bahnhofstraße 32, 33602 Bielefeld, ☏ 52 19 80, hotel@comfort-garni.de, www.comfort-garni.de, Ü EZ ab € 61, F € 10, am Weg, in der Nähe des Bahnhofs

♦ **Hotel Bartsch**, Viktoriastraße 54, 33602 Bielefeld, ☏ 652 76, info@hotel-restaurant-bartsch.de, www.hotel-restaurant-bartsch.de, Ü EZ ab € 39, DZ ab € 49 (Gemeinschaftsbad), F € 5, 800 m, östlich der Altstadt

Bielefelder Funk-Taxi-Zentrale, ☏ 971 11

♦ **Funk-Taxi-Zentrale Hansa e. G.**, ☏ 44 43 66

Der Etappenort Oerlinghausen ist von Bielefeld aus (auch) mit dem Bus zu erreichen. Von der Stadtbahnendhaltestelle „Sieker" fährt der Bus 34 nach „Oerlinghausen, Rathaus" (500 m vom Weg). Der Regiobus 62 fährt von Bielefeld Hbf. nach „Borgholzhausen, Zentrum".

Bielefeld hat ein in großen Teilen unterirdisch verkehrendes Stadtbahnnetz. www.mobiel.de

Der Bahnhof von Bielefeld ist sowohl Nah- als auch Fernverkehrsbahnhof. Zwischen Oerlinghausen, dem Ziel der 1. Etappe, und Bielefeld verkehrt im Stundentakt ein Zug der Eurobahn. Der Bahnhof Oerlinghausen liegt zwar 2 km nördlich des Ortskerns in der Ortschaft Asemissen, trotzdem ergibt sich die Möglichkeit, zwei Nächte in Bielefeld zu buchen und mit reduziertem Gepäck zu laufen (☞ Oerlinghausen).

✝ **Altstädter Nicolaikirche**. Die gotische Hallenkirche von 1340 ist die älteste Bielefelder Kirche, da sie auf eine bereits 1236 bestehende Pfarrkirche zurückgeht. Die Nicolaikirche liegt in unmittelbarer Nachbarschaft zum Alten Markt. Sie beherbergt einen Antwerpener Schnitzaltar aus dem beginnenden 16. Jahrhundert, in dem mit 250 Figuren Geschichten aus der Bibel dargestellt werden. Das Patronat des heiligen Nikolaus von Myra, der ja als Schutzpatron der Reisenden und Kaufleute gilt, entsprach der aufstrebenden Handels- und Kaufmannsstadt.

♦ Niedernstraße 4, Mo-So 10:00-18:00

✝ **Neustädter Marienkirche**. Die Hallenkirche mit dem Doppelturm wurde als Stiftskirche im späten 13. Jahrhundert erbaut. Nach der Auflösung des Marienstifts 1810 wurde sie zur evangelischen Pfarrkirche. Sie beherbergt als größten Schatz den Bielefelder Marienaltar von 1400, ein gemaltes Triptychon mit 30 kleinen Szenen.

♦ Papenmarkt 10 a, Mo-So 10:00-18:00

✞ **St.-Jodokus-Kirche**. Die St.-Jodokus-Kirche wurde 1511 als Klosterkirche geweiht und auch heute ist sie wieder Klosterkirche. Eine Statue, entstanden um 1480, zeigt den Namenspatron mit Pilgermantel und -hut, Muschel und Stab. Jodokus sieht hier Abbildern der Jakobspilger zum Verwechseln ähnlich. Der feine Unterschied: Die Krone zu seinen Füßen weist auf die Zurückweisung seines ihm zugewiesenen Königsstuhles hin. Die Schwarze Madonna, ein Bildnis der Maria mit dem auf ihrem Knie sitzenden Jesuskind, entstanden um 1240, ist der älteste kunsthistorische Schatz in Bielefeld.

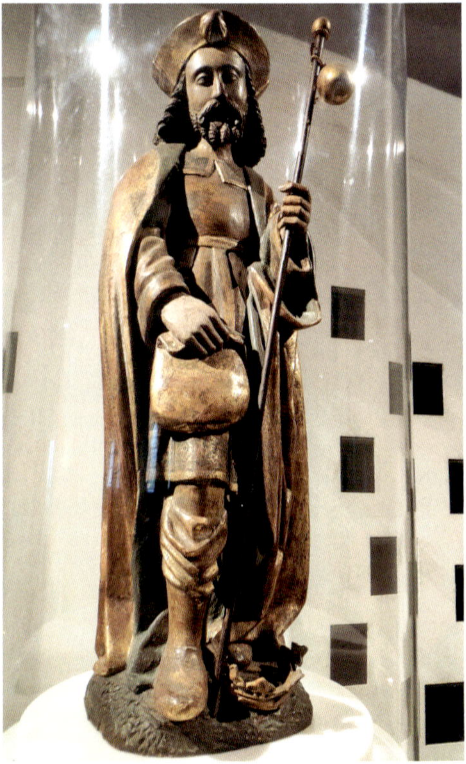

Jodokus als Pilger in der gleichnamigen Klosterkirche

♦ Klosterplatz 1, 🚪 Mo-So 9:00-19:00

⌘ **Historisches Museum**. Das Museum präsentiert die Geschichte Bielefelds und seiner Umgebung. Ein Schwerpunkt wurde auf das 19. Jahrhundert gesetzt, mit Produkten der Bielefelder Industriebetriebe (Nähmaschinen, Fahrräder) und Exponaten zum Leben der städtischen Bevölkerung.

♦ Ravensberger Park 2, 33607 Bielefeld, ☏ 051 36 30,
Historisches.museum@bielefeld.de, 💻 www.historisches-museum-bielefeld.de,
🚪 Mi-Fr 10:00-17:00, Sa-So 11:00-18:00, Führungen So 11:30

⌘ **Museum Huelsmann**. Kunsthandwerk aus Renaissance, Barock und Klassizismus ist das Thema im Museum Huelsmann. Die Sammlung umfasst Tafelsilber, Porzellan, Glas, Möbel, Uhren und wissenschaftliche Instrumente sowie eine Abteilung mit asiatischer Kunst.

♦ Ravensberger Park 3, 33607 Bielefeld, ☏ 51 37 67,
info@museumhuelsmann.de, www.museumhuelsmann.de,
Di-Sa 14:00-18:00, So 11:00-18:00, Führungen So 11:30

⌘ **namu. Naturkundemuseum** mit Dauer- und Sonderausstellungen

♦ Kreuzstraße 20, 33602 Bielefeld, ☏ 51 67 34,
naturkundemuseum@bielefeld.de, www.namu-ev.de, Mi-So 10:00-17:00

⌘ **Dr. Oetker Welt**. An den Rundgängen kann man nur nach vorheriger Anmeldung und Terminbestätigung teilnehmen. Das Familienunternehmen und seine Geschichte, seine Produkte und Marken sind die Themen, die in der Dr. Oetker Welt in Form von geführten Rundgängen präsentiert werden.

♦ Lutterstraße 14, 33617 Bielefeld, ☏ 008 00/71 72 73 74, service@oetker.de,
www.oetker.de/dr-oetker-welt, Mo-Sa 9:30-19:45, Start der Programme um 9:30, 13:30, 17:00

⌘ **Deutsches Fächermuseum**. Das kleine Museum in der Bielefelder Altstadt präsentiert Fächer aus verschiedenen Jahrhunderten.

♦ Am Bach 19, 33602 Bielefeld, ☏ 641 86, www.faechermuseum.de,
Mi-Do 14:30-17:30 und nach Vereinbarung

⌘ **Museum Wäschefabrik**. Aus einer Fabrik für Tisch- und Bettwäsche, Damenwäsche und Herrenhemden, die bis 1980 betrieben wurde, wurde ein Museum gemacht. Die Betriebsräume sind original erhalten.

♦ Viktoriastraße 48a, 33602 Bielefeld, ☏ 604 64,
info@museum-waeschefabrik.de, www.museum-waeschefabrik.de,
So 11:00-18:00

⌘ **Kunsthalle Bielefeld**. Die Kunsthalle zeigt deutsche und internationale Kunst des 20. Und 21. Jahrhunderts. Ein Schwerpunkt der Sammlung ist dem deutschen Expressionismus gewidmet. Auch das Gebäude selbst, erbaut zwischen 1966 und 1968, ist ein interessantes Architekturkunstwerk.

♦ Artur-Ladenbeck-Str. 5, 33602 Bielefeld, ☏ 32 99 95 00, info@kunsthalle-bielefeld.de, www.kunsthalle-bielefeld.de, Di-Fr und So 11:00-18:00, Mi bis 21:00, Sa 10:00-18:00, Führungen So 11:30 und 15:30 sowie Mi 19:00

Botanischer Garten. Besonders reizvoll ist die Rhododendron- und Azaleensammlung. Außerdem laden vielfältige Lebensräume wie Steingarten, Alpinum und Heidegarten und ein Arznei- und Gewürzgarten zum Spazierengehen ein.

♦ Am Kahlenberg 16, 33617 Bielefeld, Botanischer.garten@bielefeld.de, ☏ 51 31 78, ganzjährig, keine Information über zeitliche Begrenzung

Bielefeld wurde im Jahr 1214 als „Biliuelde" vom Ravensberger Grafen Hermann II. an einer Kreuzung alter Handelswege an einem Pass über den Teutoburger Wald gegründet. Wie im Mittelalter üblich wurde die Stadt mit Mauern, Wällen und Wassergräben gesichert und der Zugang war nur tagsüber durch die Stadttore möglich. Relikte dieser alten Stadtbebauung sind der Alte Markt, die Altstädter Nicolaikirche und das Rathaus, die aber im Laufe der Zeit mehrfach umgestaltet wurden. Mit dem Bau der **Sparrenburg** wurde um 1240 begonnen, sie sah damals allerdings ganz anders aus als heute.

Wegzeichen an der Sparrenburg

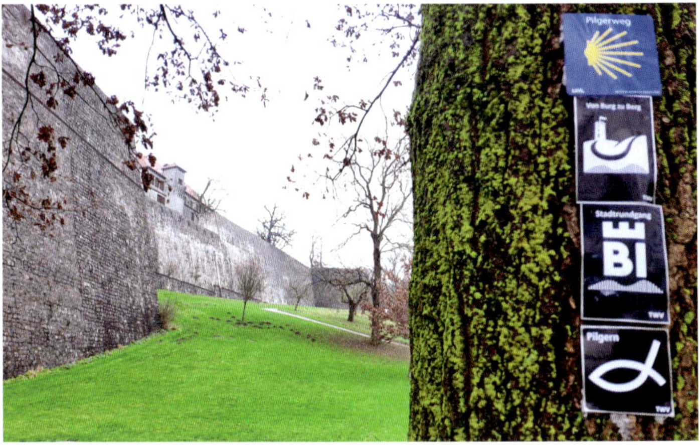

In der Stadt siedelten sich vorwiegend Handwerker und Kaufleute an. Obwohl sie seit dem 15. Jahrhundert der Hanse angehörte, hatte sie keine hervorgehobene Stellung innerhalb des Kaufmannsbundes inne. Ende des 16. Jahrhunderts entwickelten sich die Spinnerei und Weberei langsam zum Gewerbe: Leinen wurde der Exportschlager. Leinen aus Bielefeld wurde zum Qualitätsbegriff und der Export reichte bis nach England, Holland, Skandinavien und ins Baltikum.

Auch auf dem nordamerikanischen Markt war Bielefelder Leinen ein begehrter Artikel. Nach 1830 wurde die Konkurrenz durch Baumwolle immer größer und das Bielefelder Leinen konnte schon bald nicht mehr mit den preisgünstigeren Garnen und Stoffen konkurrieren, die vornehmlich in Irland produziert wurden.

1854 wurde die Ravensberger Spinnerei gegründet und schon bald zur größten Maschinenspinnerei auf dem europäischen Kontinent. Konsequenterweise wurde 1862 die erste „mechanische Weberei" in Bielefeld gegründet, in der die Garne zu Stoffen weiterverarbeitet werden konnten.

Noch heute prägen bedeutende Firmen der Wäsche- und Bekleidungsindustrie die Wirtschaft der Stadt. Im Laufe der Jahre wurden zudem immer mehr metallverarbeitende Fabriken gegrundet, sodass die Maschinen nicht mehr importiert werden mussten.

Heute ist Bielefeld fünftgrößter Maschinenbaustandort Deutschlands. Beispielhaft für die Entwicklung der Industrie sind die Dürkopp-Werke, die zunächst Nähmaschinen und später Fahrräder, Motorräder, Pkw, Lkw und sogar Busse produzierten.

Eine Erfindung machte die Firma des Apothekers Dr. August Oetker weltbekannt, das Backpulver. Heute agiert das Unternehmen weltweit mit rund 400 Firmen, über 34.000 Mitarbeiter und Mitarbeiterinnen und einem Umsatz von 7,4 Mrd. Euro (2019). Die drei größten Bereiche sind Nahrungsmittel (umsatzstärkstes Produkt ist Tiefkühlpizza), Bier und alkoholfreie Getränke sowie die Schifffahrt.

1848 zählte Bielefeld 8.150 Einwohner und Einwohnerinnen, 1914 lebten bereits 82.580 Menschen in der Stadt. Durch Eingemeindungen vergrößerte sich das Stadtgebiet, die Fabriken konnten sich mehr ausdehnen und zogen Arbeiter an, sodass 1930 fast 130.000 Einwohner und Einwohnerinnen gezählt wurden.

1. Etappe: Bielefeld – Oerlinghausen

16,5 km, 5 Std., ↑ 231 m, ↓ 142 m, ⇧ 113-273 m

0,0 km	⇧ 116 m	Bielefeld, Hbf.
2,5 km	⇧ 152 m	Bielefeld, Bethel Burgsteig
4,5 km	⇧ 204 m	Gilead IV
6,8 km	⇧ 270 m	Abzweig Hermannshöhen
11,3 km	⇧ 200 m	Eisgrund
15,8 km	⇧ 185 m	Schopketal
16,5 km	⇧ 235 m	Oerlinghausen, Alexanderkirche

Vom Bielefelder Hauptbahnhof führt Ihr Weg zunächst durch die Bielefelder Altstadt. Einige der Sehenswürdigkeiten und schönen Kirchen liegen direkt am Weg oder nahebei. Dann steigen Sie nahe der Sparrenburg über den die Altstadt südlich begrenzenden ersten Höhenzug des Teutoburger Waldes hinüber und wandern am kammnahen Ortsrand von Bethel auf dem Lippischen Pilgerweg nach Südosten. Diesem Weg bleiben Sie bis über Oerlinghausen hinaus treu, wandern mit ihm über den Hauptkamm des Teutoburger Waldes hinüber in den sennenahen Südhang, unterqueren am Fuchsloch die Autobahn A2 und erreichen im Schopketal und Menkhauser Bachtal einen beliebten Wanderknoten. Ein nur noch kurzer Anstieg führt Sie zur weithin sichtbaren Alexanderkirche in Oerlinghausen.

Am Bahnhofsvorplatz wenden Sie sich gleich nach rechts und wandern entlang des Busbahnhofs parallel zu den Gleisen zur querenden Feilenstraße. Mithilfe der Fußgängerampel überqueren Sie die Fahrstraße und folgen dann geradeaus der weiterführenden Bahnhofstraße, die als Fußgängerzone zum Jahnplatz führt. Hier überqueren Sie den Oberntorwall, laufen nur 50 m in den Niederwall hinein und biegen dann rechts in die Niedernstraße, die ebenfalls noch Fußgängerzone ist. Ab hier führt auch das europäische Jakobswegsymbol, die stilisierte gelbe Jakobsmuschel auf blauem Grund. (Sie steht für den Weg der Jakobspilger Minden-Soest bzw. Münster.)

Zur Touristinformation – vielleicht möchten Sie ja Ihren ersten Stempel für den Pilgerpass erhalten – kommen Sie, wenn Sie am Jahnplatz geradeaus dem Niederwall 150 m folgen. Anschließend treffen Sie auf das sogenannte Alte Rathaus, das im Verein mit dem Stadttheater im Jahre 1904 fertiggestellt wurde. Am Alten Rathaus können Sie rechts durch die Altstädter Kirchstraße zur Nikolaikirche gelangen und wären am Portal links wieder auf dem Pilgerweg.

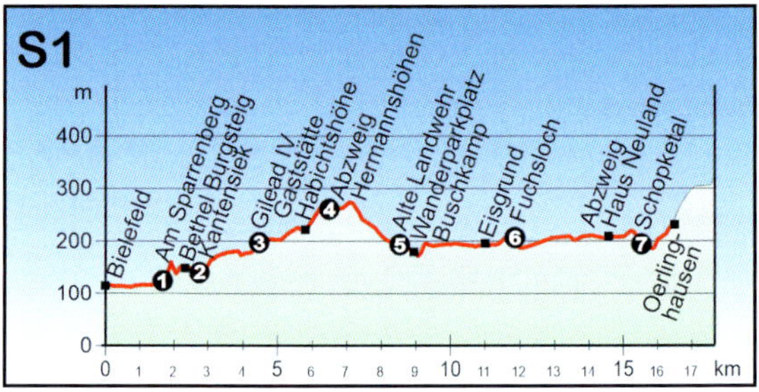

Die Niedernstraße führt Sie weiter zur Altstädter Nikolaikirche.

Beachten Sie auch das Leineweberdenkmal im kleinen Park am Chor der Kirche.

Pilgerherberge in Bielefeld

Nicht nur die alten Handelswege und der wichtige Passübergang (Bielefelder Pass) über den Teutoburger Wald, der das nördlich gelegene Ravensberger Land mit der Münsterländer Tieflandsbucht verbindet, legen nahe, dass Pilgerinnen und Pilger bereits im Mittelalter durch Bielefeld gezogen sind. Es gibt eine Urkunde, die im Bielefelder Stadtarchiv verwahrt wird. Sie belegt, dass Bielefeld auch eine Pilgerherberge hatte.

In einer Transkription heißt es: „Bürgermeister, Richter und Rat der Altstadt bezeugen, dass Lyneke, Witwe Wessel Haneboms, und ihr Sohn Wessel ihr Haus und Grundstück im Hagenbruch als Gasthaus und Krankenhaus für arme, fremde Pilger gestiftet haben, und übernehmen die Aufsicht darüber." Die heutige Hagenbruchstraße führt von der Altstädter Nicolaikirche in westlicher Richtung zum Klosterplatz mit der St. Jodukuskirche.

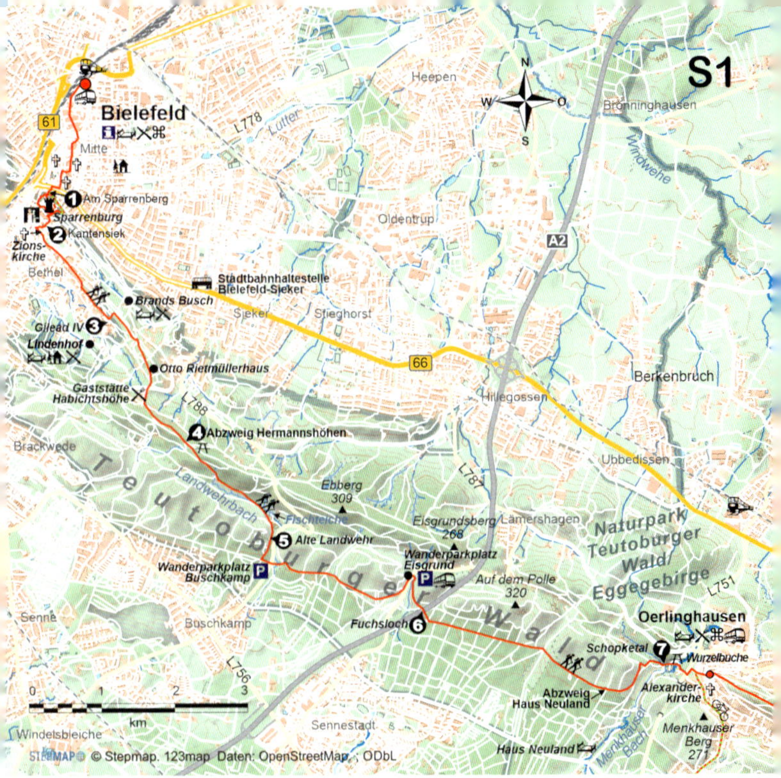

Sie folgen der Niedernstraße weiter zum Alten Markt, dem mittelalterlichen Mittelpunkt und wichtigsten Handelsplatz der damaligen Stadt. Halb rechts beginnt in der Marktplatzecke die Gasse Piggenstraße, der Sie nun über eine Querstraße (Welle) hinweg folgen. An der nachfolgenden Querstraße (Am Bach) gehen Sie rechts weiter.

Archäo Welle

Mit diesem Namen wird ein archäologisches Grabungs- und Forschungsprojekt im Bereich der Straßen Welle und Am Bach bezeichnet. Die Gelegenheit dazu ergab sich vor der Neugestaltung und Errichtung von Bürogebäuden in dem Quartier. Durch Schaufensterscheiben haben Sie Einblick in die konservierten und museal aufbereiteten Bereiche der freigelegten mittelalterlichen Strukturen.

Sie überqueren die Neustädter Straße am ⌘ Deutschen Fächermuseum und biegen danach links in den Park der Menschenrechte. Der kleine Bach mit dem Namen **Lutter**, der hier plätschert, ist jüngst erst wieder freigelegt worden, nachdem er im gesamten Stadtgebiet, wie bis heute überwiegend noch, verrohrt war. Sie gehen auf die Neustädter Marienkirche zu. Voraus ist bereits die Sparrenburg zu sehen. Sie können an der Marienkirche vorbei oder – so ist es markiert – halb rechts durch die Hans-Sachs-Straße zur Kreuzstraße laufen. An der Fußgängerampel überqueren Sie die vierspurige Straße und folgen dem gegenüber beginnenden Fußweg durch den Park aufwärts an die Siedlungsstraße Am Sparrenberg ❶. Geradeaus gehen Sie, teils über Stufen, hoch zur Sparrenburg.

🚲 Mit dem Rad folgen Sie der Straße Am Sparrenberg links. Sie führt zur Burg.

Schon bald ergibt sich ein schöner Blick über die Stadt. Der Turm der Ravensberger Spinnerei, Marienkirche, Nikolaikirche und die Kuppeln der Dürkopp-Werke sind zu sehen. Noch bevor die Burgmauer ganz erreicht ist, führt der Jakobsweg rechts um die Burganlage herum. (Sie können auch an der Burgmauer noch rechts gehen und kommen an den gleichen Weg.) Markierungen habe ich hier am Abzweig nicht gesehen. Es folgen aber Zeichen.

Der Parkweg führt bald wieder links und erreicht die **Musik- und Kunsthochschule (MuKu)** der Stadt Bielefeld. Dabei handelt es sich um einen 1907 im Zeitalter des Jugendstils entstandenen Bau.

Ihr Weg biegt hier wieder links ab und bleibt im Park unterhalb der Festungsmauern. An der Musik- und Kunsthochschule beginnt die sogenannte Westroute des Lippischen Pilgerweges, dem Sie bis Oerlinghausen und auch ein Stück darüber hinaus folgen.

Pilgern in Lippe

Unter diesem Motto hat die Lippische Landeskirche Detmold drei, miteinander verbundene Routen ausgewählt, die zum Pilgern einladen. Als Markierungszeichen ist ein weißer stilisierter Fisch auf schwarzem Grund, versehen mit der Aufschrift „Pilgern in Lippe" gewählt worden. Da Bielefeld nicht zu Lippe zählt, hat das Zeichen hier nur die Aufschrift „Pilgern" erhalten. Die hier beginnende Westroute führt weiter über Oerlinghausen und Stapelage nach Berlebeck und trifft dort auf die Westschleife. Nähere Informationen zu den lippischen Pilgerwegen bekommen Sie auf der Internetseite 💻 www.pilgern-in-lippe.de.

Es geht also immer dem Fisch nach.

An der gleich folgenden Gabelung trennt sich der Lippische Pilgerweg vom markierten Jakobsweg, dem Sie aber zunächst abkürzend geradeaus folgen können, wenn Sie die Sparrenburg nicht besichtigen wollen. Der Fischweg führt links zur Burgmauer hinauf und noch einmal links zum Wegweiser an der Promenade. Links können Sie hier über den Burggraben in die Sparrenburg gelangen.

Sparrenburg

Die heute vorhandene Festungsanlage wurde Mitte des 16. Jahrhunderts errichtet. Die Befestigung besteht aus vier mächtigen Eckrondellen mit einem System von Verbindungsmauern, Kasematten und unterirdischen Verbindungsgängen sowie einem nach Westen hin gelegenen spitzen Vorbau, der Scherpentiner genannt wird. Der ungewöhnliche Name des Vorbaus leitet sich von dem besonderen Typus der Kanonen ab, die auf ihm postiert waren. Die hier aufgestellten Kanonen nannte man „Feldschlangen" oder nach dem französischen Wort für Schlangen „Serpentinen". Die Burg überstand die Wirren des Dreißigjährigen Krieges unbeschadet. Sie wurde zwar mehrfach belagert, aber nie erobert. In der zweiten Hälfte des 18. Jahrhunderts setzte der Verfall ein, da die immer stärkeren Kanonen die Anlage militärisch überflüssig machten. Schließlich kaufte die Stadt Bielefeld die Burganlage 1879 für 8.934,90 Mark vom preußischen Staat. Nach umfangreichen Restaurierungsarbeiten präsentiert sich die Burg in ihrem heutigen imponierenden Aussehen.

♦ **Sparrenburg**, ☏ 05 21/51 67 89, Burgturm: April-Okt Mi-So 10:00-18:00, Nov-März Sa, So und Fei 11:00-18:00, Besichtigung der Kasematten von April-Okt, Anmeldungen im BIZ (Besucherinformationszentrum)

⊙ Hier können Sie sich auch Ihren Pilgerpass stempeln lassen.

Von der Burg zurückkommend, überqueren Sie den Burggraben auf der Brücke und gehen geradeaus bis zu den Wegweisern. Hier biegen Sie rechts in den Fußweg. Ausgeschildert sind Adenauer Platz, Rathaus usw. An der sofort folgenden Gabelung gehen Sie nun links steiler abwärts auf dem Lippischen Pilgerweg (Fisch) und dem örtlichen Wanderweg Raute 7. Am Burgsteig (Straße) vor dem Krankenhaus biegen Sie scharf links in die Zufahrt (jetzt Jakobsweg, Fisch und Raute 7).

Sie gehen im Rechtsbogen abwärts zur Talstraße Kantensiek ❷. Sie gehen rechts und nach 30 m dem Fisch-Zeichen folgend halb links auf dem Fußweg aufwärts, während der Jakobsweg auf der Straße verbleibt.

An der unmittelbar folgenden Abzweigung bleiben Sie auf dem unteren Weg rechts und an den folgenden Verzweigungen gehen Sie jeweils links weiter. So kommen Sie im Bogen zur Zionskirche am Zionsberg.

Zionskirche und Zionsberg

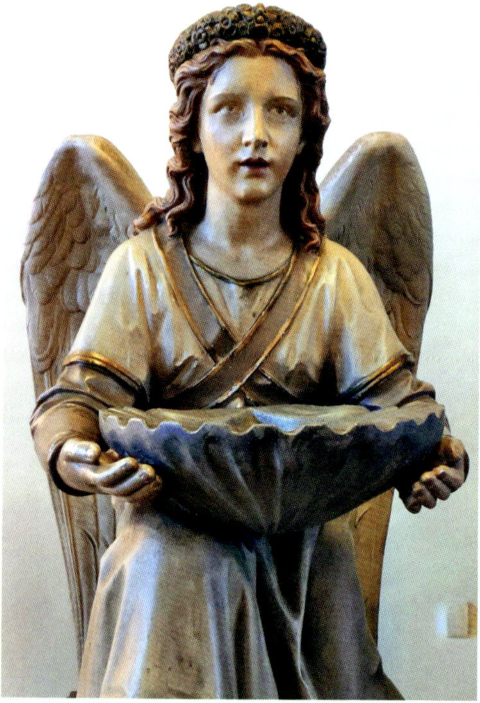

Taufengel in der Zionskirche

Der alttestamentliche David wählte den Berg Zion, die „Feste Jerusalems", nach seiner Eroberung zum Mittelpunkt seines Reiches. Ähnliches hatte von Bodelschwingh (☞ Bethel) im Sinn, als er den Zionsberg in Bethel benannte und eigentlich auf seinem höchsten Punkt die Zionskirche errichten wollte. Da dort aber schon das Pflegehaus Hermon stand (nach einem 2.814 m hohen Bergmassiv im Grenzbereich von Lybien, Syrien und Israel benannt), bekam die Kirche ihren Platz im Zionswald etwas unterhalb. Sie gehörte mit ihrer Fertigstellung im Jahre 1884 zu den frühen Gebäuden Bethels und war ein Werk des Hannoveraner Architekten Heinrich Wegener. Er wählte die Kreuzform als Grundriss und errichtete den Bau aus Ziegeln in neoromanischer Rundbogenarchitektur. Achten Sie auch auf den Taufengel mit Muschelschale rechts vom Chor. Engel sind auch als Bewacher am Hauptportal positioniert.

Für von Bodelschwingh stand für jeden Menschen, der sich im Sterben Gott anvertraute, ein Engel bereit. Und es war früher, als es kaum Medikamente gegen das Anfallsleiden (Epilepsie) gab, nicht selten, dass auch im Gottesdienst erlittene Anfälle tödlich endeten. Sechs mit Engeln verzierte Ruhekammern standen immer in der Kirche bereit.

Die ev.-luth. Zionskirche ist als „offene Kirche" tagsüber geöffnet.

Gegenüber steht das Mutterhaus der Sarepta Schwesternschaft mit dem Haus der Stille. (Wer sich für die Arbeit der Schwesternschaft interessiert, kann einfach mal vorbeischauen. Das Haus der Stille ist für Besucher von Mo-Fr von 10:00-18:00 geöffnet. Es gibt gemütliche Sessel, Zeitschriften, vielleicht einen Kaffee ...)

Bielefeld Bethel

Bielefeld und Bethel sind im Sprachgebrauch unmittelbar verbunden. Das liegt an der räumlichen Nähe und der heutigen administrativen Zugehörigkeit. Gegründet wurden die von Bodelschwinghschen Stiftungen Bethel 1867 als „Anstalt für epileptische Knaben" im Bereich der damals eigenständigen Gemeinde Gadderbaum im Kreis Bielefeld. Gadderbaum ist heute Stadtbezirk. Die diakonischen Einrichtungen Bethels erstrecken sich im nördlichen Bereich Gadderbaums bis in den Hang des Sparrenbergs.

Friedrich von Bodelschwingh war nicht der Gründer der damals noch der Inneren Mission zugehörigen Einrichtung. Unter der Leitung des gelernten Landwirts und Theologen begann aber ein zügiger Ausbau und Zweigstellen wurden gegründet. Die zunächst in Bielefeld ansässige Diakonissengemeinschafft Sarepta (heute Sarepta Schwesternschaft), zog in einen Neubau nahe der Anstalt und übernahm die Pflege der Hilfsbedürftigen. Auch eine Bruderschaft entstand. Die Mitglieder nannten sich Diakone und wohnten im Bruderhaus Nazareth. Das Arbeitsfeld erstreckte sich bald nicht nur mehr auf die Pflege und Behandlung an Epilepsie erkrankter Menschen, auch psychisch Kranke und Obdachlose wurden versorgt. Zweigstellen mit großen Landwirtschaftsbetrieben entstanden. Beispiele sind die 1882 gegründete Einrichtung für arbeits- und wohnungslose Männer, das Gut Wilhelmsdorf in der Senne sowie seit 1899 das Eckardtsheim für an Epilepsie erkrankte und psychisch kranke Männer ebenfalls in der Senne. Um den oft lebenslang Pflegebedürftigen Arbeit zu ermöglichen und die eigene Finanzierung zu verbessern, wurde neben der Landwirtschaft die Brockensammlung erdacht.

Das Einsammeln, Waschen, Reparieren und Verwerten von Altkleidern im großen Stil hat hier in Bethel seinen Ursprung und existiert bis heute. Bekannt ist Bethel auch für das Sammeln und Verwerten von gebrauchten Briefmarken.

Bereits um 1900 umfasst Bethel 40 Häuser mit 1.700 Plätzen allein im Epilepsiebereich. Heute gehört es zu den größten diakonischen Einrichtungen Europas, mit unterschiedlichen ambulanten Diensten, Wohnangeboten, Werkstätten, Schulen und Ausbildungsstätten, Kliniken und Hospizen. Das Epilepsie-Zentrum Bethel mit den Epilepsiekliniken Mara ist die größte Einrichtung zur Behandlung und Versorgung von Menschen mit Epilepsien in Deutschland. Die Namen der Orte und Einrichtungen Bethels wurden überwiegend aus dem Alten Testament übernommen und ihre Bedeutung übertragen. Bethel selbst ist ein hebräisches Wort und bedeutet „Haus Gottes".

Sie gehen an der Kirche vorbei und folgen an der Gabelung halb links dem Remterweg. Den alten Zionsfriedhof sehen Sie linker Hand liegen. Sie biegen wenig oberhalb des Friedhofs halb rechts von der leicht links abbiegenden Straße in einen Fußweg ab.

Der Fisch und und Raute 7 zeigen deutlich auch an der folgenden Gabelung den Wegverlauf rechts abwärts. Sie erreichen den querenden Bethelweg (kein Straßenschild) und gehen links weiter bis an eine Kreuzung vor der psychiatrischen Klinik Gilead IV ❸.

➭ Wenn Sie hier nach rechts gehen, können Sie den 🛏 🏠 ✕ Lindenhof zur Übernachtung erreichen, ☞ Bielefeld. Sie folgen dafür rechts dem Remterweg, der von links den Berg hinab kommt bis zum kleinen Bohnenbach. Davor nehmen Sie rechts den Fußweg am Bach entlang und gehen nach 150 m über die Brücke mit dem Torbogen, der auf den Biergarten am Lindenhof hinweist.

Von der Kreuzung zweigt ein weiterer markierter Weg links aufwärts in den Wald ab. Oben gelangen Sie an eine weitere Kreuzung. ➭ Geradeaus können Sie 🛏 ✕ Brands Busch erreichen (☞ Bielefeld). Sie gehen aber rechts auf breitem Weg, nun auch parallel zu den bekannten Hermannshöhen. (Der Wanderweg ist mit einem weißen H auf schwarzem Grund gekennzeichnet.)

Sie passieren das Otto Rietmüllerhaus, eine Einrichtung der Jugendhilfe Bethel mit Wohngruppen und Verwaltungsräumen, und erreichen die Bodelschwinghstraße.

Gehen Sie geradeaus darüber hinweg zur ✕ Gaststätte Habichtshöhe (▯ Mo-Fr 12:00-22:00, Sa/So 12:00-23:00, italienische Küche) und daran vorbei zum Waldrand.

In der Linkskurve des breiten Weges wird ein Abzweig rechts ignoriert. 20 m weiter biegen Sie aber mit den Hermannshöhen rechts aufwärts vom breiten Weg ab. Nach kurzem Anstieg zweigt Raute 7 ab. Sie folgen weiter geradeaus den Hermannshöhen, dem Fisch und der Raute 5, treffen am Hauptkamm des Teutoburger Waldes auf einen Querweg und gehen links. An der darauffolgenden Kreuzung weicht Ihr Weg geradeaus von den Hermannshöhen ab (links oberhalb an den Hermannshöhen ist eine ⛩ Schutzhütte zu sehen, ➲ 50 m) ❹. Ihr Weg fällt nun leicht im Hang.

Ein nicht sehr tiefer Taleinschnitt ist rechter Hand wahrnehmbar. Dort fließt der **Landwehrbach**, der nicht ohne Grund so heißt. Er war Teil einer mittelalterlichen Landwehr, über die Sie im Weiteren auf Tafeln informiert werden.

Wenn Sie wieder einen Wegweiser erreichen, geben Sie Acht. ✋ Der weiter geradeaus führende Weg führt zurück zum Kamm. Sie biegen halb rechts in den weniger breiten Weg Richtung Senne und Wanderparkplatz Buschkamp (Raute 5, 4, Fisch). Ein alter Hohlweg weist den Weg als viel genutzte alte Landverbindung aus (Erklärtafel).

Sie überqueren den Landwehrbach und erreichen einen breiten Forstwirtschaftsweg. Hier wandern Sie links weiter, passieren einige Fischteiche und erreichen eine Hofstelle. „Von Spiegelsche Werkstatt" ist dort zu lesen, ein Fachbetrieb für Restauration und Denkmalpflege. Die Adelsfamilie von Spiegel ist nachweislich seit über 800 Jahren hier am Sennerand ansässig. Die Hofstelle Waterbör und das Herrenhaus Spiegelsberge zeugen unter anderem davon.

Sie laufen rechts daran vorbei und biegen auch halb rechts von der Zufahrt wieder ab. Es geht entlang eines Lagerplatzes und dann auf einen schönen Fußweg, der wie ein Hohlweg wirkt, aber tatsächlich ein Relikt der alten Landwehr ❺ ist.

Schließlich erreichen Sie eine Kreuzung auf Höhe eines Wanderparkplatzes (Infotafel). Sie gehen links über den Wanderparkplatz Buschkamp und über die angrenzende Osningstraße hinüber.

Kohlenweg

Historisch gesehen handelt es sich bei dem hier erreichten Weg **Am Togdrang** um einen Abschnitt des Kohlenweges. Von den Köhlerstätten um Kohlstedt wurde die Holzkohle auf diesem Weg nach Bielefeld gekarrt.

Jenseits der Straße nehmen Sie von den zwei abgehenden Pfaden den schmalen Weg halb links. Der führt in den Wald und wiederum über den Landwehrbach (Infotafel) und dann kurz steil im Wald bergan zu einem breiten Forstweg, dem Sie nach rechts folgen. Wieder handelt es sich (vermutlich) um den historischen Kohlenweg.

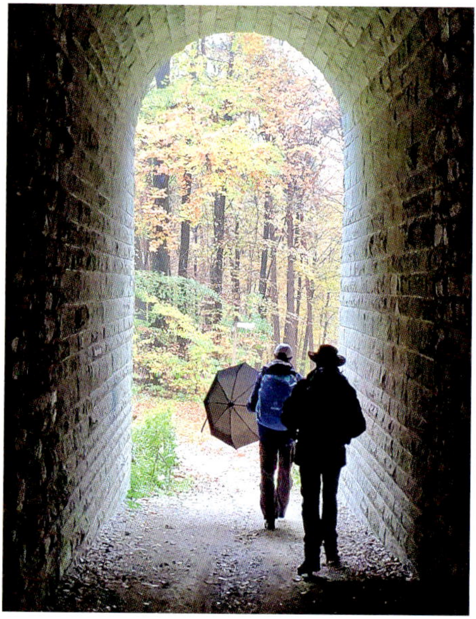
Pilger im Fuchsloch

An einer Kreuzung gehen Sie geradeaus. Gleich danach gehen Sie an einer Gabelung gleich breiter Wege links. An einer weiteren Kreuzung steht ein Wegweiser. Sie gehen geradeaus Richtung Wanderparkplatz Eisgrund.

Auf einer Wiese wird eine Stromtransportleitung unterquert. Die Autobahn A2 ist bereits deutlich zu hören. Die ⩩ Wellenliege auf der Wiese ist deshalb vielleicht nur bedingt erholsam. Der Weg biegt links ab und erreicht den Parkplatz Eisgrund.

Sie gehen am Parkplatz entlang und dann am Strommast rechts auf schmalem Pfad zur Straße 🚌. Gegenüber nehmen Sie den mit weiß-rot-weißen Pfosten bewehrten Fußweg. Der führt südlich in den Hang des Eisgrundberges und zur Autobahn A2. Das sogenannte **Fuchsloch ❻**, das die Autobahntrasse hier durchsticht, erscheint eher einer Kathedrale würdig.

Geradeaus geht es durch Buchenhochwald an einen breiten Querweg und dort nach links. Nach 1,6 km typischem Senner Sandweg kommen Sie an eine Wegkreuzung unter einer Stromtrasse. Sie gehen geradeaus weiter. Nach wiederum 1 km Sandweg zeigt der Wegweiser rechts einen Abstecher zum Haus Neuland an.

Haus Neuland. Das Haus Neuland ist ein modernes Tagungshaus, das Zimmer und Betten sehr unterschiedlicher Kategorien anbietet. Es gibt sogenannte Komfortzimmer, die normalen Hotelzimmern entsprechen, Zimmer mit gemeinschaftlichen Sanitärbereichen und hostelartige Mehrbettzimmer.

♦ Senner Hellweg 493, 33689 Bielefeld, ☏ 052 05/912 60, info@haus-neuland.de, www.haus-neuland.de, Preise auf Anfrage, 900 m

Sie gehen geradeaus bis an eine Gabelung und dort links etwas aufwärts, bis Sie wieder auf den Hermannshöhen-Wanderweg stoßen. Biegen Sie hier scharf rechts in den Wanderweg ab.

Es geht wieder abwärts zu einem Querweg, dort links an einer Wiese entlang, über eine Kreuzung hinweg (Pausenbank) und dann durch einen wunderschönen Hohlweg in das Schopketal ❼ hinab und an einen Parkplatz. Schopketal und Menkhauser Bach bilden hier die Grenze von Westfalen und Lipper Land bzw. der Stadt Bielefeld zum Kreis Lippe.

Den Weg ganz rechts ignorieren Sie. Der zweite Weg rechts führt auch zum Haus Neuland. Sie gehen links auf der Parkplatzzufahrt zur **Wurzelbuche**.

Wurzelbuche

Eine verzweigte Buche mit mehreren Stämmen wächst hier am Wegrand auf einem Wall. Das Besondere ist das in großen Bereichen freigelegte Wurzelwerk. Sicher trug der erhabene Standort dazu bei, dass Niederschlag und Wind über viele Jahre hinweg immer wieder Sand aus dem Wurzelgewirr herausgespült haben und so dieses „Naturwunder" schaffen konnten.

Danach biegen Sie halb rechts mit den Hermannshöhen und dem Lippischen Pilgerweg (Fisch) Richtung Oerlinghausen ab. Im Wald biegt der Weg noch einmal rechts ab und steigt durch einen besonders tief ausgeprägten Hohlweg bergan zu einem Straßentunnel. Es ist die sogenannte Tunnelstraße, die Sie nun unterqueren. Den Namen hat sie erhalten, da sie nur wenig weiter den Menkhauser Berg in einem Tunnel durchquert.

Gleich nach der Straßenunterführung biegen Sie links ab und steigen bis auf Straßenhöhe an, gehen im Rechtsbogen über eine Wiese zu einer anderen Straße und geradeaus darüber hinweg einen geteerten Weg hinauf. Weiter führt eine Pflasterstraße hoch zum Brunnenplatz mit Kirche und Pfarrhaus.

Oerlinghausen

⌘ ✝
052 02, 33813

Stadt Oerlinghausen, Rathausplatz 1, 493 12, info@oerlinghausen.de, www.oerlinghausen.de, Mo, Mi und Fr 8:00-12:00, Di und Do 8:00-17:30, 330 m

Hotel-Restaurant Altes Gasthaus Nagel, Hauptstr. 43, 993 63, kontakt@altes-gasthaus-nagel.de, www.altes-gasthaus-nagel.de, Ü EZ € 65, DZ € 95, F € 8,90, 70 m

Pension Gräber, Friedrichstr. 3, 42 95, info@pension-graeber.de, www.pension-graeber.de, Ü EZ € 27, DZ € 54, F € 7, Gepäcktransport zum nächsten Ziel für € 25, ca. 400 m

♦ **Villa Welschen**, Am Lehmstich 15, 92 39 80, info@villawelschen.de, www.villawelschen.de, ÜF EZ ab € 50, DZ ab € 90, 360 m, 200 m nach dem Gasthof Tönsberg (2. Etappe (Senneweg) rechts den Hang hinuntergehen

Von Oerlinghausen fahren zweimal stündlich Busse zur Stadtbahnhaltestelle „Bielefeld-Sieker", stündlich fährt ein Bus Richtung Lage (Lippe) auch zum Bahnhof Oerlinghausen, Asemissen

Biclcfcld

Taxi Kuhlmann, 99 81 17

✝ Die **Alexanderkirche** in Oerlinghausen entstand in ihrer heutigen Form als gotische, dreijochige Hallenkirche in den Jahren 1511-1514. Dabei wurden in Teilen die Grundmauern eines romanischen Vorgängerbaus mit einbezogen.

⌘ **Archäologisches Freilichtmuseum**. Das Museum verschafft Einblicke in menschliches Wohnen und Leben in der Zeit von 10.000 vor bis 1.000 nach Christus.

♦ Am Barkhauser Berg 2-6, 22 20, www.afm-oerlinghausen.de, April-Sep Mo-Fr 9:00-18:00, Sa, So und Fei erst ab 10:00, Okt Mo-Fr 9:00-16:00, Sa und So 10:00-17:00, Nov-März nur für angemeldete Gruppen

Die Häuser von Oerlinghausen ziehen sich hufeisenförmig um den Hang des westlich zum Schopketal und Menkhauser Bachtal abfallenden Tönsbergs. Am Scheitelpunkt des Hufeisens stehen die Alexanderkirche, leicht nach Süden versetzt, und das Alte Gasthaus Nagel.

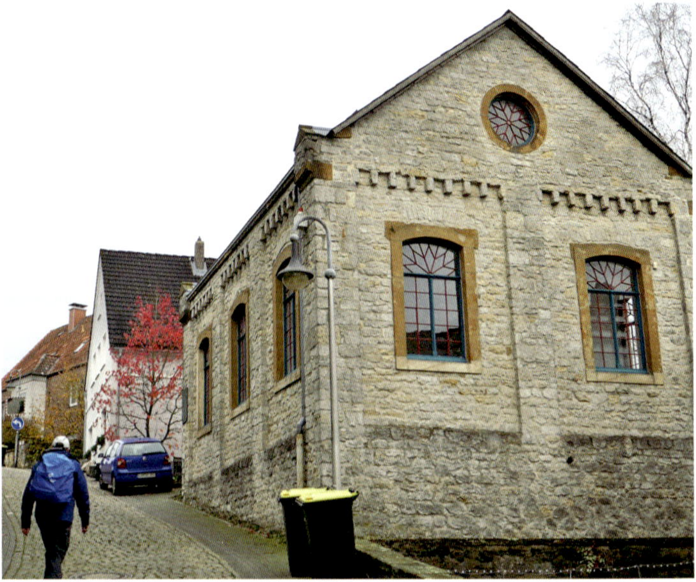

An der alten Synagoge in Oerlinghausen

Die meisten Geschäfte und Gaststätten, das Rathaus und die zentrale Bushaltestelle befinden sich auf der Nordseite des Berges. An der Südseite liegen die Pension Gräber, die Villa Welschen und das Freilichtmuseum.

Oerlinghausen besitzt viele bauliche Denkmäler. Dazu gehört auch die kleine, 1894 aus Bruchsteinen errichtete Synagoge, die der Zerstörung durch die Nazis nur deshalb entgangen ist, da sie noch vor den Novemberpogromen 1938 verkauft und weltlichen Zecken zugeführt wurde.

Die Altstadt durchziehen verwinkelte und verträumte Stiegen, die in Nordrhein-Westfalen „Tweten" genannt werden. Ein abendlicher Spaziergang durch die Gassen lohnt sich also.

Weithin bekannt ist Oerlinghausen als Standort eines der größten Segelflughäfen der Welt. Den regen Flugbetrieb, insbesondere an Wochenenden und passendes Wetter vorausgesetzt, bekommen Sie mit, wenn Sie zum Auftakt der folgenden Etappe über den Tönsberg wandern.

2. Etappe: Oerlinghausen – Oesterholz-Haustenbeck

➲ *26,2 km,* ⌛ *8 Std.,* ↑ *419 m,* ↓ *439 m,* ⇧ *196-415 m*

0,0 km	⇧ 235 m	Oerlinghausen, Alexanderkirche
3,0 km	⇧ 326 m	Hünenkapelle ⌘
5,0 km	⇧ 261 m	Abzweig Stapelager Schlucht
9,6 km	⇧ 197 m	Dörenkrug (Augustdorf) BANK
15,8 km	⇧ 393 m	Bielstein
22,9 km	⇧ 372 m	Hirschsuhle, Alter Postweg
26,2 km	⇧ 202 m	Oesterholz-Haustenbeck, Abzw. Aschenweg

Der Tag beginnt mit einem kräftigen Anstieg zum Tönsberg. Bei herrlicher Sicht bis hin zu den Windkrafträdern auf dem Paderborner Sintfeld folgen Sie dem Höhenrücken zur Hünenkapelle, steigen dort in die Wistinghauser Schlucht und Richtung Stapelager Pass wieder an. Bevor dieser erreicht ist, biegen Sie für ein kleines Wegstück von markierten Wegen ab und erreichen über einen Verbindungsweg den Sennerandweg, der als Lönspfad und X4 wieder gekennzeichnet ist. Ihm folgen Sie nach Augustdorf und weiter zum Sendemast des 393 m hohen Bielsteins. Lange wandern Sie über das Hochplateau, bis es auf dem Alten Postweg steinig, aber in bequemer Neigung wieder abwärts an den Rand der Senne geht.

☺ Die Übernachtungsmöglichkeiten in Oesterholz-Haustenbeck sind begrenzt. Buchen Sie besser im Voraus. Teilen können Sie das Wegstück in Augustdorf. Beachten Sie auch die am Zielort beschriebene Möglichkeit, mit dem Bus Ausweichquartiere zu erreichen.

Für Tourenräder ist die heutige Wegstrecke aufgrund der vielen Steigungen und vereinzelten Sandwege nicht geeignet. Menschen mit Mountainbikes allerdings sind nahezu überall anzutreffen. Eine Umleitungsempfehlung kann ich nicht aus eigener Anschauung, sondern nur anhand der Karten geben. Fahren Sie auf den vorhandenen Straßen am Segelflugplatz von Oerlinghausen vorbei bis Stukenbrock und nehmen Sie dort die L758 nach Augustdorf.

An der Kreuzung mit dem Kohlenweg biegen Sie rechts in die Stukenbrocker Straße ab. Die wird zur Haustenbecker Straße und führt als L942 mitten durch das Truppenübungsgebiet nach Oesterholz-Haustenbeck.

Bei dieser Straße handelt sich um eine historische, denkmalgeschützte Lindenallee aus dem 19. Jh. Zu beachten ist: Die Straße ist zu den Übungszeiten gesperrt. Die Termine, an denen die Passage möglich ist, erfahren Sie auf folgender Webseite: 💻 bfgnet.de/sennelager-range-access.html. Und noch ein Wermutstropfen: Schön anzuschauen, aber auch holperig, die Straße trägt das originale Kopfsteinpflaster des 19. Jh., wird aber auch von dem in den Informationen aufgeführten Routenplaner empfohlen.

Am historischen Brunnen vor der Alexanderkirche führt Ihr Weg halb rechts die Treppe hoch zur Straße, dort rechts und dann links die Stufen des Schmiedebrinks aufwärts.

Sie treffen auf die Pflasterstraße Auf dem Berge, gehen links und dann im Rechtsbogen aufwärts.

☞ Über die sofort links abzweigende Tönsbergstraße haben Sie einen Blick zur ehemaligen Synagoge.

Wieder ist es der Lippische Pilgerweg mit dem Fisch als Wegzeichen, dem Sie folgen. Markiert ist auch wieder der Wanderweg Hermannshöhen.

Wenn die Straße Auf dem Berge sich teilt, gehen Sie links weiter und passieren den jüdischen Friedhof. In Höhe der **Kumsttonne** erreicht die sogenannte Himmelsleiter, aus dem Ortszentrum kommend, die Höhe. Eine Hörstation ist hier eingerichtet.

Kumsttonne

Bei dem Gebäude mit dem seltsamen Namen handelt es sich um den Torso einer Windmühle, die 1753 erbaut wurde. 1843 verlor sie bei einem heftigen Sturm ihre Flügel und wurde nicht mehr instand gesetzt. Ihr Name spielt auf ihr Aussehen an, da sie einer mit Sauerkraut gefüllten Tonne ähnelt.

Der Begriff „Kumst" ist eine regionale Bezeichnung für Sauerkraut, die sich vom lateinischen compositum ableitet und daher auch mit „Kompost" eng verwandt ist.

Danach kommen Sie am Ehrenmal des 6. Lothringischen Königs-Infanterie-Regiments Nr. 145 vorbei. Es befand sich von 1890 bis 1914 in Metz (das zu der Zeit zum Deutschen Reich gehörte) und hat nun seine neue Heimat hier in Oerlinghausen gefunden.

Gleich danach zeigt der Oerlinghauser Höhenstein den zweithöchsten Punkt am Tönsberg an. Er dient der Landvermessung.

Oerlinghauser Meditationsweg

Knapp 200 m weiter beginnt der Oerlinghauser Meditationsweg, der zu mehreren Metalltafeln auf Steinen führt, die 1996 anlässlich des 40-jährigen Bestehens der Heim-Volkshochschule St. Hedwigshaus e. V. aufgestellt wurden. Die Metalltafeln repräsentieren die vier weltlichen und die drei christlichen Tugenden. Die weltlichen Tugenden stammen schon aus der Antike, es sind Weisheit, Gerechtigkeit, Tapferkeit und Mäßigung. Die ihnen zur Seite gestellten christlichen Tugenden sind Glaube, Liebe und Hoffnung.

Nur noch sanft steigt der Weg über den flachen Gipfel an und kommt dabei an einer Schutzhütte vorbei. Wenig weiter befindet sich das Hermann-Löns-Denkmal an der Senneaussicht.

Hermann-Löns-Denkmal

Hermann Löns (1866-1914) wanderte diesen Weg entlang zum Hermannsdenkmal und löste mit seinen Beschreibungen damals einen Tourismusboom aus. In seiner Geschichte „Frau Einsamkeit" schreibt er:

So wanderte ich von Bielefeld über sonnige Höhen nach Oerlinghausen, dort stieg ich bergan, ging an der Hünenkapelle auf dem Tönsberg vorüber, wanderte durch Buchenwald, enkeltiefen Treibsand, bis sie vor mir lag, die herbe Senne.

Das Denkmal wurde ihm 1928 gesetzt.

Danach treffen Sie auf eine interessante Station mit Informationen zum Naturpark Teutoburger Wald und Eggegebirge. Etwas weiter beginnt der Weg abzufallen.

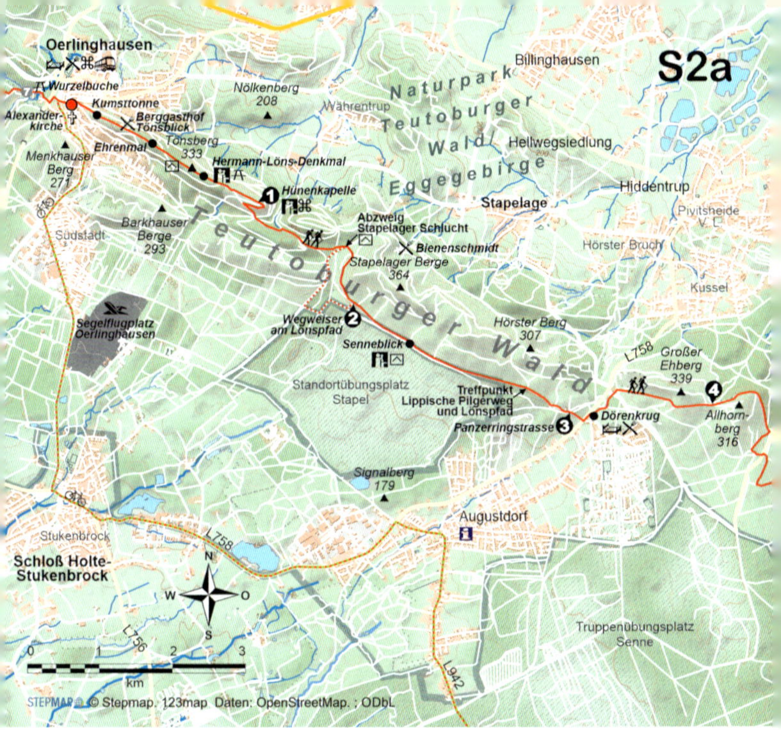
S2a
Oerlinghausen
Wurzelbuche
Kumsttonne
Alexander-kirche
Berggasthof Tönsblick
Ehrenmal
Tönsberg 333
Menkhauser Berg 271
Hermann-Löns-Denkmal
Hünenkapelle
Nölkenberg 208
Währentrup
Naturpark Teutoburger Wald/ Eggegebirge
Billinghausen
Hellwegsiedlung
Hiddentrup
Stapelage
Pivitsheide V. L.
Hörster Bruch
Kussel
Barkhauser Berge 293
Südstadt
Teutoburger Wald
Abzweig Stapelager Schlucht
Bienenschmidt
Stapelager Berge 364
Segelflugplatz Oerlinghausen
Wegweiser am Lönspfad
Senneblick
Hörster Berg 307
L758
Großer Ehberg 339
Standortübungsplatz Stapel
Treffpunkt Lippische Pilgerweg und Lönspfad
Panzerringstrasse
Dörenkrug
Allhornberg 316
Signalberg 179
Augustdorf
Stukenbrock
Schloß Holte-Stukenbrock
L758
N
W
O
S
L756
0
1
2
3
km
Truppenübungsplatz Senne
L942
STEPMAP © Stepmap. 123map Daten: OpenStreetMap. ; ODbL

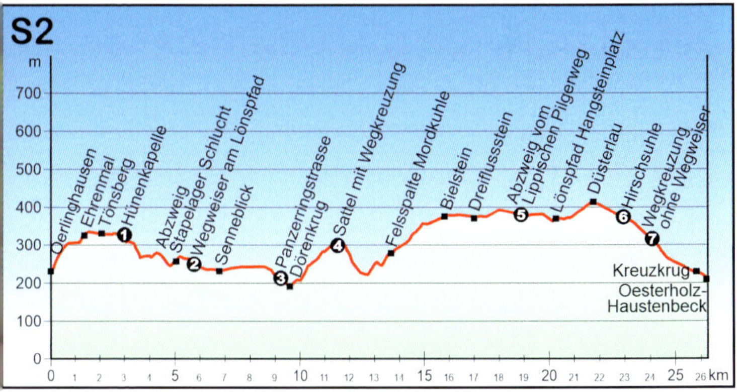
S2
m
700
600
500
400
300
200
100
0
Oerlinghausen
Ehrenmal
Tönsberg
Hünenkapelle
Abzweig Stapelager Schlucht
Wegweiser am Lönspfad
Senneblick
Panzerringstrasse
Dörenkrug
Sattel mit Wegkreuzung
Felsspalte Mordkuhle
Bielstein
Dreiflussstein
Abzweig vom Lippischen Pilgerweg
Lönspfad Hangsteinplatz
Düsterlau
Hirschsuhle
Wegkreuzung ohne Wegweiser
Kreuzkrug
Oesterholz-Haustenbeck
0
1
2
3
4
5
6
7
8
9
10
11
12
13
14
15
16
17
18
19
20
21
22
23
24
25
26
km

Sie müssen Obacht geben, denn die Markierung zeigt links vom Hauptweg ab Richtung Hünenkapelle. Sie passieren einen Befestigungsgraben einer cheruskischen Volksburg (Infotafel) und erreichen die Ruine der Hünenkapelle ❶, die mitten in dem Areal der ehemaligen Wohnanlage aus dem 4. Jh. vor Christus liegt.

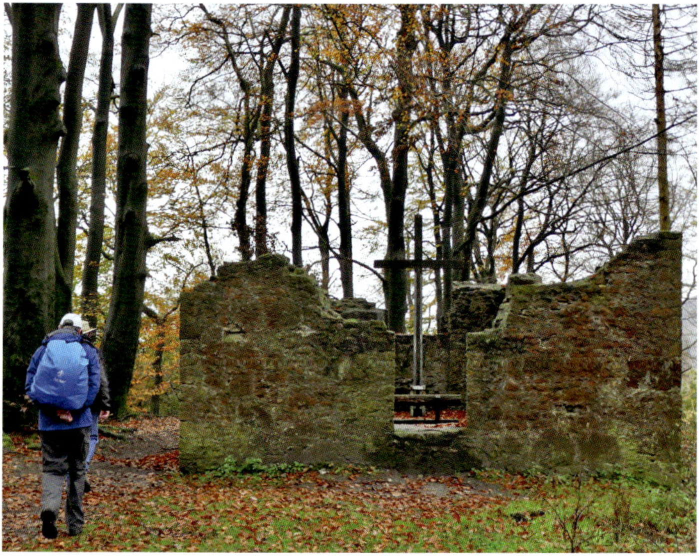

Hünenkapelle am Tönsberg

⌘ Ruine der Hünen- oder Antoniuskapelle

Der einschiffige Bau, der auf eine mittelalterliche Klause zurückgeht, wurde wahrscheinlich im 15. Jahrhundert errichtet und dem Heiligen Antonius dem Großen (251-356 n. Chr.) geweiht. Aus den Paderborner Annalen ist ersichtlich, dass bis 1548 Wallfahrten zum Tönsberg durchgeführt wurden. In diesem Jahr kam auch das romanische St.-Hülfe-Kreuz aus der zerstörten Kapelle in die Krypta des Paderborner Doms. Das heute vorhandene Eichenkreuz wurde 1977 ergänzt.

Der Heilige Antonius gilt als Vater der Mönche. Er wurde der Überlieferung nach über 100 Jahre alt. Zur Zeit der Christenverfolgung hatte er sich unter Diokletian in eine Einsiedelei zurückgezogen.

In der Abgeschiedenheit der Wüste soll er, obwohl der Teufel ihn in Form von Knaben und schönen Frauen verleiten wollte, der Verführung widerstanden haben. Antonius der Große wird oft mit Schweinen zusammen dargestellt, die die Versuchungen symbolisieren. Er ist u. a. der Schutzpatron der Bauern und Haustiere.

Der Tönsberg – im Niederdeutschen heißt Antonius Tönies – soll seinen Namen von diesem Heiligen erhalten haben.

Hinter der Kapelle fällt der Tönsberg zur Wistinghauser Schlucht hin ab. Geradeaus klettern Sie den Hang hinab, bis Sie auf einen Querweg stoßen. Hier gehen Sie rechts zurück zum Hauptweg, in den Sie links einbiegen (Richtung Bienenschmidt, Stapelage etc).

In der Senke quert ein breiter Forstweg Ihren Weg. Weitere Wege zweigen ab. Sie folgen dem breiten Weg links noch leicht abwärts weiter Richtung Bienenschmidt bis an ein Wegedreieck breiter Forstwege. Hier gehen Sie rechts wieder aufwärts und geradeaus über eine Kreuzung auf der Anhöhe hinweg. An der nachfolgenden markanten Gabelung gehen Sie links. Wieder stoßen Sie auf einen Querweg. Dem folgen Sie links zu einer ⌂ Schutzhütte.

✋ Achtung! Der Lippische Pilgerweg führt von dieser Schutzhütte in einer kleinen Schleife über Bienenschmidt zunächst nach Stapelage und dann am Hörster Berg auch an den Sennerandweg, ☞ Beschreibung. Der Grund für diese Wegführung ist der sehr alte Kirchenstandort in Stapelage (ab 9. Jh.). Diese Variante ist 3,6 km weiter. Sie wird hier nicht beschrieben. Falls Sie dem gut markierten Weg (Fisch) aber hier folgen wollen, können Sie sowohl in Stapelage, Hörste oder in Augustdorf eine Zwischenübernachtung einplanen.

Der hier beschriebene Weg weicht an dieser Stelle für eine kurze Wegstrecke von markierten Wegen ab. Genutzt wird hier der Durchlass im Kamm zur Senne, Stapelager Schlucht genannt, den hier zwei benachbarte Höhenrücken gewähren.

☺ Wer sich auf nicht markierten Wegen unsicher fühlt, hat die Möglichkeit, beim Eintreffen auf dem Querweg vor der Schutzhütte rechts dem mit dem Schwarzspecht markierten **Holzweg**, der ebenfalls durch die Stapelager Schlucht führt, zu folgen. Der trifft an einem Wegweiser auf den Lönsweg X10. Dort biegen Sie dann links Richtung Kohlstedt und Dörenkrug ab. Die Gesamtstrecke verlängert sich um genau 1 km.

Nur 20 m nach der Schutzhütte biegen Sie rechts in einen schmalen Sandweg ab (Trampelpfad). Der bringt Sie nach 150 m an einen breiten Forstweg, dem Sie rechts folgen. Er führt in einem weiten Linksbogen um den Höhenrücken herum (Stapelager Berg) bis zu einem Wegweiser ❷.

Hier stößt von rechts der Lönspfad (X10) hinzu. Sie folgen ihm geradeaus Richtung Kohlstedt und Dörenkrug. Der Weg heißt hier auch Sennerandweg. Die nächste Station ist eine Wanderhütte mit schönem Blick in die Sennelandschaft.

Senne

Die Senne liegt zwischen Bielefeld und Paderborn. Sie ist dem Teutoburger Wald südlich direkt vorgelagert. In einer Urkunde Kaiser Ottos I. (912-973) wird erstmals das Gebiet der Senne als „Desertum sinedi", als „die Wüste Senne", bezeichnet (jakobusfreunde-paderborn.com/senne). Vom Wanderweg aus gesehen wirkt sie wie ein riesiges, flaches Waldgebiet. Tatsächlich aber ist das 350 km² große Gelände ein vom Menschen relativ wenig zersiedelter, naturnah erhaltener Bereich aus Heiden, Mooren, Bächen und Stillgewässern, Trockentälern, Dünen und Moränenhöhen, Auen und Wäldern. Die Ems hat hier ihren Ursprung.

Die Senne ist mit ihren Sanden das nährstoffärmste Gebiet Nordrhein-Westfalens und hat zudem sehr saure Böden, die sich in großen Teilen selbst nach dem Aufkommen des Kunstdüngers nicht für die Landwirtschaft eigneten. Viele seltene, an die schwierigen Lebensbedingungen angepasste Pflanzen und Tierarten sind in der Senne zu finden.

Knapp die Hälfte der Fläche wird seit dem 19. Jahrhundert als Truppenübungsplatz genutzt. Zuletzt stand dieser unter der Verwaltung der britischen Streitkräfte. In Augustdorf befindet sich die Generalfeldmarschall-Rommel-Kaserne der Bundeswehr mit über 4.000 deutschen Soldatinnen und Soldaten.

Knapp 1,8 km nach der Schutzhütte mit Senneblick gibt es wieder einen Wegweiser. Hier stößt der mit dem Fisch markierte, Lippische Pilgerweg auf den Lönspfad (X10). Bis über den Bielstein hinaus verlaufen beide Wege nun parallel.

Nach weiteren 350 m ist durch die Bäume eine Straße zu sehen. Der Weg biegt noch einmal links in einen parallelen Pfad ab und erreicht die Straße etwas später ❸.

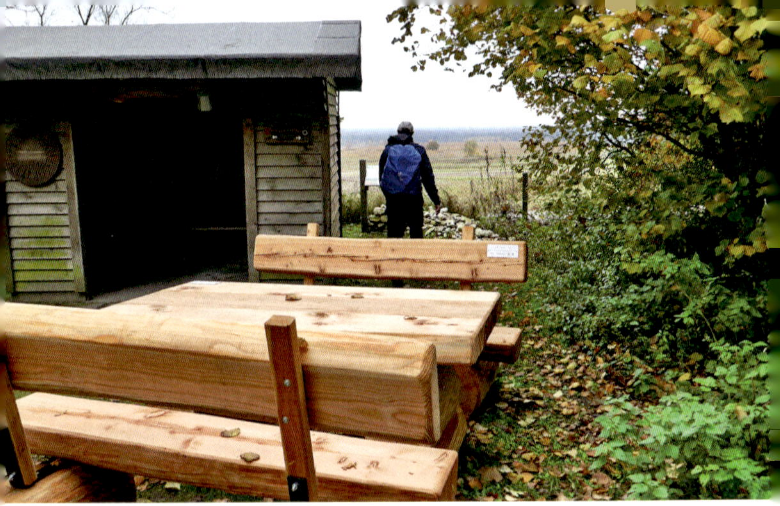

Schutzhütte mit Senneblick

Voraus sind nun die Generalfeldmarschall-Rommel-Kaserne und der Sendemast des Bielsteins zu sehen. Sie überqueren die Straße schräg nach links und folgen dem auf den ersten Metern geteerten Lönspfad abwärts zu einer Fahrstraße. Der Straße folgen Sie links zum Hotel/Restaurant Dörenkrug mit der Gaststätte Spartakus. Sie berühren Augustdorf hier zwar am historischen Kern der Sennesiedlung, das heutige Zentrum mit Einkaufsmöglichkeiten liegt aber rund 2 km südwestlich.

Augustdorf

☎ 052 37, ✉ 32832

Tourist-Info, Pivitsheider Straße 16, ☎ 97 10 42, B.grote@augustdorf.de, www.augustdorf.de, Mo, Di Do, Fr, 8:00-12:30, Do zusätzlich 14:00-17:00, 2,5 km

Haus Dörenkrug, Waldstraße 1, ☎ 909 01 25, hotel@doerenkrug.de, www.doerenkrug.de, ÜF Preise auf Anfrage, am Weg

Seinen Namen erhielt Augustdorf nach dem lippischen Grafen Simon August zur Lippe im Jahre 1789. Da war der Graf gerade einmal sechs Jahre tot und die junge Siedlung 14 Jahre alt. Der Retlager Müller mit gleichem Vornamen, August Simon Struß, erhielt nämlich am 1. Dezember 1775 per Urkunde von eben diesem Grafen das Recht zur Errichtung eines Hofes und eines Kruges am Dören.

Besser konnte der Ort kaum gewählt sein, denn er lag nur wenig südlich eines wichtigen Passübergangs am Osning (Teutoburger Wald), der Dörenschlucht. Hier trafen Frankfurter Weg und Senne Hellweg, zwei der mutmaßlich bis in die Bronzezeit zurückreichende Fernstraßen, zusammen.

Das heutige Bild von Augustdorf ist vor allem durch den Standort der Bundeswehrkaserne geprägt. Viele Soldatinnen und Soldaten fanden hier mit ihren Familien ein Zuhause.

Eng mit der Geschichte von Augustdorf verknüpft ist auch die Geschichte der Senner Wildpferde. Vermutet wird, dass sie erheblich zum typischen Senner Landschaftsbild beigetragen haben. Die genaue Herkunft der Rasse ist nicht eindeutig bestimmbar. Ähnlichkeiten mit den Dülmener Wildpferden im Merfelder Bruch legen aber laut Aussagen der Biologischen Station Paderborn/Senne germanische Abstammungen nahe.

Erwähnt wurde die halbwilde Pferderasse urkundlich erstmals im Jahr 1160. Eine Nutzung und Zucht durch die lippischen Grafen ist bekannt. Heute gilt die Art als bedrohte aussterbende Haustierrasse. Durch Einbindung in Naturschutzprojekte soll dem entgegengewirkt werden.

Am Dörenkrug biegen Sie rechts in die Gfm.-Rommel-Straße aber gleich wieder links davon ab. Sie gehen im Wald bergan zur Panzerringstraße, kurz nach rechts und biegen dann links wieder davon ab in den Wald. Noch eine Straße wird überquert. Geradeaus steigen Sie im Wald weiter bergan zu einem Wegdreieck mit Wegweiser.

Sie gehen rechts Richtung Bielstein, Schlangen und Kreuzkrug. Der Weg steigt auf einen Sattel mit Wegkreuzung ❹. Sie gehen geradeaus, nun wieder abwärts und weiter Richtung Bielstein.

Kurz bevor Sie eine Straße erreichen, treffen Sie wieder auf eine Wegkreuzung mit Wegweiser. Hier biegen Sie rechts in den Fußweg ab. Es sind zwei abgehende Wege dort, der eine ist aber als Reitweg gekennzeichnet. An zwei unscheinbaren, querenden Wegspuren halten Sie sich jeweils links und kommen an eine herabführende Wegspur. Hier geht es links wieder abwärts an die Straße, geradeaus darüber hinweg auf einen Holzplatz und zum Wegweiser Lopshorner Allee Nord. Halb rechts führt ein schöner Pfad weiter Richtung Bielstein.

☺ Kurz (50m) bevor Sie einen befestigten Querweg erreichen, liegt rechter Hand ein Felsareal am Weg, das im Volksmund Mordkuhle heißt.

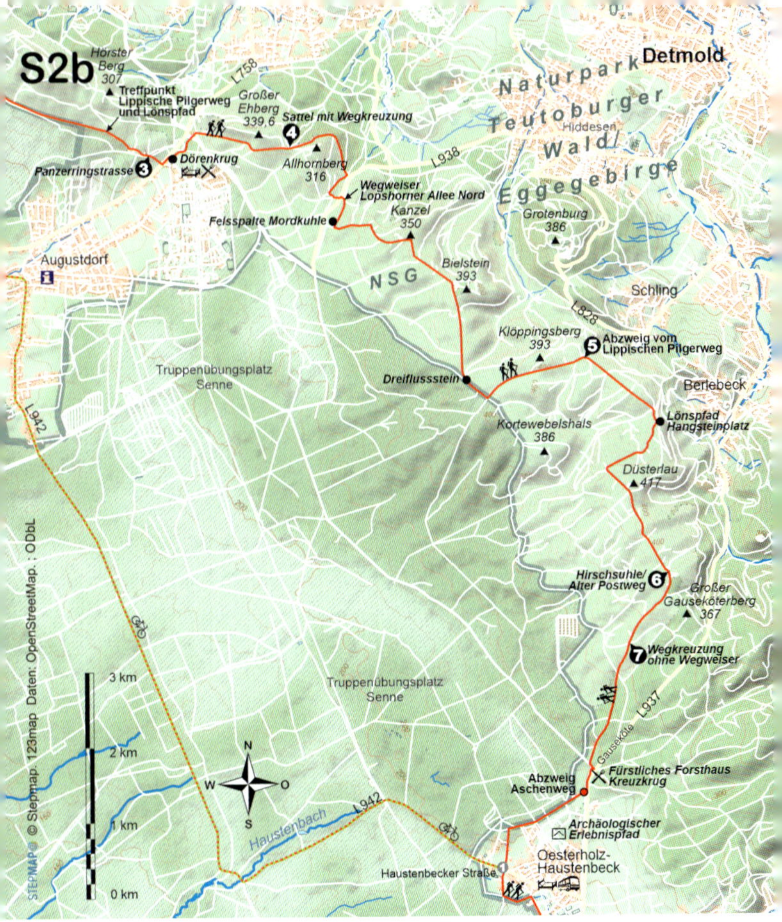

Felsspalte Mordkuhle

Der Sage nach soll hier einmal eine Räuberbande ihr Unwesen getrieben haben, daher der Name. Einen Beweis dafür gibt es aber nicht. Der geologische Aufschluss, zudem auch eine (vergitterte) Felsspalte gehört, ist seit 1925 geschützt. In der Höhle wohnen Fledermäuse und im Übrigen lässt sich die Geologie studieren.

www.detmold-die-schoenen-orte.de/mordkuhle/

Sie folgen dem Querweg links, biegen nach 500 m an einer Verzweigung rechts und an der nachfolgenden Gabelung gleichwertiger Wege wieder rechts ab. Sie kommen an einen Querweg, in den Sie rechts einbiegen und nun nahezu höhengleich die geteerte Zufahrt zum Sender Bielstein erreichen. Sie gehen rechts zum Sendemast nur noch leicht aufwärts.

Bielstein

Der Bielstein wäre sicher kein so markanter und weithin sichtbarer Berg ohne seinen 290 m hohen Sendemast. Im Grunde ist er nur eine von mehreren Erhebungen einer größeren Hochebene. Das werden Sie beim weiteren Wegverlauf noch feststellen. Der Bielstein liegt direkt gegenüber der Grotenburg, auf der das berühmte Hermannsdenkmal steht. Die Luftlinie misst nicht mehr als 1,3 km. Der Sendemast hat eine besonders hohe Reichweite. Er überträgt Radio- und Fernsehprogramme, vor allem die öffentlich-rechtlichen wie ZDF, ARD, WDR, Arte, Phönix usw.

Geradeaus geht es weiter zum **Dreiflussstein**. Hierbei handelt es sich um die sichtbar und begreifbar gemachte Wasserscheide zwischen Rhein, Ems und Weser. Sie gehen links weiter. Nach 370 m kommen Sie an eine Kreuzung mit relativ offenem Gelände, das von Einzelbäumen geprägt ist. Viele davon sind Kastanien.

Sie biegen hier links in die Kastanienallee ab. Nach knapp 1,5 km kommen Sie an die Kante der Hochebene. ↬ Geradeaus führt ein Weg steil bergab. Der mit dem Fisch markierte Lippische Pilgerweg führt hier herunter ❺.

Sie aber bleiben auf dem Lönspfad (X10). Der Wegweiser zeigt Ihnen den Weg Richtung Schlangen und Kreuzkrug. Waren die Höhen in großen Teilen auch von Kahlschlägen toter Fichten geprägt, erreichen Sie nun wieder wohltuenden Buchenhochwald.

Der Weg durchläuft eine flache Senke, führt geradeaus wieder leicht bergan und trifft auf einen Querweg mit dem Wegweiser **„Lönspfad Hangsteinplatz** 366 m". Rechts geht es weiter bergan zu einem Wegdreieck und dort links, nach nochmaligem Anstieg, wieder an eine Kreuzung mit dem Hinweis **„Düsterlau** 414 m".

Sie gehen geradeaus bis zum Wegkreuz **Hirschsuhle** ❻. Von links trifft hier der aus Detmold kommende und über Berlebeck führende Alte Postweg auf der Höhe ein. Sie folgen ihm nun rechts zunächst zu einer Wegkreuzung ohne Wegweiser ❼ (ein Forstweg quert den Weg). Auch hier gehen Sie geradeaus weiter auf dem Alten Postweg, der nun zusätzlich zum Lönspfad auch mit Raute 1 gekennzeichnet ist.

Der Alte Postweg führt beständig in gleicher Neigung abwärts. Die Pflasterung aus weißem Kalkstein zeigt eine gleichmäßige Wölbung zur Straßenmitte. Die Steine selbst allerdings sind so grob und unbequem gerichtet, dass man sich das Rattern und Rumpeln der Kutschen nur allzu lebhaft vorstellen kann.

Auch die Füße finden wenig Gefallen am steinigen Weg. Schließlich mündet dieser aber an einem Wegweiser und Schlagbaum in die Zufahrt zu einem Wohnhaus und diese mündet wiederum in die querende Sennerandstraße. Sie gehen links zum Kreuzkrug, der an der vom Großen Gauseköterberg herabkommenden Straße Gauseköte steht. Noch bevor der Gasthof ganz erreicht ist, wandern Sie rechts über den Parkplatz und folgen dem weiterführenden Fußweg parallel zur Straße Gauseköte.

Am ersten Abzweig biegt Ihr Weg dann rechts in eine Nebenstraße mit dem Namen Aschenweg ab. Der weitere im nächsten Abschnitt beschriebene Weg führt am Rande der Siedlungsgebiete von Oesterholz-Haustenbeck entlang. Auf Abstecher in die Siedlung und zu den Bushaltestellen wird hingewiesen (☞ 3. Etappe).

☺ ↳ Zur Pension Neese kommen Sie auf kürzestem Wege, wenn Sie am Abzweig Aschenweg geradeaus dem Radweg entlang der Straße folgen und in die übernächste Siedlungsstraße (Heidestraße) rechts abbiegen, ➲ 1 km.

Oesterholz-Haustenbeck ✆ 052 52, ✉ 33189

🛏 **Pension Neese**, Heidestr. 6, 3 DZ, 2 EZ, ☎ 828 38 und 76 96, ÜF DZ ab € 44, EZ ab € 36, Zimmer mit und ohne Nasszelle, außergewöhnlich gutes Frühstück, ➲ 580 m, vom Kreuzkrug 1,3 km

✕ **Fürstliches Forsthaus Kreuzkrug**, Kreuzkrug 1, ☎ 80 75, Mi-Fr 15:00-22:30, Sa/So 11:30-22:30, ➲ am Weg. Im Jahr 1706 erhielt ein Conrad Kruse die Erlaubnis am „Kreutzwege bey Österholtz“ eine Schankwirtschaft zu eröffnen. Nachdem die Fürstin Pauline zur Lippe eine neue Chaussee über die Gauseköte hatte bauen lassen, wurde der Kreuzkrug 1812 vom Alten Postweg an seinen jetzigen Standort verlegt.

🚌 Der Bus R51 fährt von Oesterholz-Haustenbeck, aus Horn-Bad Meinberg über Kohlstedt kommend (Haltestellen: „Schule“, „Ostlandstraße“, „Kellnerstraße“), im Stundentakt über Schlangen und Bad Lippspringe nach Paderborn Hbf. Aufgrund der nur wenigen Übernachtungsmöglichkeiten in der Gemeinde Schlangen kann dieser zum Aufsuchen von Ausweichquartieren vielleicht einmal nützlich sein. Auch könnten Sie sich für zwei Nächte in Paderborn einquartieren, morgens nach Schlangen zurückfahren und einen Tag mit nur kleinem Gepäck pilgern. Die Fahrtzeit von Oesterholz zum Paderborner Hbf. beträgt 44 Minuten.

Oesterholz-Haustenbeck ist heute ein Ortsteil der Gemeinde Schlangen. Es bestand ursprünglich aus den Siedlungen Oesterholz und Haustenbeck. Haustenbeck allerdings existiert nur noch im Namen. Das damals 1.300 Seelen umfassende Siedlungsgebiet musste 1939 der Erweiterung des Truppenübungsplatzes weichen. Die Bewohnerinnen und Bewohner sind unter anderem nach Oesterholz umgezogen.

3. Etappe Oesterholz-Haustenbeck – Paderborn

22,6 km, 7 Std., ↑ 13 m, ↓ 127 m, ⇧ 104-229 m

0,0 km	⇧ 229 m	Oesterholz-Haustenbeck, Abzweig Aschenweg
3,6 km	⇧ 175 m	Jagdschloss Oesterholz-Haustenbeck
6,6 km	⇧ 159 m	Schlangen, Lindenstraße BANK
10,3 km	⇧ 141 m	Bad Lippspringe BANK ⌘
18,1 km	⇧ 106 m	Mastbruch, Bushaltestelle „Schatenweg“
22,6 km	⇧ 114 m	Paderborn, Dom BANK ⌘

In der Verlängerung der Straße Gauseköte führt die unter Denkmalschutz stehende Fürstenallee weiter nach Schlangen. Sie passiert dabei das Jagdschloss Oesterholz. Die rund 2,5 km lange Fürstenallee wurde um 1720 als standesgemäße Zufahrt zum Jagdschloss angelegt. Viele der alten in vier Reihen, mit jeweils gleichen Abständen zueinander und zu beiden Seiten der Straße angelegten Alleebäume konnten leider nicht bis heute erhalten werden. Es wurden aber neue Bäume gepflanzt, sodass die Prachtstraße in ihrem Erscheinungsbild bis heute Bestand hat.

Ihr Weg biegt am Beginn der Fürstenallee von der Straße weg in die Sennelandschaft, umgeht Oesterholz-Haustenbeck und erreicht das Jagdschloss im Süden. Auch Schlangen wird nur in den Randbereichen berührt. Erst Bad Lippspringe durchqueren Sie so nah am Zentrum, dass ein Cafébesuch kaum einen Umweg nötig macht. Wer die unbedingt sehenswerten Karstquellen der Lippe entdecken will, muss einen Abstecher von rund 800 m (ein Weg) einplanen. Ein besonders romantisches Wegstück entlang der schon vor vielen Jahren renaturierten Lippe liegt dann bald am Weg.

Paderborn erreichen Sie entlang der Kiesteiche im Ortsteil Mastbruch. Sie könnten immer geradeaus noch bis zum Schloss Neuhaus gehen und dort der Pader von ihrer Mündung in die Lippe bis zum Dom folgen. Der Pilgerweg biegt vorher ab und erreicht die Pader erst in ihrem Quellgebiet.

✋ Ab dem Kreuzkrug bzw. Aschenweg wechseln Sie vom Lönsweg (X10) auf den X4 (Diemel-Lippeweg, vom Kreuzkrug nach Marsberg). Der Lönsweg (X10) biegt nämlich nach 350 m links ab und erklimmt die Höhen des Teutoburger Waldes erneut, um in Leopoldstal zu enden.

Sie gehen hingegen geradeaus auf dem Aschenweg weiter. Nach weiteren 300 m kommen Sie an einen weiteren links abzweigenden Weg. ↰ Auf diesem könnten Sie einen sehr interessanten Archäologischen Lehrpfad erreichen. Eine Informationstafel mit Überblick befindet sich am Rastplatz, ➲ 350 m. Auch führt dieser Weg in der Verlängerung geradeaus zur Heidestraße mit der 🛏 Pension Neese.

☺ ↰ Wenn Sie an der Pension Neese wieder starten, folgen Sie einfach weiter der Heidestraße an dem Rastplatz am Lehrpfad vorbei bis auf den querenden Aschenweg und gehen dort links weiter.

Archäologischer Erlebnispfad

Bei dem Lehr- und Erlebnispfad handelt es sich um einen Rundweg von rund 500 m. Der Zuweg vom X4 aus beträgt noch einmal etwa 300 m. Er entführt in ein schönes sandiges Hügelgebiet, auf dem einmal über 400 bronzezeitliche Grabhügel existierten. Sie stammen vermutlich aus der Zeit zwischen 1000 und 1700 vor Christi Geburt, also der späten Bronzezeit. Durch Witterungseinflüsse sind viele der Hügel verflacht oder ganz verschwunden. Einige von zehn archäologisch untersuchten Grabstellen und zwei nachgebildete Hügelgräber sind mit Hinweistafeln und Installationen versehen. Die Menschen der Bronzezeit bauten Ihre Gräber gerne an solche Stellen, an denen Sie gut sichtbar waren, statt sie zu verstecken. Dazu gehören erhöhte Stellen wie hier die Senner Sanddünen, aber vor allem waren es die Fernstraßen, an denen sich die Grabstellen häuften. So verwundert es nicht, hier bei Oesterholz-Haustenbeck eine solch stattliche Anzahl zu sehen, denn Oesterholz-Haustenbeck ist auch als ein Verkehrsknoten von Altstraßen bekannt.

Der X4 passiert bald ein Siedlungsgebiet an seinem Rand (Oesterholz-Haustenbeck).

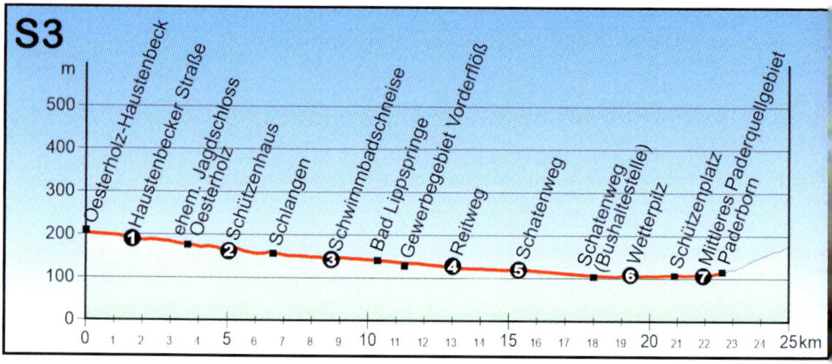

Wenn Sie gleich nach der Siedlung links in die Straße Zur Kammersenne einbiegen, kommen Sie zur Bushaltestelle „Schule“, ➲ 600 m.

Ihr Weg führt aber geradeaus noch bis an eine Wassergewinnungsanlage. Hier biegen Sie links in den Waldweg ein, treffen auf eine Siedlungsstraße, der Sie bis an eine Querstraße (Haustenbecker Straße) folgen ❶.

Auf dieser Straße kommen die Radfahrerinnen und -fahrer von rechts aus Augustdorf wieder an den Hauptweg.

Sie gehen links und wieder rechts in die Straße Am Paradies. Vom Siedlungsrand führt ein Feldweg weiter durch ein herrliches, leicht welliges, sennetypisches Wiesenland. Nach der Baumschule biegen Sie links in den Grasweg ein. Wieder wird Siedlungsgebiet berührt. Sie gehen rechts und an der nachfolgenden Kreuzung noch einmal rechts aus der Siedlung heraus in ein schönes Waldgebiet. Nach etwa 500 m kommen Sie an eine Wegkreuzung im Wald.

☺ Eilige könnten hier etwa 600 m abkürzen, indem Sie einfach geradeaus weitermarschieren. Auch mit dem Rad ist das bei nassem Wetter zu empfehlen.

Genussmenschen lassen sich die wunderschöne Bruchlandschaft, durch die der markierte Weg nun kurzweilig führt, nicht entgehen.

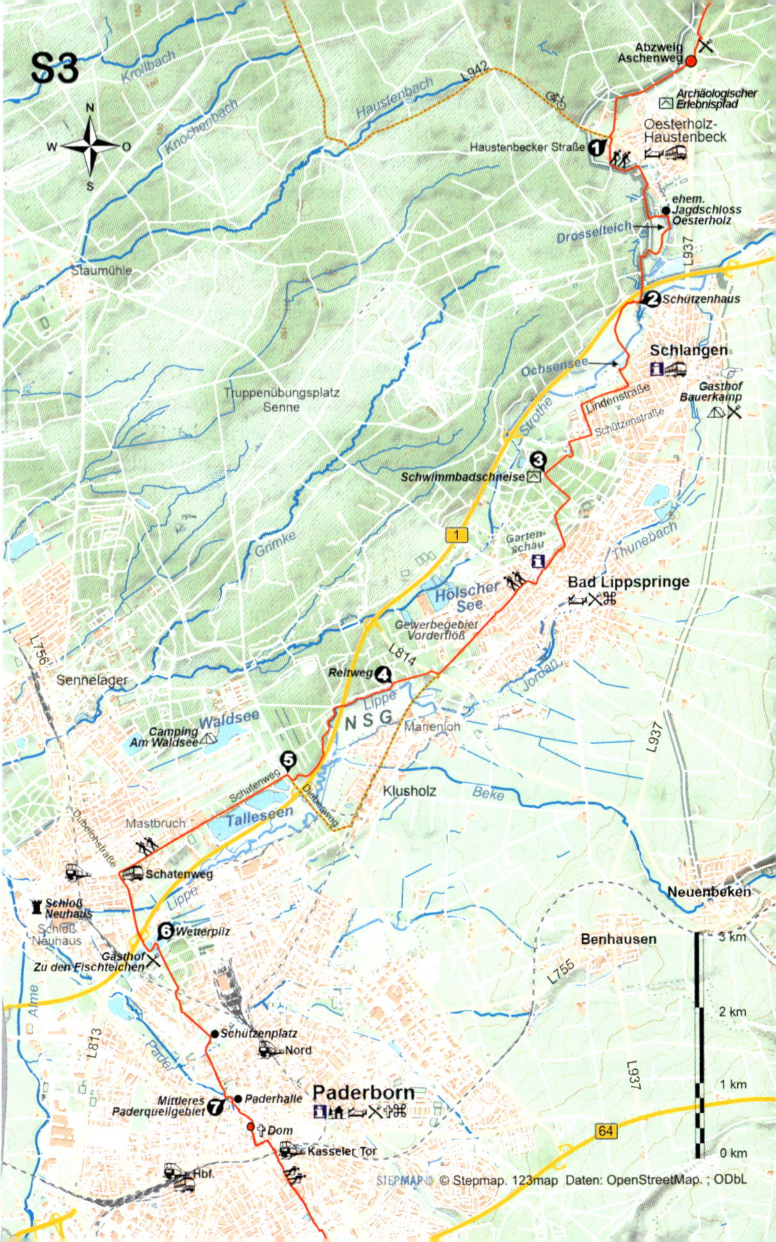

S3
Abzweig Aschenweg
Archäologischer Erlebnispfad
Oesterholz-Haustenbeck
Haustenbecker Straße
ehem. Jagdschloss Oesterholz
Drosselteich
Krollbach
Knochenbach
Haustenbach
L942
L937
Staumühle
Schützenhaus
Schlangen
Ochsensee
Gasthof Bauerkamp
Lindenstraße
Schützenstraße
Strothe
Truppenübungsplatz Senne
Schwimmbadschneise
Grimke
Gartenschau
Thunebach
Bad Lippspringe
Hölscher See
Gewerbegebiet Vorderflöß
L814
Reitweg
Jordan
L756
Sennelager
Waldsee
Camping Am Waldsee
Lippe
NSG
Marienloh
Schatenweg
Dietesweg
Klusholz
Beke
Talleseen
Mastbruch
Dubelohstraße
Schatenweg
Schloß Neuhaus
Schloß Neuhaus
Wetterpilz
Gasthof Zu den Fischteichen
Neuenbeken
Benhausen
L755
Alme
L813
Pader
Schützenplatz
Nord
Paderborn
Mittleres Paderquellgebiet
Paderhalle
Dom
Kasseler Tor
Hbf.
64
3 km
2 km
1 km
0 km
STEPMAP © Stepmap. 123map Daten: OpenStreetMap. ; ODbL

Erwähnt wurde das heutige Bad Lippspringe bereits im Jahre 780. Das lag an seinen ertragreichen Quellen. Karl der Große hielt hier mehrere Reichsversammlungen ab. Stadtrechte bekam die später befestigte Siedlung vom Domkapitel Paderborn im Jahre 1445 verliehen, von Preußen aber wieder aberkannt. Die Entwicklung zum Bade- und Kurort setzte nach der Entdeckung der warmen Arminiusquelle Anfang des 20. Jh. ein.

Mit einer Schüttung von 740 Litern in jeder Sekunde gehört der namensgebende Ursprung der Lippe am Rande des Arminiusparks schon zu den größeren Einzelquellen. Gespeist wird sie überwiegend von versickertem Oberflächenwasser im benachbarten Karstgebiet. Aus einer Tiefe von rund acht Metern an die Oberfläche gedrückt, füllt sie einen Quellteich, der seit der Landesgartenschau 2017 zwei Aussichtsplattformen besitzt. Der Quellbereich liegt direkt unterhalb der Ruine einer Burg, die einst die Stadt beschützen sollte. Neben der Lippequelle gibt es weitere Quellen wie die Jordanquelle, dessen Bach sich mit der Lippe vereint.

Sie durchqueren die voraus liegende Parkanlage mit Ehrenhain. An der querenden Peter-Hartmann-Allee halten Sie sich halb links, kommen an die Bielefelder Straße und gehen rechts bis an die Ampelquerung der weiterführenden Auguste-Viktoria-Allee. Sie überqueren die Straße und wandern vom Verkehr getrennt durch einen Park entlang der Dr.-Pieper-Straße.

Am Gewerbegebiet Vorderflöß wechseln Sie die Straßenseite, aber nicht die Richtung. Der Fußverkehr wird in einer Rechtskurve der Straße geradeaus auf einen alten Bahndamm geleitet, der Sie an die querende L814 bringt.

Radfahrerinnen und -fahrer, die ein Schieben auf stellenweise sandigen Wegen vermeiden wollen, überqueren hier die Landstraße und fahren auf dem dahinter erreichten Nebenweg kurz nach rechts und biegen dann links in den weiterführenden Radweg auf dem alten Bahndamm ein. Er ist Richtung Paderborn ausgeschildert.

Sie durchqueren den Paderborner Bezirk Marienloh und geben danach Acht, wenn Sie auf die querende Straße An der Talle treffen. Hier ist der Weg auf dem Bahndamm unterbrochen. Fahren Sie rechts bis zum Diebesweg, dem Sie dann rechts zurück zum Pilgerweg folgen. Alternativ können Sie auch auf dem Diebesweg links einbiegen, um nach 180 m wieder rechts in den weiterführenden Bahndammweg Richtung Paderborn zu fahren.

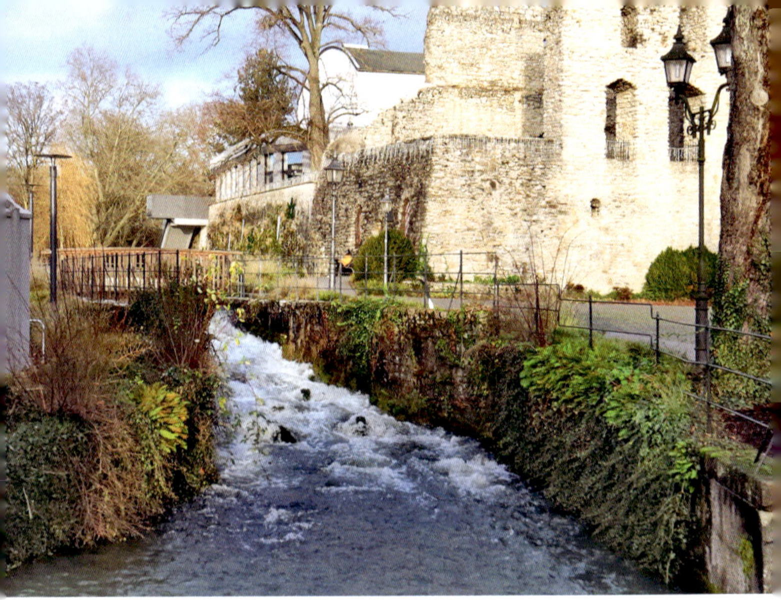

Burgruine an der Lippequelle

Sie gehen hier rechts an der L814 entlang (Radweg). Nach 100 m überqueren Sie die Straße und biegen in den Neuhäuser Weg ab. An einem Wendeplatz gehen Sie weiter geradeaus bis zum Beginn des Reitweges ❹.

Die Markierung zeigt hier geradeaus entlang des Reitweges. Empfehlenswert ist es aber, links über den schmalen Pfad zur wildromantischen Lippe zu laufen und dort rechts in den Uferweg einzubiegen.

Naturschutzgebiet Lippeniederung zwischen Bad Lippspringe und Mastbruch

Die Lippe verlief nicht immer so romantisch. Im Gegenteil, sie stand seit etwa Mitte des 19. Jh. im Fokus moderner Landwirtschaftssysteme, die der Ertragssteigerung der angrenzenden Wiesenflächen diente. Dazu wurde der Flusslauf begradigt, Wiesen und Auen mit einem ausgeklügelten Grabensystem durchzogen. Zu bestimmten Zeiten bewirkte man nun durch Anstauung eine Überflutung des Geländes mit Lippewasser. Ziel war, das Absetzen von Schwebstoffen zu erreichen, um so die Flächen zu düngen. Mit dem Aufkommen des Kunstdüngers war diese Methode unrentabel geworden. Ein Umdenken und vor allem ein Rückbau der mit solchen Systemen einhergehenden Naturverarmung begann erst seit 1999 und doch ist der Erfolg bereits deutlich wahrzunehmen. Die Lippe ist in diesem Bereich wieder wie im Ursprung ein mäandrierender, sich frei entwickelnder Fluss mit sich verändernden Uferlinien. Durch Abbrüche bei Hochwasser entstehen Steilwände, Bäume liegen quer und führen zur Verlangsamung der Fließgeschwindigkeit. Sandbänke bauen sich auf. Es entstehen vielgestaltige Lebensräume. Der Eisvogel brütet bereits wieder.

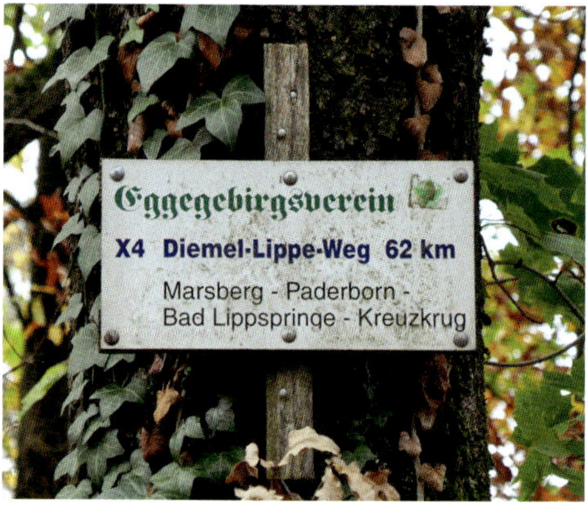

Wegweiser des Eggegebirgsvereins am X4

Mit der Lippe unterqueren Sie die B1 und folgen weiter dem Uferweg, nun auch wieder mit dem Markierungszeichen für den X4. Kurz vor der nachfolgenden B1-Brücke über den Fluss biegen Sie in einen rechts abgehenden Fußweg. Ihr Weg ist der mittlere von dreien, die hier rechts abzweigen. Der Pfad führt durch Buschwerk zu einem mit feinem Schotter belegten Querweg. Sie gehen geradeaus darüber hinweg wieder in das Stangendickicht jetzt nah an die Straße heran.

Dann entfernt der Pfad sich wieder und erreicht eine Auffahrt. Halb rechts gehen Sie an die Straße, dort 100 m rechts entlang und biegen dann links in den Schatenweg ❺.

Der führt nun 2,7 km geradeaus, zunächst an einem beliebten Naherholungsgebiet und Landschaftsschutzgebiet, den **Talleseen,** entlang und im Weiteren im Randbereich des Paderborner Stadtteils **Mastbruch**. Der vielleicht einigen seltsam erscheinende Name stammt aus dem Mittelalter, als hier im ehemaligen Feuchtgebiet, allgemein als Bruch bezeichnet, die Bauern ihre Schweine zur Mast eintrieben.

An der 🚌 Bushaltestelle „Schatenweg“ biegen Sie links ab.

Geradeaus zeigt der Wegweiser in den Paderborner Ortsteil Schloß Neuhaus, wo Sie das ehemalige Residenzschloss der Paderborner Fürstbischöfe besuchen können, ➲ 1 km. In Schloß Neuhaus gibt es den gleichnamigen Bahnhof an der Bahnstrecke Bielefeld-Paderborn.

Am Schloss Neuhaus vereinen sich Lippe, Pader und als dritter Fluss die Alme. Entlang der Pader könnten Sie alternativ in das Zentrum von Paderborn gelangen und hätten damit gleichzeitig die Pader von der Mündung bis zum Quellbereich gesehen.

Das Schloss Neuhaus

Aufgrund von Streitigkeiten mit dem Bürgertum bauten die regierenden Paderborner Fürstbischöfe in Neuhaus, etwa vier Kilometer von Paderborn entfernt, ab 1257 einen geschützten Landsitz, der ab 1370 zum festen Regierungssitz erweitert wurde. Bis zur Annexion des Fürstbistums durch das Königreich Preußen im Jahr 1802 war der heute noch vorhandene Schlossbau (Weserrenaissance) entstanden. Das Amt Neuhaus wurde 1957 anlässlich der 700 Jahrfeier des Schlosses in Schloß Neuhaus umbenannt.

Der X4 verläuft nun für 1 km wenig erfreulich und laut entlang der stark befahrenen Dubelohstraße. Sie gehen an der Kreuzung nach der Bushaltestelle Schatenweg also links und überqueren die Lippe. Wenn Sie die B1 unterquert haben, gehen Sie an der nachfolgenden Kreuzung geradeaus, jetzt in einer Tempo-30-Zone. Die Enten, die hier links und rechts an den Teichanlagen leben, gaben Anlass zur Verkehrsberuhigung. Die Spaziergängerinnen und Spaziergänger profitieren ebenfalls. Die **Fischteiche**, die hier im Waldgebiet nördlich von Paderborn viele Menschen anziehen, werden von artesischen Quellen gespeist. Der Ursprung des Wassers liegt wie bei der Pader im Paderborner Hochland, ☞ Paderquellen.

Nach der ersten Teichanlage führt Ihr Weg links zwischen zwei Teichen hindurch. Am Wetterpilz ❻ biegen Sie rechts ab, passieren den Gasthof Zu den Fischteichen und laufen immer geradeaus entlang der Franckenbergallee durch Hochwald. Kurz nach einer Querstraße weichen Sie rechts der querenden Bahnlinie (noch bevor diese in Sicht kommt) aus, erreichen die Dubelohstraße am Bahnübergang, gehen links über die Gleise, laufen etwas an der Straße entlang und biegen links in einen Teerweg, von dem es aber wieder rechts in südlicher Richtung abgeht.

Am Schützenplatz, der linker Hand zu sehen ist, halten Sie sich halb rechts und kommen am Wohnmobilstellplatz an die Stollbergallee, der Sie links folgen. Sie kommen am Freibad vorbei und erreichen einen Park unweit der Pader.

Am Kunstwerk „Graffitistern" gehen Sie rechts, unterqueren den Innenstadtring gemeinsam mit der Pader und halten hinter dem Tunnel erst einmal inne.

Sie haben das mittlere Paderquellgebiet erreicht ❼. Von einer Aussichtsplattform am Zusammenfluss zweier Paderarme sind Mühlrad und Mühlengebäude der Stümpelschen Mühle sowie ein weiterer Zusammenfluss von Paderarmen zu sehen.

Sie gehen links und nach 30 m wieder rechts in das Quellgebiet **der Maspernpader** an der Paderhalle. Noch vor der Halle biegen Sie wieder rechts in einen Fußweg ab und gehen am Wasser dann links entlang der Dielenpader.

Den kleinen Park Am Haxthausenhof verlassen Sie neben der großen Mühle und überqueren die Mühlenstraße. Es folgt ein kleiner Fußweg durch den **Geisselschen Garten** zur Stadtbibliothek (früher Domdechanei). Durch einen steinernen Bogen verlassen Sie den Platz und laufen auf die Kaiserpfalz zu. Achten Sie gleich nach der Bibliothek auf die kleine Augenquelle rechter Hand! Steigen Sie die Treppe an der **Kaiserpfalz** hinauf und probieren Sie unbedingt die Akustik in der erreichten **Bartholomäuskapelle** aus!

Das berühmte Hasenfenster im Dom zu Paderborn

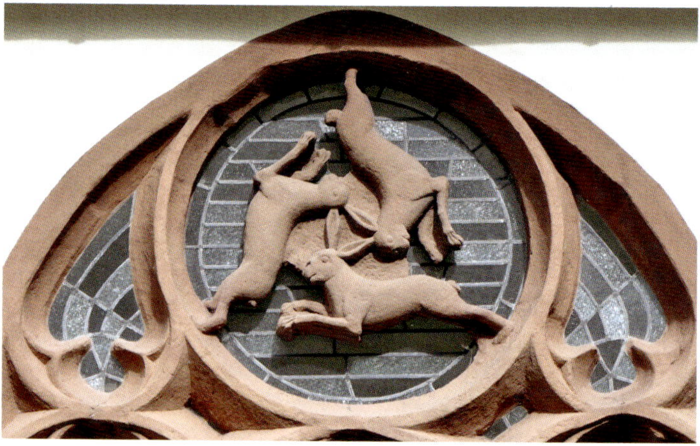

Sie stehen nun an der Nordseite des Paderborner Doms und können ihn durch die Rote Pforte betreten. Oder Sie umrunden den Dom, gehen nach rechts am Turm vorbei und treten durch das Paradiesportal ein. Wenn Sie vom Paradiesportal halb rechts in Richtung des Domplatzes und Diözesanmuseums schauen, fällt Ihnen die Info-Tafel zu den Pilgerwegen auf.

Paderborn

☎ 052 51

Verkehrsverein Paderborn e. V., Marienplatz 2a, 33104 Paderborn, ☎ 881 29 80, Tourist-info@paderborn.de, www.paderborn.de/tourismus, April-Okt Mo-Fr 10:00-18:00, Sa 10:00-16:00, Nov-März Mo-Fr 10:00-17:00, Sa 10:00-14:00, Auskunft zu allen touristischen Fragen, Zimmervermittlung, ⊙ Pilgerstempel („der Hasen und der Löffel drei und doch hat jeder Hase zwei"), 200 m

♦ **Freundeskreis der Jakobuspilger** Pilgerbüro, Busdorfmauer 33, 33098 Paderborn, ☎ 506 86 77, info@jakobusfreunde-paderborn.com, jakobusfreunde-paderborn.com, Di und Do 9:00-12:00, Pilgerberatung, Pilgershop, ⊙, 240 m

♦ Auf der Webseite pilger-pb.de sind alle wichtigen Informationen für Pilgerinnen und Pilger in Paderborn zusammengefasst. Unter anderem finden Sie hier auch das Verzeichnis der Pilgerunterkünfte.

Jugendherberge Paderborn, Meinwerkstr. 16, 33098 Paderborn, ☎ 220 55, Jh-paderborn@djh-wl.de, www.jugendherberge.de → Schnellsuche, ÜF ab € 28,10, Rezeption 8:00-20:00. Wer einen Pilgerausweis hat, braucht nicht zwingend den sonst notwendigen DJH-Ausweis, 400 m, nord-östlicher Altstadtrand.

In Via-Hotel, Giersmauer 35, 33098 Paderborn, ☎ 290 80, rezeption@inviahotel.de, www.invia-akademie.de, ÜF EZ ab € 68, DZ ab € 98, bett+bike, ⊙, 400 m, nord-östlicher Altstadtrand

♦ **Hotel zur Mühle**, Mühlenstraße 2, 33098 Paderborn, ☎ 107 50, info@hotelzurmuehle.de, www.hotelzurmuehle.de, Ü EZ ab € 75, DZ ab € 101, 70 m

♦ **Hotel Cherusker Hof**, Detmolder Straße 1, 33102 Paderborn, ☎ 555 34, info@cherusker-hof.de, www.cherusker-hof.de, Ü EZ ab € 55, DZ ab € 70, F € 6, 420 m, nord-östlich am Altstadtrand

Hotel Garni Irma, Bachstraße 9, 33098 Paderborn, ☏ 233 42, info@hotelirma.de, www.hotelirma.de, ÜF EZ ab € 30 (Sanitärbereich außerhalb des Zimmers) ab € 42 mit Nasszelle, DZ ab € 70, , ➲ 320 m, am Paderquellgebiet, westlich des Doms

Camping Am Waldsee, Husarenstraße 130, 33104 Schloß Neuhaus, ☏ 052 54/73 72, Am-waldsee@web.de, www.am-waldsee.de, Ü Zelt € 3,50, € 4 p. P., ➲ 1,5 km, rund 7 km vor Paderborn

Heide-Taxi Paderborn, ☏ 202 30 11, **Klima Taxi**, ☏ 260 60, **City Taxi**, ☏ 284 08 88

Alle Informationen zum Stadtbussystem bekommen Sie auf folgender Internetseite www.padersprinter.de.

Paderborn hat einen Fern- und Nahverkehrsbahnhof. Er liegt etwa 1,3 km südwestlich des Zentrums.

✝ **Dom St. Maria, St. Liborius und St. Kilian**. Erster Anlaufpunkt in der Stadt ist für die meisten heute und dies war es wohl auch für die Pilgerinnen und Pilger des Mittelalters der großartige Kirchenbau des Paderborner Doms. Das heutige Bauwerk stammt im Wesentlichen aus dem 13. Jh., ist aber auch auf Teilen der Vorgängerbauten aus dem 11. und 12. Jh. aufgebaut. Wenn Sie den Dom vom Domplatz aus betreten, kommen Sie durch das sogenannte Paradies, einem heute offenen Vorraum.

Die Tür zum Dom wird dementsprechend Paradiesportal genannt. Zunächst entdecken Sie hier die überlebensgroßen Figuren der Dompatrone Maria, Kilian und Liborius. Auch sind zwei andere Heilige und sechs Apostel dargestellt. Jakobus d. Ä. ist durch sein Attribut, die Pilgermuschel, deutlich hervorgehoben. Es wird vermutet, dass das Paradies eine Pilgerherberge war. Die Halle war einst etwa doppelt so groß und durch feste Türen verschließbar. Auch wird ein großer Kochkessel erwähnt.

Im Inneren des Doms gilt neben der Krypta mit den Gebeinen des Liborius oft der erste Gang der Fremden dem Innenhof des Kreuzgangs (Kapitelsfriedhof). Dort ist das berühmte Hasenfenster, das heimliche Wahrzeichen Paderborns, zu sehen.

„In Paderborn gewesen zu sein und das Hasenfenster nicht gesehen zu haben, galt in früheren Tagen als Beweis nur zu flunkern," erlausche ich vom Fremdenführer einer eintreffenden Gruppe. Und auch: „Geneigt war man das Hasenfenster als Dreifaltigkeitssymbol zu sehen, ist jedoch heute von dieser These

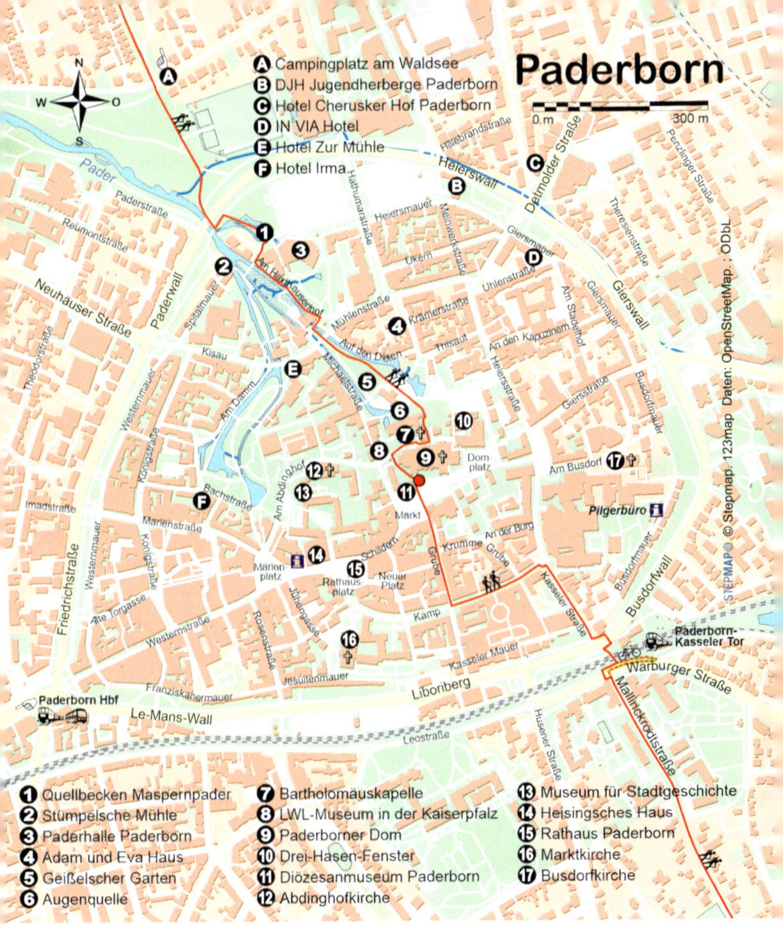

abgerückt, weil es inzwischen auch auf den Paderborner Kanaldeckeln erscheint und man die Dreifaltigkeit nicht mit Füssen getreten sehen will." So einfach ist das manchmal mit der Wissenschaft. In Wahrheit soll das Symbol aus einem anderen Kulturkreis, dem fernen China stammen. Dort ist ein 1.400 Jahre altes Exemplar bekannt. Das Fenster in Paderborn ist erst vor 400 Jahren entstanden.

tägl. 10:00-18:00

Info-Stand im Dom St. Liborius

✝ Die **Bartholomäuskapelle** haben Sie vielleicht schon am Weg hinter dem Dom besucht. Sie wird als die älteste Hallenkirche (um 1017) nördlich der Alpen angesehen und ist Teil der ottonischen Kaiserpfalz. Berühmt ist sie für ihre herausragende Akustik. Vielleicht stimmen Sie mal ein Lied an.

tägl. 10-18:00

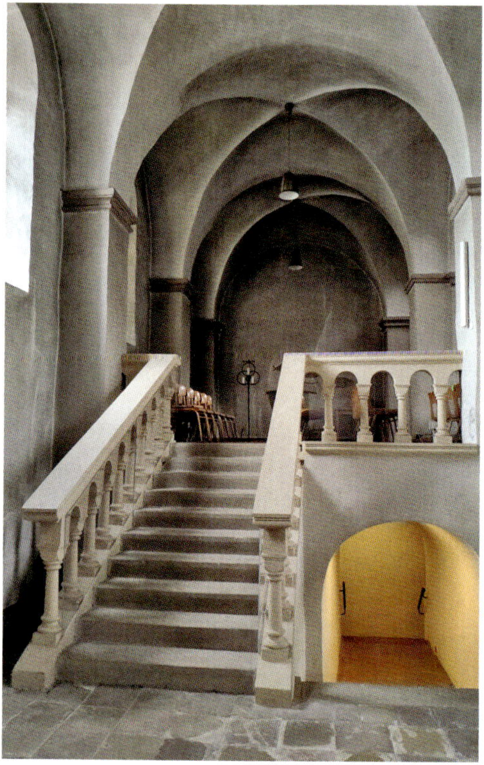

Romanik in der Abdinghofkirche in Paderborn

✝ Die **Abdinghofkirche** war die Klosterkirche eines Benediktinerordens, dessen Einrichtung auf die Initiative von Bischof Meinwerk zurückgeht. Im Jahre 1031 wurde die Kirche geweiht. Sehenswert ist heute vor allem die Krypta, in der der Bischof zunächst auch begraben wurde. Heute liegen seine Überreste im Dom. Der alte Steinsarg der ersten Bestattung steht in der Busdorfkirche.

tägl. 10:00-18:00

✝ Die **Busdorfkirche** wurde im Ursprung auf Veranlassung des Bischofs Meinwerk errichtet und 1036 fertiggestellt. Der heutige Bau stammt überwiegend aus dem Jahr 1629. Sehenswert ist der Kreuzgang.

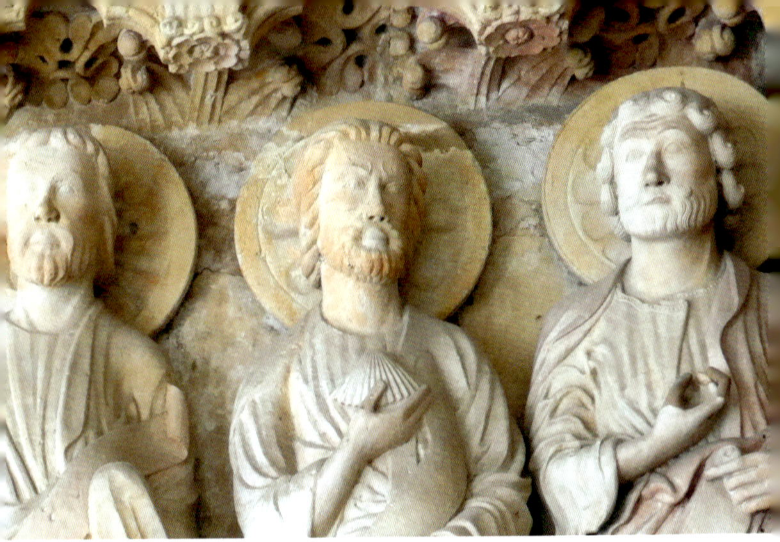

Jakobus am Paradiesportal in Paderborn

⌘ **Museum in der Kaiserpfalz**. Schwerpunkt des Museums ist die Frühgeschichte Paderborns (6.-12. Jh.) mit besonderem Blick auf die Kaiserpfalz. Sonderausstellungen, Führungen auch im Stadtbereich

♦ Am Ikenberg, 33098 Paderborn, ☏ 10 51 10, kaiserpfalzmuseum@lwl.org, www.lwl-kaiserpfalz-paderborn.de, Di-So 10:00-18:00.

⌘ **Erzbischöfliches Diözesanmuseum**. Sammlung religiöser Kunst des 11.-20. Jh., der Museumsbau stammt von Gottfried Böhm, einem berühmten, 2021 mit 101 Jahren verstorbenen Architekten der Neuzeit. Am weiteren Weg steht das auch von ihm errichtete Rathaus in Bensberg.

♦ Markt 17, 33098 Paderborn, ☏ 125 14 00, museum@erzbistum-paderborn.de, Di-So 10:00-18:00, ⊙.

⌘ **Stadtmuseum Paderborn**. Dauerausstellung zur Stadtgeschichte, Sonderausstellungen.

♦ Am Abdinghof 11, 33098 Paderborn, ☏ 881 12 47, stadtmuseum@paderborn.de, www.paderborn.de/microsite/stadtmuseum, Di-So 10:00-18:00

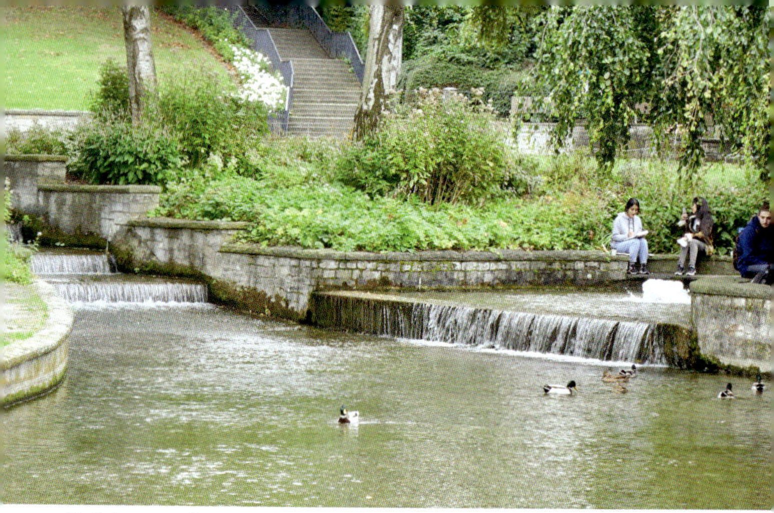

Beliebter Treffpunkt – die Paderquellen in Paderborn

Paderborn hat viel mehr zu bieten, als ich hier aufführen kann. Für eine weitere Stadterkundung überlassen Sie sich den Wegweisern, die an vielen Plätzen aufgestellt sind. Herausragende Zeugnisse der Weserrenaissance sind das **Rathaus**, das **Adam und Eva Haus** (Hathumarstraße 7) sowie das **Heisingsche Haus**, in dem die Touristeninformation untergebracht ist. Beeindruckend fand ich auch die barocke ehemalige **Jesuitenkirche,** heute **Marktkirche**, die etwas südlich des Rathauses steht.

Paderborn war und ist für die Pilgerinnen und Pilger des Mittelalters und der Neuzeit ein bedeutendes Etappen- und auch Pilgerziel. Die Verehrung des heiligen Liborius, dessen Gebeine im Jahre 836 in einer feierlichen Prozession aus dem französischen Le Mans in die Stadt gebracht wurden, ist bis heute lebendig. Liborius ist der Schutzpatron der Stadt. Das alljährlich Ende Juli stattfindende, neun Tage andauernde Liborifest ist eine feste Größe mit einer hohen Anziehungskraft weit über die Region hinaus und sowohl Kirchen- als auch Volksfest.

Gegründet wurde Paderborn von Karl dem Großen, der auf seinen Eroberungszügen durch Sachsen auch zu den Paderquellen kam. Vermutlich gab es bereits ein Siedlungsgebiet und vielleicht ein Quellheiligtum, dessen Platz Karl nach Errichtung der Kaiserpfalz nun mit einem ersten christlichen Kirchenbau markierte. Das jedenfalls wird in Sagen und Geschichten erzählt. Relikte aus der Gründungszeit, die Grundmauern einer karolingischen Kaiserpfalz sind hinter dem Dom freigelegt worden und zu besichtigen. Auch der Name – Pader – des hier aus rund 200 Quelltöpfen sprudelnden Wassers, das sich noch in der Stadt zu einem kräftigen Fluss vereint, könnte einer Sage zufolge von Karl dem Großen stammen. In Anlehnung an den italienischen Fluss Padus (Po) soll er diesen Namen vergeben haben.

Ein großartiges Erlebnis ist es, an den Karstquellen und Bachläufen entlangzuspazieren: Im Zentrum der Stadt wird die Pader geboren. Hier finden Sie das größte Quellgebiet dieser Art in Europa. An insgesamt fünf nahe beieinander liegenden Quellbereichen drückt das Wasser mal in Blasen blubbernd, mal kräftig rauschend aus dem Untergrund. Auch unter dem Dom scheint es hervorzuquellen. Und in der Tat: Der Dom ist auf einer Quelle gebaut. Im Inneren befindet sich noch ein alter Brunnenschacht. Die Pader mündet nach nur vier Kilometern in die Lippe.

Eng verknüpft mit der Entwicklung der frühen Stadt ist auch der Name Meinwerk. Er gilt als zweiter Gründer der Stadt, mehr als 100 Jahre nach der Karlszeit. In seiner 27 Jahre währenden Bischofszeit entwickelte er das Bistum Paderborn auch mit seinem Privatvermögen, ließ den Dom wiederherstellen (der erste Karlsdom war nach einem Brand zerstört), gründete das Kloster Abdinghof und das Kanonikerstift Busdorf. Auch die kleine Bartholomäuskapelle stammt aus der Meinwerkzeit.

In Paderborn kreuzten sich im Mittelalter zwei große Handels- und auch Pilgerwege. Den **Frankfurter Weg** haben Sie vom Namen her schon kennengelernt, falls Sie von Bielefeld hierher gewandert sind. Er kam von Bremen und führte über Minden durch die Dörenschlucht, an Augustdorf und Schlangen vorbei und führte über Paderborn nach Frankfurt weiter. Die besondere Bedeutung dieser Straße wird insbesondere dadurch deutlich, dass es sich dabei um eine **Via Regia**, eine Königsstraße handelte. Sie stand unter dem Schutz der regierenden Könige und hatte überregionale Bedeutung, vergleichbar vielleicht mit unseren Bundesstraßen heute. Bis Marsberg orientiert sich der weitere, hier beschriebene und markierte Pilgerweg an diesem alten Weg.

Von West nach Ost durchzog der große **Hellweg** die Stadt. Der Hellweg führte immer an der Mittelgebirgsschwelle entlang und hat seine Bedeutung als West-Ost-Verbindung bis heute nicht eingebüßt. Bereits im 19. Jh. erhielt er unter preußischer Herrschaft einen nennenswerten Ausbau und Wegweiser. Im Dritten Reich wurde er Teil der Reichsstraße 1 zwischen Aachen und Königsberg. Heute erstreckt sich auf dieser Linie die Bundesstraße 1 (B1) zwischen Aachen und der polnischen Grenze an der Oder. Sogar der Name ist weiterhin präsent. So wird z. B. die Region zwischen Duisburg und Unna noch Hellwegzone genannt.

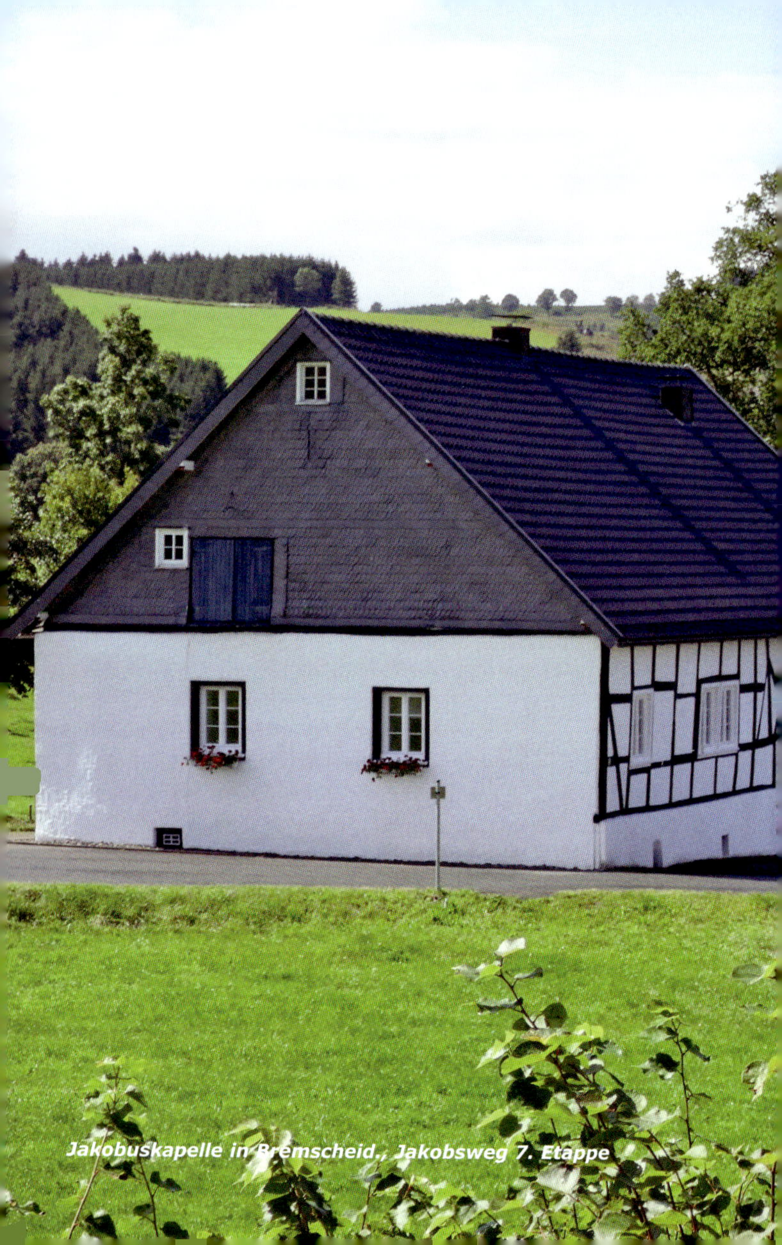

Jakobuskapelle in Bremscheid., Jakobsweg 7. Etappe

Der Jakobsweg von Paderborn nach Köln

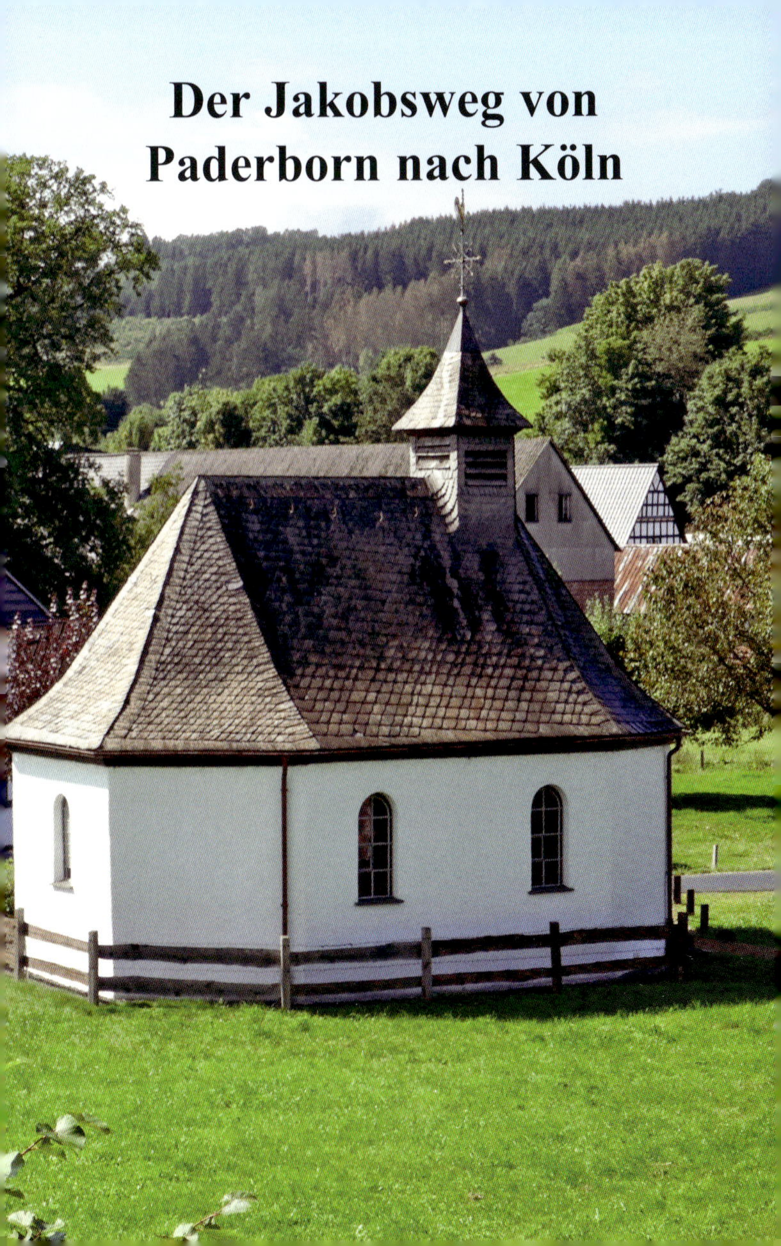

1. Etappe: Paderborn – Atteln

15,6 km, 5 Std., ↑ 262 m, ↓ 185 m, ⇧ 116-318 m

0,0 km	⇧ 114 m	Paderborn, Dom
4,1 km	⇧ 228 m	Knickweg
6,1 km	⇧ 178 m	Madonna am Stern
7,8 km	⇧ 258 m	Karlsplatz, Hillige Seele
13,0 km	⇧ 290 m	Attelner Ort
15,6 km	⇧ 192 m	Atteln, Birkenhof, Atteln () BANK (1,3 km)

Liboriusdarstellung am Liboriusbrunnen

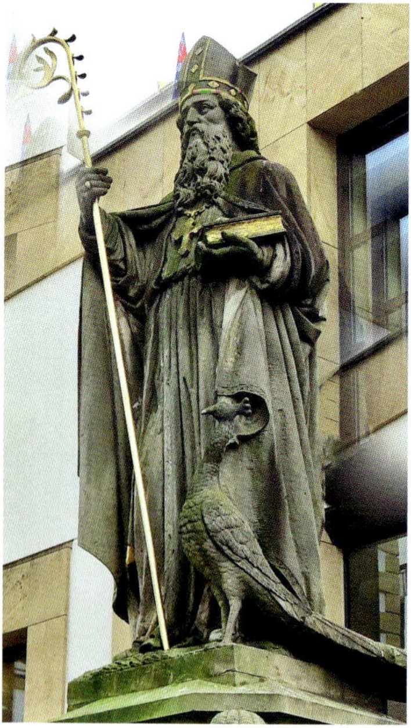

Am Dom zu Paderborn beginnt der mit dem europaweit einheitlichen Symbol der stilisierten Muschel auf blauem Grund ausgezeichnete Jakobsweg (Weg der Jakobspilger) durch das Sauerland nach Elspe an die Heidenstraße. Er zweigt hier vom Richtung Dortmund und Bochum nach Aachen weiterführenden und mit dem gleichen Zeichen markierten Westfälischen Hellweg ab. Es geht nach Süden zur Paderborner Hochfläche mit dem Sintfelt hinauf. Bereits im Anstieg treffen Sie auf einen alten Hohlweg, der als Teilstück der Via Regia (Frankfurter Weg) gilt. Vom Haxterberg zeichnet der heutige Gembrisweg die alte Fernstraße nach. Ihr Weg führt heute noch bis in das Tal der Sauer, ein Nebenbach der Altenau. An der Altenau liegt das stille Örtchen Atteln nicht weit vom Weg entfernt. Hier können Sie unterkommen.

Vom Paradiesportal gehen Sie in gerader Linie über den Domplatz aufwärts. (Auch halb rechts zeigen Pilgerwegmarkierungen am Neptunbrunnen vorbei in die Fußgängerzone. Das ist aber der Auftakt zum Jakobsweg über den Hellweg Richtung Bochum.)

Sie kommen an der ehemaligen Gaukirche St. Ulrich vorbei und laufen bis zur Kreuzung am Liboriusbrunnen vor der Buchhandlung Bonifatius.

Liborius, Bischof von Le Mans

Vielleicht achten Sie mal auf die Attribute, die dieser Liborius Statue beigefügt sind. Das erleichtert das Wiedererkennen, denn Sie werden diesem Heiligen im Einflussbereich von Paderborn häufiger begegnen. Der Pfau zu seinen Füßen geht auf eine Legende zurück, nach der bei seiner Translation, also der Übertragung seiner Gebeine aus Gallien in das sächsische Paderborn, ein Pfau der feierlichen Prozession vorhergegangen sein soll. Wenn die Prozession rastete, rastete auch er und nachdem der Sarg am Pfingstsonntag, dem 28. Mai 836, Paderborn erreicht hatte, flog der Pfau auf die Domspitze und fiel anschließend vor Erschöpfung tot herunter.

Im späten Mittelalter wurden Liborius dann Heilkräfte gegen Steinleiden zugeschrieben, vermutlich deshalb, um Paderborn als Pilgerstätte interessant zu halten. Seitdem wird Liborius wie hier im Standbild entsprechend seiner Herkunft im Bischofsornat – er soll über 40 Jahre dieses Amt innegehabt haben – mit dem Pfau und den Steinen, die auf einem Buch liegen, dargestellt.

Am Brunnen biegen Sie links in die Straße Kamp, laufen bis zur querenden Kasseler Straße, überqueren diese am besten gleich und gehen rechts bis zur Wallstraße (Busdorfwall, Liboriberg). Diese wird mithilfe der Fußgängerampel überquert.

Halb rechts unterqueren Sie danach im Tunnel die Bahnstrecke am Bahnhof der Sennebahn (Kasseler Tor) und gehen gleich rechts die Stufen hoch an eine Querstraße. Hier folgen Sie der beginnenden Mallinckrodtstraße nach Süden.

Mit dem Rad folgen Sie am Tunnelausgang dem Radweg zum Bahnhof Kasseler Tor und biegen dort scharf rechts in die Warburger Straße ab, auf der es zurück an den Beginn der Mallinckrodtstraße geht.

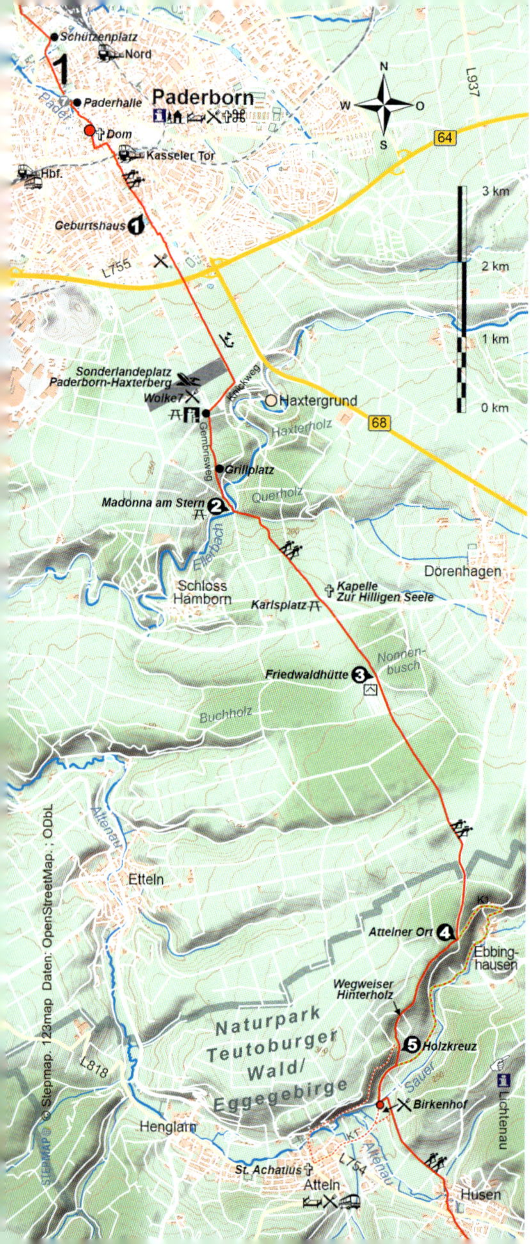

Pauline von Mallinckrodt

Die Mallinckrodtstraße war bisher für mich als feste Größe mit der Stadt Dortmund verbunden. Sie führt dort durch den Dortmunder Norden als Hauptverkehrsstraße und Autobahnzubringer an die A45. Über die Namensherkunft hatte ich mir bisher nie den Kopf zerbrochen. Aber nun in Paderborn eine Straße des gleichen, nicht alltäglichen Namens zu entdecken, hat dann doch meine Neugier geweckt, und so bin ich auf Pauline von Mallinckrodt gestoßen.

Pauline wurde 1817 in der preußischen Regierungszeit in die westfälische Adelsfamilie Mallinckrodt geboren. Ihre Mutter erzog sie und ihre Geschwister ganz gegen den herrschenden Zeitgeist – für Preußen war der Protestantismus Dogma – nach der katholischen Lehre, was den männlichen

Familienmitgliedern, die als Adlige ihre Aufgaben in politischer Führungsarbeit sahen, nicht immer förderlich war. Pauline sah ihre Aufgabe und ihr Interesse in der Religion und der Hilfe von Menschen, die in Not geraten waren. So kam es 1840 zur Gründung einer Kindertagesstätte für Kinder von erkrankten Müttern in Paderborn. Hier nahm sie auch erstmals blinde Kinder auf, woraus sich die Provinzial-Blindenanstalt entwickelte. Als die Versuche, ihre Arbeit an einen bestehenden Orden zu binden, fehlschlugen, gründete sie selbst die Kongregation Schwestern der Christlichen Liebe, weitete ihre Arbeit auf die Erziehung und Bildung in Schulen aus und kam so auch nach Dortmund. Bis heute gibt es dort das Mallinckrodt-Gymnasium, 1851 von den Schwestern der Christlichen Liebe als Mädchenschule gegründet und seit 1978 in Trägerschaft des Erzbistums Paderborns weitergeführt.

Die politischen Verhältnisse machten es den Schwestern bald schwer. Im Zuge des sogenannten Kulturkampfes wurden sämtliche Orden und Kongregationen in Preußen verboten. Die Schwestern der christlichen Liebe verlegten ihre Aktivitäten in die Vereinigten Staaten, nach Chile, Österreich-Ungarn, Liechtenstein und Belgien und gründeten Niederlassungen. Pauline von Mallinckrodt kam 1880 bereits erkrankt in das Mutterhaus in Paderborn zurück und starb dort am 30. April 1881. 1985 wurde sie von Papst Johannes Paul II. seliggesprochen. Ihre Reliquien sollen sich im Altar der Heilig-Geist-Kirche in Bielefeld befinden.

Das Mutterhaus der Schwestern der Christlichen Liebe befindet sich gleich linker Hand am Weg. Pilgerinnen und Pilgern wird hier auch eine Übernachtungsmöglichkeit angeboten (💻 pilger-pb.de). Es folgt das Haus Pauline von Mallinckrodt, ein Seniorenheim. Stattliche Bürgerhäuser, Schulen und die Frauen- und Kinderklinik säumen die ruhige Straße.

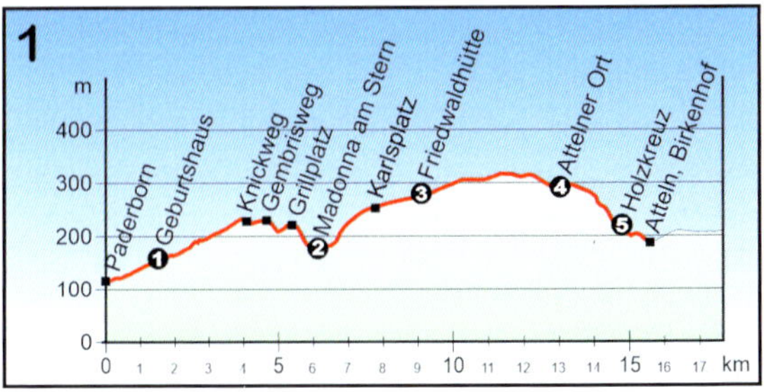

Am Geburtshaus ❶ geht es geradeaus mitten in ein Denkmal hinein. Das nun folgende knapp 400 m lange Wegstück ist als Bodendenkmal geschützt. Der Hohlweg wird als Teilstück der Via Regia angesehen. Es gibt ein Dokument, nach dem der Weg im Jahre 1462 schon als alt („olde weg") bezeichnet wurde. Zwei Hinweisschilder klären darüber auf.

Er führt vor dem nun voraus liegenden Unigelände an eine Querstraße. Sie gehen wenige Schritte links zur Kreuzung und dort rechts auf dem Pohlweg weiter südwärts. Sie überqueren den Südring und haben nun rechter Hand ein Einkaufszentrum. Schließlich wird die vierspurige B65 überquert, ein Golfresort passiert und die Flugplatzhöhe (Haxterberg) erreicht.

Die inzwischen für den Autoverkehr gesperrte Straße trifft auf den querenden Knickweg. Ein Wegkreuz mit Pausenbank kennzeichnet diese Einmündung. Sie gehen rechts am Knickweg entlang, nun im Buchenwald. Linker Hand fällt das Gelände zum Haxtergrund hin steil ab. Ein abzweigender Wanderweg, der hinunterführt, bleibt außer Acht.

Nach gut 500 m biegt die Straße als Husener Straße rechts zum Sonderlandeplatz Paderborn Haxterberg ab (Wolke7, Di-Sa 12:00-22:00, So 12:00-20:00, ➲ 340 m).

Sie biegen am Abzweig links in den Gembrisweg ab. Linker Hand können Sie den Bildstock einer Kreuzwegstation sehen. Vermutlich stand er einst am Pilgerweg von Paderborn zur Kapelle Hillige Seele. Er ist längst in das Gestrüpp eingewachsen. Offenbar wird er nicht mehr benötigt.

Der Feldrandweg führt durch eine flache Senke wieder zur Höhe und dann teils als Heckenweg abwärts an ein Sträßchen. (Ein aufwendig gemauerter Grillplatz wird dabei passiert.) Dem Sträßchen folgen Sie links zum **Stern** ❷.

Immaculata am Stern

Eine lebensgroße, gekrönte **Marienstatue** steht hier mit himmelblauem Mantel versehen unter Bäumen auf einem Sockel. Sitzbänke laden zum Verweilen ein. Jemand pflegt den idyllischen Platz und versorgt die Beete mit frischen Blumen. In der Denkmalliste der Gemeinde Borchen, die Sie hier erreicht haben, wird die Statue als Immaculata, als Unbefleckte, erhaben über jeden Makel, bezeichnet, gemeint ist die Erbsünde. Mariendarstellungen sind in dieser Form in Westfalen allgemein wenig verbreitet.

Gestiftet wurde die Statue von Carl Caspar Freiherr von Droste-Hülshoff. Er war ein Neffe der Dichterin Annette von Droste-Hülshoff. Im Jahre 1878 erwarb er das Schloss Hamborn, das hier in nur 1,3 km Luftlinie Entfernung, aber nicht am Weg liegt. Anlass der Stiftung war wohl die Befestigung einer Straße von Hamborn über den Stern Richtung Dörenhagen.

Am **Stern** treffen heute einige Wirtschafts- und Feldwege zusammen. Die einstige enorme Bedeutung als Verkehrsknoten mittelalterlicher Straßen und Wege lässt sich allenfalls erahnen.

Lassen Sie an der Statue einen rechts abgehenden Weg liegen, gehen links zur Wegekreuzung und geradeaus darüber hinweg. Sie überqueren dabei den Ellerbach, der nur zeitweilig Wasser führt, das häufig schneller im Karstboden versickert, als es oberirdisch weiterfließen kann.

Nach 350 m biegen Sie an einem Wegweiser rechts vom Talsträßchen ab. Gekennzeichnet sind hier auch ein Alter Pilgerweg (Rundweg) und der X3. Der Weg führt als Kastanienallee zur Höhe und fast auf der Höhe geradeaus auf einem Sträßchen weiter. Es ergibt sich nun eine weite Sicht über die Paderborner Hochfläche und auf die vielen Windräder. Eine weitere Pilgerstätte, ein Bildstock der Mutter Anna, wird auch noch passiert.

Windräder auf der Paderborner Hochfläche

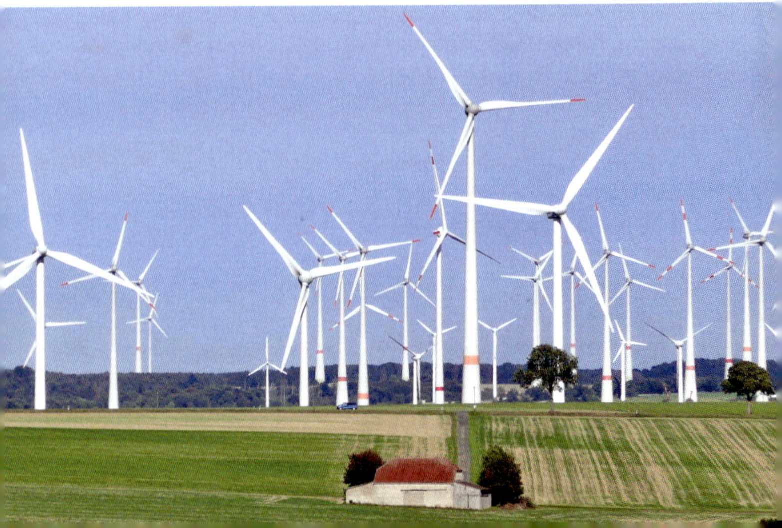

Ganz auf der Höhe angekommen endet die Kastanienallee. Das Sträßchen biegt halb links. Ihr Weg weicht hier geradeaus in einen Feldweg ab. Dabei kommen Sie gleich zur ⛼ Pausenbank **Karlsplatz**.

☺ Nicht nur ein Tipp, sondern ein Muss ist es für Pilgerinnen und Pilger bevor sie weitergehen, den Abstecher zur nur 120 m entfernten Kapelle zur **Hilligen Seele** zu machen. Folgen Sie zunächst der Straße nach links. Romantisch unter alten Linden steht die kleine Kapelle wohl seit über 800 Jahren an dieser Stelle. Verehrt wurde ein Kupferkreuz, das allerdings im Dreißigjährigen Krieg zerstört wurde.

Mit einem Bruchstück als Vorbild fertigte man ein neues Kreuz, das 1972 gestohlen wurde. Es gibt aber wieder eine Nachbildung. Pilgerinnen und Pilger finden hier einen schönen Pausenplatz und den ⊙ Pilgerstempel im Chorraum rechter Hand.

täglich ab 11:00

Der Feldweg führt bei herrlicher Weitsicht geradeaus über die Höhe, über eine Straße hinweg und schließlich im Wald an einen Wanderparkplatz mit der Friedwaldhütte, einer Schutzhütte. Es gibt auch eine Toilette, die nicht nur für Besucherinnen und Besucher des **Friedwalds Nonnenbusch ❸** geöffnet ist.

Geradeaus folgen Sie nun einer Straße. Die Wegweiser zeigen Richtung Ebbinghausen und Lichtenau. Wenn die Straße nach rechts biegt, gehen Sie geradeaus, jetzt wieder auf einem Forstweg. Der Weg führt aus dem Waldgebiet heraus. Geradeaus führt ein Sträßchen weiter leicht bergan durch Felder. Auf der Höhe gehen Sie an der Kreuzung geradeaus auf dem Feldweg weiter zu einer Straße (K1), der Sie nun rechts 1,3 km folgen.

Die Straße beginnt zu fallen und biegt schließlich in einer scharfen Linkskehre in einen Talhang. Sie biegen hier geradeaus in einen Waldweg ab. Die Stelle trägt die Bezeichnung **Atteler Ort ❹**.

Mit dem Rad folgen Sie der K1 durch Ebbinghausen zum Birkenhof.

Von diesem Waldweg zweigen Sie aber gleich wieder rechts ab. Es gibt auch weitere Markierungen für die Wanderwege XW und X2. Steil und unbequem geht es kurz die Böschung aufwärts.

Ein nicht immer bequemer Pfad führt bald weiter entlang eines Höhenrückens durch Buchenhochwald, fällt schließlich in den Hang und erreicht nach wiederum 1,3 km ein Sträßchen. Hier gehen Sie geradeaus darüber hinweg zu einer überbreiten Forststraße mit dem Wegweiser **Hinterholz**. Sie gehen links, in der Folge auf einem normalbreiten Sträßchen. Sie erreichen eine Stelle am weiter fallenden Weg, an der ein Holzkreuz ❺ und eine Sitzbank stehen.

➯ Hier könnten Sie alternativ den Wanderwegen XW und X2 nach Atteln folgen. Sie können damit zwar ein längeres Straßenstück abkürzen, ich fand den Weg aber auch sehr matschig, von Wildschweinen zerwühlt und teilweise zugewachsen vor. Wenn Sie dieser 200 m weiteren Variante aber folgen wollen, biegen Sie an der Pausenbank mit Wegkreuz scharf rechts vom Sträßchen ab, steigen etwa 100 m bergan und biegen dann an einem mächtigen Ahorn links in den markierten Weg im Hang. Atteln wird im Tal der Altenau erreicht. Dem Sträßchen folgen Sie rechts am Freibad vorbei, gehen entlang des sich anschließenden Parks und vor der Schützen- und Veranstaltungshalle links auf dem Pflasterweg über den Bach und weiter zur Straßenkreuzung an der St. Achatiuskirche. ➲ 2,3 km

Der markierte Pilgerweg führt wieder zur K1 hinab und mit ihr nach rechts. Nach 600 m erreichen Sie den ✕ Landgasthof Birkenhof.

➯ Zur Übernachtung in Atteln folgen Sie der K1 weiter in den Ortskern, ➲ 1,3 km.

Atteln (Lichtenau)

(i) 🛏 ✕ ☕ 🛒 BANK ✞ 🚌
✆ 052 92, ✉ 33165

(i) **Tourist-Information Stadt Lichtenau**, Lange Straße 39, ☎ 053 95/99 88 41, ✉ tourist@lichtenau.de, 💻 www.lichtenau.de → Tourismus, ➲ 6 km. Auf der Webseite befindet sich ein umfangreiches Verzeichnis der Unterkünfte im Verwaltungsbereich Lichtenau.

🛏 **LebensKunst Atteln**, Agnes Laumann, Große Tweete 5, ☎ 93 18 64, 📱 01 51 12 33 39 98, ✉ lebenskunst-atteln@gmx.de. 💻 www.lebenskunst-atteln.com, ➲ 1,2 km, 4 Fewos, Ü DZ ab € 75, dritte Pers. € 20, individuelle Details zur Preisgestaltung auf Anfrage, 🐕 € 15, Agnes Laumann kann bis zu 14 Personen unterbringen und freut sich auch auf Pilgerinnen und Pilger. Auch eine einfache Unterbringung in einem Gartenhaus ist möglich, ➲ 1,2 km.

Birkenhof Atteln, Zum Sauertal 36, ☏ 570, www.birkenhof-atteln.de, Do/Fr ab 15:00-21:30, Sa 12:00-21:30, So 11:00-21:30, Küche jeweils nur bis 19:00, am Weg

Metzgerei und Imbiss Vahle, Finkestraße 29, Mo-Sa 8:00-20:00, 1 km, im Ortskern

Von Atteln fahren die Busse nach Lichtenau. Dort haben Sie Anschluss nach Paderborn (Fahrtzeit: ein bis anderthalb Stunden).

St. Achatiuskirche. Eine erste Kirche soll in Atteln bereits um 870 gestanden haben. Die heutige barocke Kirche entstand in den Jahren 1712-1729.

Der Kirchenvorraum ist geöffnet.

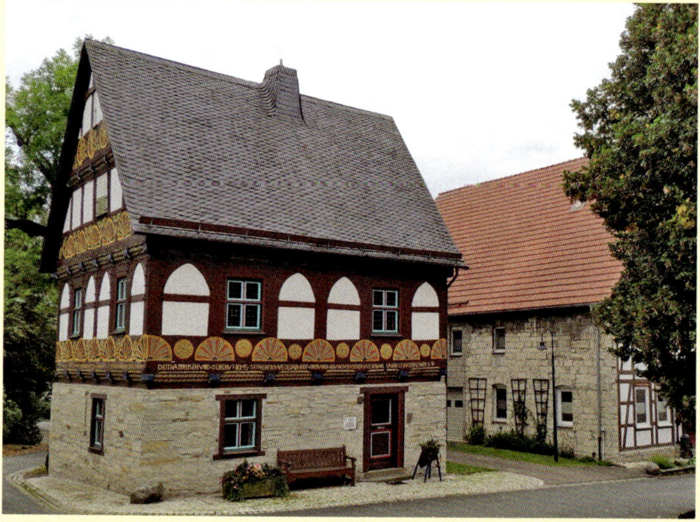

Spieker in Asseln

Atteln gehört heute zur Stadt Lichtenau im Kreis Paderborn, ist aber alter Amtssitz und hat sich von daher eine gewisse Infrastruktur wie Banken, Ärzte, Geschäfte, Gastronomie und Schwimmbad erhalten. Neben vielen alten Höfen gilt der in den Stilen der Weserrenaissance erbaute Spieker (Speicher) im Zentrum nahe der St. Achatiuskirche als sehenswert.

2. Etappe: Atteln – Obermarsberg

24,6 km, 8 Std.,30 Min. ↑ 508, ↓ 294 ⇧ 192-422

0,0 km	⇧ 192 m	Atteln, Birkenhof, Atteln (1,3 km)
4,8 km	⇧ 260 m	Am Kloster, Kloster Dalheim
7,2 km	⇧ 294 m	Abzweig Blankenrode, 4,7 km
12,7 km	⇧ 413 m	Meerhof
14,8 km	⇧ 303 m	Oesdorf
19,6 km	⇧ 421 m	Essentho
22,8 km	⇧ 247 m	Niedermarsberg, Josefskapelle
24,6 km	⇧ 400 m	Obermarsberg, Stiftskirche

Aufgrund der Länge und Höhenmeter der Etappe liegt heute ein anspruchsvolles Wegstück vor Ihnen. Zunächst allerdings wandern Sie entspannt über Husen zum Kloster Dalheim. Vergessen Sie nicht, einen Stempel für Ihr Pilgerbuch an der Pforte abzuholen und etwas Zeit für eine Besichtigung einzuplanen. Der anschließende kontinuierliche Aufstieg nach Meerhof verteilt sich auf eine weite Strecke und ist nie steil. Danach geht es abwärts nach Oesdorf und wieder steil hinauf zu einem wundervollen Höhenweg, der bei weiter Sicht zum Obermarsberg bis Essentho führt.

Noch einmal müssen Sie tief hinab ins Diemeltal und steil aufwärts zum Obermarsberg. Achten Sie gut darauf, sich nicht zu überfordern und nehmen bei Bedarf lieber ein Taxi für den letzten steilen Berg.

☺ Von Atteln gehen Sie zurück Richtung Birkenhof, können aber noch vor der Gaststätte (am Sägewerk, nicht vorher!) rechts Richtung Husen von der K1 abbiegen. Sie kommen nach knapp 300 m an eine Kreuzung mit Wegkreuz und Wegweiser. Hier biegen Sie rechts in den Pilgerweg (Radweg) ein.

Wer nicht in Atteln übernachtet hat, biegt nach der Brücke über die Sauer am Parkplatz des Restaurants Birkenhof links ab, kommt nach 150 m an eine Verzweigung und biegt wieder rechts in den Hangweg. Die Wegweiser zeigen Richtung Husen und Kloster Dalheim.

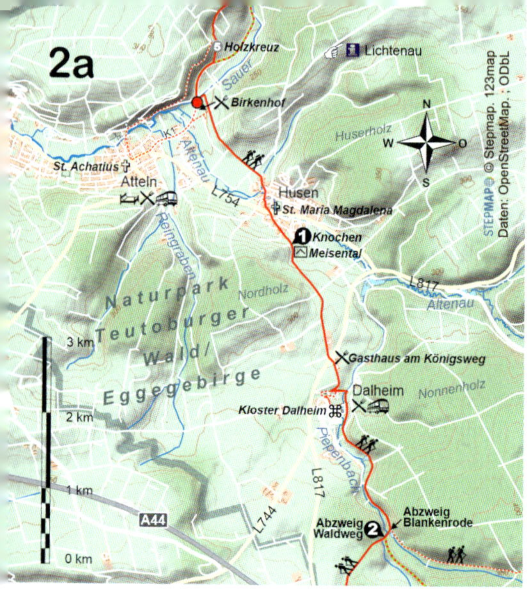

Vom Abzweig des Sintfelt-Höhenweges lassen Sie sich nicht irritieren. Gehen Sie geradeaus weiter auf das voraus liegende Husen zu. Der Weg führt nach **Husen** hinein. Auch Husen ist wie Atteln eine Höfesiedlung. An der Verzweigung nehmen Sie den unteren Weg Richtung Kloster Dalheim (jetzt auch X3).

Im Zentrum folgen Sie halb links der Paderborner Straße und gehen an der Kirche St. Maria Magdalena geradeaus über die querende Fahrstraße Richtung Kloster Dalheim.

Es geht über eine Höhe hinüber, die als **Knochen** ❶ bezeichnet wird. Gleich nach dem Scheitelpunkt steht linker Hand die ⌂ Schutzhütte **Meisental** mit ⩩ Pausenbänken. An einer weiteren Anhöhe finden Sie eine Informationsstation zur Fauna der Region. Es folgt eine Gabelung, an der Sie sich links halten.

Nach der Unterführung unter der L817 steht das ✕ 🍷 Gasthaus am Königsweg am Weg (🚪 So ab 10:00).

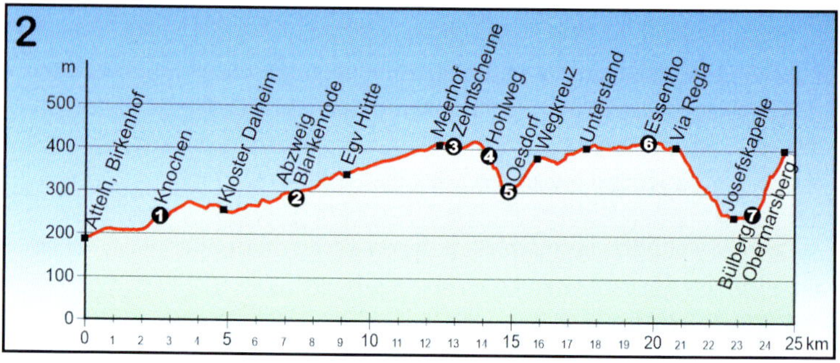

Wenig weiter passieren Sie das Ortsschild von Dalheim und laufen geradeaus zu einer Querstraße hinab (Am Kloster).

Dalheim (Lichtenau) ✕ ☕ ⊙ ⌘ 🚌 ✆ 052 92, ✉ 33165

⌘ **Stiftung Kloster Dalheim**, LWL-Landesmuseum für Klosterkultur, Am Kloster 9, ☏ 931 90, kloster-dalheim@lwl.org, www.lwl.org/LWL/Kultur/kloster-dalheim, Di-So 10:00-18:00, montags an Feiertagen geöffnet. Die benötigte Besichtigungszeit beträgt etwa 1 Stunde, ⊙.

🚌 Von Dalheim gibt es Umsteigeverbindungen (über Lichtenau) nach Paderborn.

☺ Wer eine Besichtigung des Klosters plant, geht hier am vorteilhaftesten rechts, vollzieht die Linkskurve des Sträßchens nach, ignoriert die abgehende Siedlungsstraße Am Böker Grund und geht an der nachfolgenden Gabelung rechts aufwärts zur Klosterpforte, ➲ 370 m. (Für den Rückweg biegen Sie an dieser Gabelung rechts in die Siedlungsstraße Reiß-Weg. Sie führt zurück an die Straße Am Kloster. Dort gehen Sie nach rechts.)

Das **Kloster Dalheim** war ein Augustinerkloster und stammt in seiner noch erhaltenen Form aus dem 15. Jh. Nach der Machtübernahme Preußens und der damit verbundenen Säkularisation wurden die Räumlichkeiten und Ländereien als Gutshof weitergeführt und entgingen dadurch zumindest dem äußerlichen Verfall.

Seit 2007 beherbergt das Kloster die Stiftung Kloster Dalheim und das Landesmuseum für Klosterkultur des Landschaftsverbandes LWL. Neben Dauerausstellungen werden Sonderausstellungen zur klösterlichen Kulturgeschichte präsentiert. Im Außenbereich sind umfangreiche Gartenanlagen zu besichtigen. Es gibt Werkstattgebäude, z. B. eine Schmiede und eine Stellmacherei. Es wird auch wieder in der Klostertradition Bier gebraut. Das können Sie im Restaurant verkosten.

Der Pilgerweg ist am Talsträßchen Am Kloster nach links markiert. Er umrundet die Klosteranlage und kommt zunächst an eine Kreuzung mit Radwegweisern. Sie gehen hier rechts Richtung Meerhof, passieren das Klostergelände und laufen noch 2,2 km in diesem stillen Bachtal sanft aufwärts.

Dann treffen Sie auf einen auffällig mit vielen Wegweisern bestückten Abzweig.

Wer in Atteln noch nicht übernachten wollte, kann hier einen Abstecher nach Blankenrode über den Altenau-Wanderweg machen. Der führt hier geradeaus auf dem Talsträßchen weiter und erreicht in Blankenrode die Altenauquelle, 4,7 km.

Blankenrode (Lichtenau) 029 94, 33165

Pension und Café Haus Dewenter, Zur Altenauquelle 30, 780, 01 71/791 28 09, info@haus-dewenter.de, www.haus-dewenter.de, 37 Betten, ÜF EZ € 37, DZ € 74, Abendessen € 9,50, auf Anfrage

♦ **Hotel-Cafe Haus Eggewald**, Schulkamp 3, 97 89 995, info@hauseggewald.de, Ü Preise auf Anfrage oder über booking.com

Der Bürgerbus 488 fährt von Mo bis Fr 8-mal am Tag nach Lichtenau. Dort gibt es Anschluss an die S85/S86 Paderborn – Warburg.

Für den Rückweg wählen Sie am besten den markierten Eggeweg, der hier auch Hermannshöhen heißt und in Oesdorf wieder den Pilgerweg erreicht.

Der Pilgerweg biegt hier rechts in ein ebenfalls geteertes Sträßchen ein, das einem Nebenbach folgt. Nach 130 m biegen Sie aber schon rechts in einen Waldweg ❷ ab (Richtung SGV-Hütte und Meerhof).

Mit dem Rad ist der Waldweg nicht geeignet. Sie folgen dem Sträßchen nach Meerhof.

Im feuchten Talgrund steht anfangs noch Wald am Weg. Dann laufen Sie stetig steigend durch großflächig gerodetes ehemaliges Fichtengebiet, unterqueren die Autobahn A44 und erreichen eine große Hütte des Eggegebirgsvereins Meerhof e. V. Sie bietet umfangreiche Rastmöglichkeiten auch unterm Dach. Das Haupthaus ist verschlossen.

Markiert ist hier unter anderem ein Zugangsweg zu den Hermannshöhen Richtung Bleikuhlen die Treppe aufwärts. Sie gehen dort allerdings nicht hinauf, sondern geradeaus auf einem Grasweg weiter.

Über den Zugangsweg zu den Hermannshöhen ergibt sich eine weitere Möglichkeit, Blankerode zur Übernachtung zu erreichen, 3,9 km.

Der schöne Grasweg führt leicht bergan. An einer Kreuzung geht es geradeaus. Dann ist auch schon der Kirchturm von Meerhof zu sehen. Sie kommen an einen Querweg und gehen rechts in der bisherigen Richtung weiter.

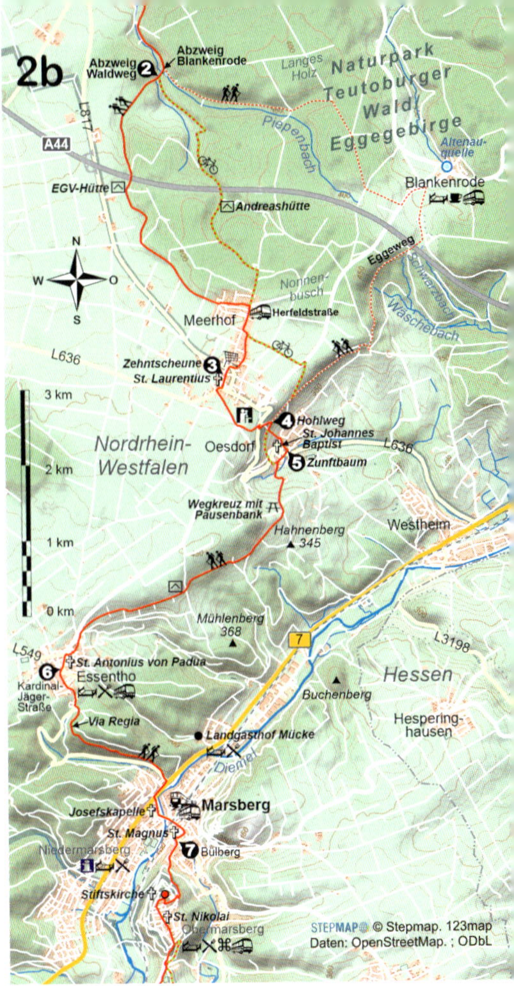

Meerhof gehört bereits zur Stadt Marsberg im Hochsauerlandkreis. Sie folgen hier geradeaus der Herfeldstraße an eine Abzweigung. Markiert ist der Weg nun halb links durch die Straße Zur langen Grund. Wenn Sie geradeaus auf der Herfeldstraße bleiben, können Sie 60 m abkürzen. So oder so treffen Sie auf die querende Lange Straße und gehen rechts weiter. Sie passieren die überdachte Bushaltestelle Herfeldstraße. (🚌 Busse fahren nach Marsberg Bahnhof.) 220 m weiter biegen Sie an einem Radwegweiser links in die Straße Am Dreswinkel. In der Rechtskurve der Straße zeigt der Radwegweiser links, Sie aber gehen hier geradeaus.

🚲 Mit dem Rad können Sie dem Radweg nach Oesdorf folgen. Ein steiles Stück Waldweg wird so umgangen.

Eine Abwechslung im sonst recht eintönigen, baumlosen Siedlungsgeschehen von Meerhof ist eine alte Linde am Weg, die einen Bildstock von 1723 schützt (oder umgekehrt). Am Feuerwehrhaus gehen Sie eng am kleinen BANK Supermarkt entlang geradeaus in die Dalheimer Straße. Nach 50 m biegen Sie links in den Parkweg ab, der zur Laurentiusstraße und dort links zur gleichnamigen Kirche führt. Neben der **St.-Laurentius-Kirche** finden Sie den Hinweis auf eine ehemalige **Zehntscheune des Klosters Dalheim ❸**.

An der querenden Sintfeldstraße gehen Sie rechts und nach der Linkskurve der Straße (an einem Radwegweiser) links in einen geteerten Landwirtschaftsweg. Der führt an eine querende Fahrstraße, die rechts über die Höhe nach Essentho führt. Sie aber gehen geradeaus über die Straße hinweg und nehmen den linken der beiden weiterführenden Wege. Voraus haben Sie nun einen herrlichen Blick über das Diemeltal hinweg in die Bergwelt.

Die erreichte L636 überqueren Sie, gehen 30 m nach rechts und dann links abwärts durch einen **Hohlweg ❹** im Wald an den Ortsrand von **Oesdorf**. An der erreichten Straße geht es rechts weiter und nach 100 m biegen Sie am Wegweiser links in den Grasweg (auch Eggeweg und Hermannshöhen).

Mit dem Rad fahren Sie geradeaus, über zwei Kreuzungen hinweg bis an die Querstraße Zu den Drei Linden, dort links und nach 60 m in den aus dem Dorf führenden Weg Zur Hülfe.

Es geht steil abwärts und unten dann links zur Kirche St. Johannes Baptist (mir gefällt die Kanzel mit Abbildern der vier Evangelisten). Hier biegen Sie rechts in die Johannesstraße, gehen weiter abwärts, in der Linkskurve geradeaus und an der sofort folgenden Verzweigung halb links (Andreasplatz).

An der Kreuzung mit dem Zunftbaum ❺ gehen Sie dann rechts und geradeaus über die Fahrstraße hinweg in die Straße Zu den Drei Linden.

Nach steilem Aufstieg biegen Sie von der noch weiter aufwärtsführenden Straße links in die Siedlungsstraße Zur Hülfe. Am Ende führt ein schmaler Teerweg weiter zur Höhe.

Noch nicht ganz oben können Sie an einem Wegkreuz unter Linden eine Pause einlegen und in die Bergwelt schauen. Nach dem Wasserwerk folgen Sie an der Kreuzung geradeaus den Wegbeschilderungen. Eine Vielzahl an Wanderwegen führt hier lang.

Es folgt ein toller Höhenweg. Die Sicht wird immer großartiger. Der Blick geht über das Diemeltal nach Obermarsberg. Stiftskirche und Klosterturm sind zu sehen. Wenn das Sträßchen zu fallen beginnt, zeigen die Markierungen halb rechts in einen Waldweg. Sie kommen an einen Feldrandweg, gehen rechts aufwärts, erreichen einen breiten Schotterweg, der wieder in den Wald führt und dann nur noch fast unmerklich ansteigt.

Am Waldrand wird eine Schutzhütte mit großer Panoramatafel erreicht. Sie folgen dem sich anschließenden Höhensträßchen, das auf Essentho gerichtet ist.

Dort angekommen folgen Sie der Antoniusstraße links zur Ortsmitte mit der Kirche St. Antonius von Padua und dem gegenüber liegen Hotel Stadt Sauerland.

Essentho (Marsberg) BANK 029 92, 34431

Sauerland-Hotel, Fürstenbergerstraße 35, 81 06, 01 79/129 19 86, info@sauerland-hotel.com, Ü EZ ab € 63, DZ ab € 79, F € 7,50, am Weg, gegenüber der Kirche

Hinter der Kirche ist links ein kleiner **Bäcker** zu finden, nur vormittags außer So bis 11:00

Von Essentho fahren verschiedene Linien nach Marsberg Bf. (etwa stündlich).

Die **kath. Kirche** ist Antonius von Padua, einem Zeitgenossen und Weggefährten des Franziskus von Assisi geweiht. Sie stammt aus den Jahren 1847/48 und ist aus Bruchsteinmauerwerk errichtet.

Folgen Sie links der Meerhofer Straße zur Ortsdurchgangsstraße (Fürstenberger Straße) und gehen auch dort links.

Kurz nach dem Abzweig der Straße Im Graben linker Hand biegen Sie halb rechts (an der Fahrschule) in die Kardinal-Jaeger-Straße ❻ ab (auch Eggeweg und Hermannshöhen). Diese führt zur Kapellenstraße, in die Sie links einbiegen. Sie kommen an der Antoniuskapelle (1950) vorbei und landen zuletzt wieder auf der Fürstenberger Straße, der Sie rechts nur knapp 100 m folgen.

Dann biegen Sie links in einen Wirtschaftsweg ab. Nach wenigen Schritten (80 m) kommen Sie an eine Kreuzung. Der Pilgerweg und die Hermannshöhen führen geradeaus und weiter in bequemer Neigung bis in das Diemeltal hinab. Achten Sie an dem Abzweig gut auf die Markierung.

Via Regia

Der Eggegebirgsverein beschreibt dieses Wegstück als erhaltenes Teilstück der Via Regia, des alten Frankfurter Weges. Erkennen kann man es an dem „5-6 m tief eingegrabenen Hohlweg, (...) der bergan von einer senkrechten Felswand und hangabwärts von einem Wall gegen Abrutschgefahr eingefasst ist" (www.eggegebirgsverein.de).

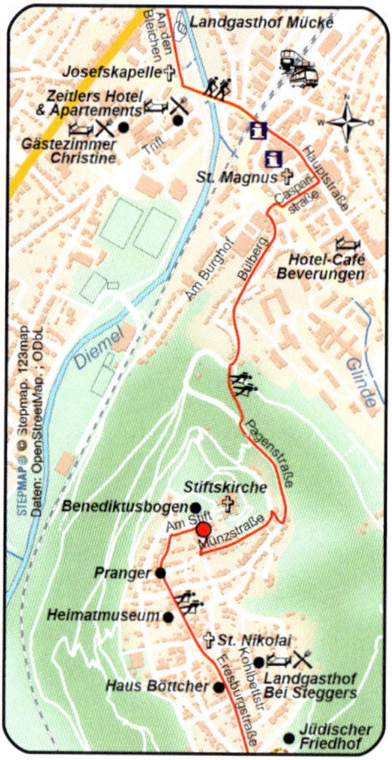

Weg durch Niedermarsberg

Unten erreichen Sie die Fürstenberger Straße wieder. Sie gehen links zur stark befahrenen Talstraße (B7) und dort rechts entlang. Auch wenn die Wanderwege links in das Tal abzweigen, bleiben Sie noch auf der Straße, achten aber auf einen aufwärtsführenden Fußweg rechter Hand. Wenn Sie den sehen, biegen Sie links in den abwärtsführenden Fuß- und Radweg An den Bleichen. Der führt als Ahornallee auch in das Diemeltal und zu einer **Josefskapelle** direkt am Flussübergang. Das Kapellchen stammt aus dem Jahre 1710. Es ist das älteste Gebäude von Niedermarsberg und tagsüber geöffnet. Wenn das kein Grund für ein kurzes Innehalten ist?!

Ab Niedermarsberg sind die Markierungen richtungsweisend geklebt.

Niedermarsberg (Marsberg)

BANK ✆ 029 92, ✉ 34431

Stadtmarketing Marsberg, Bäckerstr. 8, ☏ 82 00 und 33 88, info@stadtmarketing-marsberg.de, www.stadtmarketing-marsberg.de, www.tourismus-marsberg.de, Mo-Fr 8:00-12:00, zusätzlich: Mo-Mi 14:00-16:30, Do 14:00-18:00, Fr 13:30-15:00, ➲ 70 m

♦ **Tourist-Information** im Reisebüro Tegethoff (Gerlach), Hauptstraße 7, Mo-Fr 8:00-18:00, Sa 8:00-13:00, Informationen zu Gastgebern, Stadtpläne, Wanderkarten etc., ➲ am Weg

Landgasthof Mücke, Stobkeweg 8, ☏ 26 29, info@landgasthofmuecke.de, www.landgasthofmuecke.de, ÜF EZ ab € 79, DZ ab € 109, ➲ 1 km, an der B7 links und nach 800 m links in den Stobkeweg abbiegen

♦ **Zeitlers Hotel & Apartements**, Trift 1, ☏ 65 52 77, info@zeitlers-hotel.de, zeitlers-hotel.de, Ü EZ ab € 80, DZ ab € 100, DBZ € 130, VBZ € 160, F € 7,50, ➲ 100 m

♦ **Gästezimmer Christine**, Christine Henke, Hagemannstraße 13, 01 70/73 13 303, hallo@marsbergbnb.de, www.marsbergbnb.de, ÜF EZ € 47, DZ € 79, ➲ 220 m, gehen Sie von der Josefskapelle zur L549, dort rechts und biegen nach 70 m links in die Hagemannstraße

Hotel-Café Beverungen, Hauptstraße 43, ☏ 24 22, klaus.beverungen@t-online.de, www.hotel-beverungen-marsberg.com, ÜF EZ € 59, DZ € 90, ➲ 180 m, auf Höhe der St. Magnuskirche geradeaus der Hauptstraße folgen

Taxi Roland, ☏ 650 05, Feldberg, ☏ 863 00

Der Regionalbus R91 fährt von Marsberg Bf. durch das Diemel- und Hoppecketal nach „Brilon, Markt". Der Bus 497 fährt alle ein bis zwei Stunden von Marsberg Bf. nach Obermarsberg. An Wochenenden ist die Häufigkeit der Fahrten stark eingeschränkt.

Marsberg hat einen Nahverkehrsbahnhof an der Bahnstrecke zwischen Kassel und Hagen in Westfalen (RE17, Stundentakt).

✞ Die 1856 geweihte neugotische, dreischiffige kath. **Pfarr- und Propsteikirche St. Magnus** ersetzt eine romanische, dem Verfall preisgegebene Kirche aus den Jahren um 1040. Neben dem beachtenswerten gotischen Triumphkreuz ist es im Hinblick auf den weiteren Weg vielleicht für manche interessant zu wissen, dass es in der Kirche wenigstens drei Arbeiten aus der berühmten Bildhauerwerkstatt von Heinrich Papen (☞ Giershagen) aus der Zeit um 1700 gibt. Dabei handelt es sich um die Doppelmadonna mit identischer Abbildung nach Osten und nach Westen, das Relief mit der Darstellung der Heiligen Familie an der Ostwand der Turmhalle und eine Darstellung des heiligen Liborius. Der Patron der Kirche, der Heilige Magnus von Füssen, lebte im 8. Jh. Er wird insbesondere auch von Benediktinermönchen verehrt.

Es muss bereits eine Siedlung um die Villa Horhusen, der Burg des gleichnamigen Adelsgeschlechts, gegeben haben, als König Ludwig das Kind im Jahre 900 dem Vorläufer des heutigen Niedermarsberg Markt-, Münz- und Zollrechte verlieh und es damit seine erste urkundliche Erwähnung fand. Die Lage am Kreuzungspunkt wichtiger Fernwege am Diemelübergang, des Frankfurter Weges mit der Köln-Kasseler-Straße, prädestinierte einen guten Handelsplatz.

Doch die Zeiten waren unsicher und so kam es, dass die meisten Bewohnerinnen und Bewohner von Horhusen im 13. Jh. nach Mons Martis (Obermarsberg) umzogen und dort eine befestigte Stadt aufbauten. Erst als diese im Dreißigjährigen Krieg nahezu vollständig zerstört wurde, entwickelte sich im Tal das heutige Niedermarsberg. Zum wichtigen Warenhandel kam auch der Bergbau als Einnahmequelle. Niedermarsberg ist heute wirtschaftliches Zentrum der Stadt Marsberg.

Sie überqueren nun die Diemel auf der Brücke und wandern geradeaus durch die Einkaufsstraße. Die Kirche St. Magnus lassen Sie zunächst rechts liegen, biegen aber danach rechts in die Casparistraße. Sie passieren den Kirchplatz mit dem Pfarrbüro der Propsteigemeinde St. Magnus Niedermarsberg und gehen geradeaus über eine Straße hinweg und am Restaurant-Café Ada vorbei zum querenden Bülberg. (Hier sind auch viele andere Wanderwege markiert.)

Stiftskirche St. Petrus und Paulus in Obermarsberg

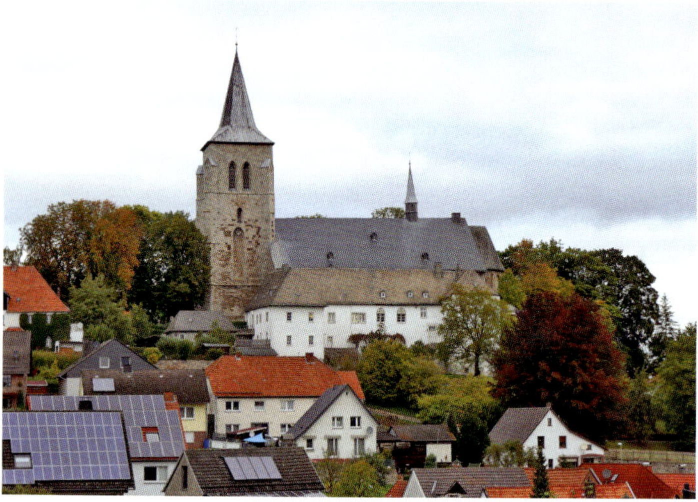

Den Bülberg gehen Sie nun links aufwärts. In der ersten Straßenserpentine können Sie abkürzend geradeaus auf den steilen Waldweg abweichen. (Markiert ist der Pilgerweg allerdings entlang der Straße durch eine weite Serpentinenkurve.) Der abkürzende Weg erreicht die Straße wieder. Sie heißt nun Pagenstraße. In diese biegen Sie links ein.

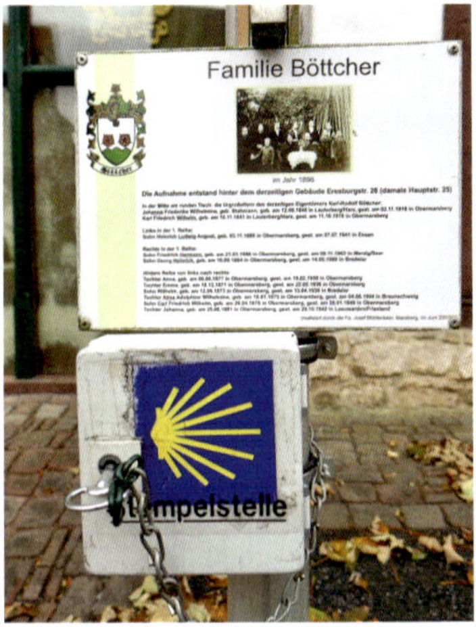

Stempelstation am Haus Böttcher

Nach 300 m, in einer leichten Rechtskurve, biegen Sie rechts von der Straße ab, wandern auf der querenden Münzstraße links bis an einen Ahornbaum mit Pausenbank. Jetzt biegen Sie noch einmal rechts aufwärts zur Stiftskirche hin ab. Durch den **Benediktusbogen** mit der Statue des heiligen Benedikt von Nursia betreten Sie den **Stiftsplatz mit Friedhof**, an der Pforte links setzen Sie den Weg über die Straße Am Stift fort.

Obermarsberg ✆ 029 94, ✉ 34431

Landgasthof bei Steggers, Kohlbettstraße 3, ☎ 21 83, bei.steggers@web.de, www.bei-steggers.de, ➲ 100 m, 5 DZ, ÜF EZ € 48, DZ € 78, ➲ 150 m

⦿ Stempelstelle vor dem Haus Böttcher, Eresburgstr. 28, frei zugänglich. Das Haus Böttcher ist das älteste Haus von Obermarsberg.

☞ Untermarsberg

✞ Die **Stiftskirche St. Petrus und Paulus** geht auf die von Karl dem Großen gestiftete Basilika zurück. Der heutige Bau stammt im Wesentlichen aus der zweiten Hälfte des 13. Jh. Die barocke Innenausstattung, auch die Kirchenbänke, deren Wangen mit Schnitzereien versehen sind, stammt aus der Werkstatt Heinrich Papens (☞ Giershagen). Achten Sie beim Verlassen der Kirche auf das am Eingang angebrachte Relief: Sturmius und Karl der Große sind mit der Irminsul dargestellt.

✞ Die dem heiligen Nikolaus von Myra geweihte Kirche **St. Nikolai** gilt als eine der schönsten gotischen Kirchen in Westfalen. Sie wurde von den Bürgern Horhusens in der Zeit errichtet, als sie sich mit den Bergbewohnerinnen und -bewohnern zusammentaten und gemeinsam eine befestigte Stadt auf dem Bergplateau bauten.

⌘ **Heimatmuseum, Stadtgeschichte**

♦ Eresburgstraße 38, OT Obermarsberg, ☏ 15 66, 📱 01 71/123 51 59, info@heimatmuseum-marsberg.de 💻 heimatmuseum-marsberg.de, Mi u. So 14:00-17:00 oder nach Vereinbarung

In einmaliger Lage thronte einst die stolze Eresburg hoch über dem Diemeltal auf dem zu drei Seiten steil abfallenden Bergplateau, das im Jahre 1201 Mons Martis hieß und seit 1419 Marsberg genannt wird. Die Bedeutung der Burg muss für die sächsischen Bewohnerinnen und Bewohner riesig gewesen sein, denn der Herrscher über das Frankenreich, Karl der Große (747-814), wählte die Burg gleich zu Beginn seines Eroberungskrieges gegen die Sachsen im Jahr 772 zum Ziel. Es benötigte mehrere Anläufe, über vier Jahre hinweg wurde die Burg mehrere Male zurückerobert, bis die sächsische Eresburg endgültig in der Hand der Franken blieb. Auf oder bei der Eresburg befand sich nämlich das vermutlich größte Heiligtum der Sachsen, die Irminsul und deshalb war der Erfolg für Karl so wichtig. Die Irminsul, war wahrscheinlich eine große Holzsäule, die den Weltenbaum der germanischen Mythologie, die Esche Yggdrasil, symbolisierte und Himmel, Erde und Unterwelt miteinander verband. Da es aber keinerlei Unterlagen gibt, kann der Standort des Heiligtums auch an anderer Stelle gewesen sein. Vielleicht gab es derlei auch mehrere. Karl war darauf aus, nicht nur die sichtbaren sächsischen Identifikationsobjekte, sondern auch jede Erinnerung daran zu vernichten. Üblicherweise markierte er die religiösen Stätten der Sachsen mit christlichen Kirchen und wie hier auf dem Obermarsberg auch mit einem Kloster. Die heutige Stiftskirche geht auf die von Karl dem Großen gestiftete Basilika zurück und auch die Gebäude der Klosteranlage der Benediktiner sind zu großen Teilen erhalten. Das Kloster selbst existierte bis 1803.

Heute ist Obermarsberg Teil der Stadt Marsberg und ein gern besuchter Ausflugsort. Der historische Schandpfahl (Pranger) vor dem Rathaus, an dem seit dem 16. Jahrhundert alle Arten von verirrten Seelen angebunden worden sind, wird auch heute noch liebevoll in Schuss gehalten, auch wenn die Anzahl der „Gepfählten“ inzwischen verschwindend gering ist.

3. Etappe: Obermarsberg – Messinghausen

24,5 km, 7 Std.,30 Min., ↑ 487 m, ↓ 525 m, ⇧ 279-548 m

0,0 km	⇧ 400 m	Obermarsberg, Stiftskirche
7,1 km	⇧ 382 m	Mäuseturm ⌘
9,7 km	⇧ 408 m	Giershagen, Dorfplatz
11,7 km	⇧ 304 m	Kluskapelle
16,6 km	⇧ 387 m	Padberg
21,7 km	⇧ 487 m	Diemelseestraße, (2,1 km)
24,5 km	⇧ 363 m	Messinghausen

Nach Süden ist das Hochplateau von Obermarsberg durch einen schmalen Sattel mit der Hochebene von Giershagen verbunden. Über diesen Sattel laufen Sie bis Giershagen ohne nennenswerte Höhenunterschiede, steigen dann aber in das Diemeltal hinab, überqueren den Fluss und wandern auf dem Höhenrücken zwischen Diemel und Hoppecke. Zuletzt steigen Sie ins Hoppecketal nach Messinghausen ab, wenn Sie es nicht vorziehen, bereits in Helminghausen im Diemeltal zu übernachten.

☺ Wieder haben Sie hier eine recht lange und auch anstrengende Etappe vor sich. Am Priesterberg habe ich deshalb eine Abkürzungsmöglichkeit vorgeschlagen, mit der Sie bei Bedarf 2,9 km einsparen können.

Sie können das Wegstück auch aufteilen, wenn Sie bereits in Bredelar zum Hoppecketal hin absteigen.

Dort fahren der RE17 sowie zusätzlich der Bus R91 im Stundentakt. Wahlweise können Sie zur Übernachtung nach Marsberg zurückfahren und morgens in Bredelar wieder in den Weg einsteigen oder mit dem Bus nach Brilon fahren, um dort zu übernachten. Bei einer Rückfahrt in das möglicherweise selbe Quartier in Marsberg, könnten Sie auch einen Teil des Gepäcks für einen Tag zurücklassen.

In Messinghausen gibt es keine Übernachtungsmöglichkeit, aber eine gute Busanbindung. Mit dem Bus können Sie zur Übernachtung sowohl nach ☞ Brilon oder auch zurück nach Marsberg fahren. Am Morgen kommen Sie auf demselben Weg nach Messinghausen zurück.

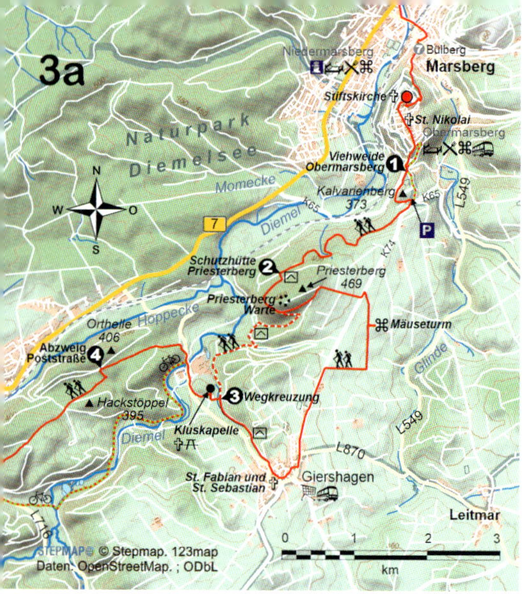

An der Eresburgstraße gehen Sie links Richtung St. Nikolai. Sie kommen am Museum der Stadt Marsberg vorbei. Danach liegt die Nikolaikirche am Weg und etwas weiter das älteste Haus von Obermarsberg, das Haus Böttcher. Davor ist eine ⦿ Stempelstelle installiert.

Vor den Serpentinenkurven der Straße biegen Sie rechts (Richtung Sportplatz) davon ab.

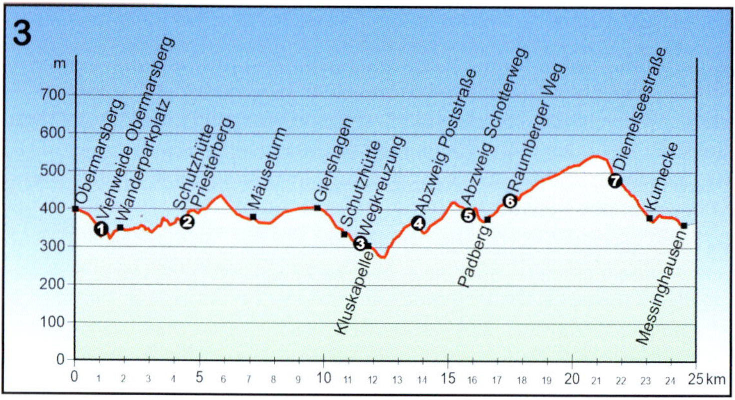

Mit dem Rad folgen Sie der Straße (K65) durch die Serpentinenkurve bis zum Abzweig der K74 (Richtung Giershagen) im Sattel. Sie biegen in die K74 und nach 140 m wieder halb rechts in den markierten Weg ab.

Ein Pfad führt abwärts an eine kleine Kreuzung. Hier biegen Sie links in den steilen, abwärtsführenden Pfad. Achten Sie im Folgenden auch auf die Zeichen für die Waldroute (weißes W auf hellgrünem Grund).

Über die erreichte Straße gehen Sie geradeaus hinweg und folgen dem schmalen Pfad oberhalb. Neben den richtungsweisenden Zeichen gibt es nun auch an einem Galgen aufgehängte Tafeln mit Hinweisen zu den Wanderwegen.

Sie erreichen die K65, gehen wenige Schritte rechts daran entlang und biegen rechts wieder davon ab. Durch ein Gatter betreten Sie die **Viehweide Obermarsberg ❶**. Ein aussichtsreicher Weg schließt sich an. Er umrundet den Kalvarienberg und trifft auf einen Querweg. Links folgen Sie ihm zu einem Wanderparkplatz an der K74. Sie folgen der Straße für gut 140 m nach rechts und weichen dann rechts in einen Hangweg ab.

Der breite Wirtschaftsweg führt in Bögen nahezu höhengleich zunächst am Waldrand entlang und dann in den Wald. An der ⌂ **Schutzhütte Priesterberg ❷** mit Wegweiser ist dann ein Abzweig markiert, der links leicht aufwärts an einen anderen höher gelegenen Wirtschaftsweg führt. Sie folgen diesem rechts durch eine weite Linkskurve um den Priesterberg herum. An einer Gabelung führt der Pilgerweg halb links leicht aufwärts bald an den Waldrand.

↳ Wer an dieser Stelle etwas abkürzen will, kann ab der Gabelung der Sauerland Waldroute (hier auch Europäischer Fernwanderweg E1) halb rechts abwärts und in einer Spitzkehre rechts an einen breiten Querweg mit Wegweiser in das Diemeltal folgen. Dort gehen Sie links weiter, an einer Schutzhütte geradeaus und am nachfolgenden Wegweiser scharf rechts. Die Waldroute weicht nur wenig weiter links vom breiten Weg ab. Meine Empfehlung: Folgen Sie dem breiten Weg (E1) hier geradeaus und sparen Sie sich die rund 50 Höhenmeter auf und wieder ab, die die Waldroute noch auf Lager hält. Beide Wege erreichen den Pilgerweg nahe der Kluskapelle nach einem weiteren Kilometer (☞ S. 115). Auf dieser Route werden 2,9 km abgekürzt.

Vom Waldrand führt der Pilgerweg rechts auf einem Sträßchen in die Weite. Linker Hand erscheinen Stiftskirche und St. Nikolai in Obermarsberg noch nahebei. Sie liegen in der Tat nach 6,5 km Wanderweg nur 2,5-km-Luftlinie entfernt.

Sie kommen an die K74, gehen 50 m nach links und biegen dann rechts in einen Landwirtschaftsweg ab. Der führt zum Donnersberger Wartturm, der auch Mäuseturm genannt wird.

Mäuseturm

Der kreisrunde, 13 m hohe Turm gehörte zur Stadtbefestigung von Obermarsberg. Der Name Mäuseturm könnte auf eine seiner Funktionen hinweisen und sich von Mautturm herleiten. Wahrscheinlich war aber seine bedeutendere Funktion die vorgeschobene Lage, die das frühzeitige Erkennen von Feinden ermöglichte. Er steht nämlich im Süden von Obermarsberg, die einzige Seite, an der das Hochplateau leicht zugänglich ist. Durch einen Sattel ist die Stadtanlage mit der angrenzenden Hochfläche verbunden. Ein weiterer Wartturm stand auf dem Priesterberg.

Ihr Weg führt am Turm vorbei an einen Querweg, dem Sie rechts zurück zur K74 folgen. Sie gehen links an der Straße entlang und treffen nach 1,3 km, bereits in **Giershagen** 🛒 ✞ 🚌, an die L870, die hier Papenstraße heißt. Ihr folgen Sie geradeaus in die Ortsmitte. Achten Sie bereits vorher auf die Kreuzwegstationen ab dem Ortseingang. Weitere verteilen sich bis zur Kluskapelle am Weg.

In der Ortsmitte ist ein kleiner Platz mit historischem Backhaus, Bushaltestelle (🚌 Mo-Fr nach Marberg Bf.) und einer Gedenkplatte mit Informationen zur Papenwerkstatt gestaltet.

Papenwerkstatt

Heinrich Papen (1645-1719) und sein Sohn Christoffel (1678-1745) waren bedeutende Bildhauer des Barock. Sie wohnten und arbeiteten in Giershagen. Neben Bildstöcken, Kreuzwegstationen, Heiligenfiguren und Grabmahlen fertigten Sie über 40 Altäre. Ihre Materialien fanden Sie in den Steinbrüchen in der Nähe. Darunter waren Marmor und Alabaster. Auf einige ihrer Werke habe ich bereits hingewiesen. In Padberg steht Heinrich Papens erster Altar in der Kirche St. Maria Magdalena, ☞ Padberg.

Ihr Weg führt vom Dorfplatz rechts an einem 🛒 Edeka vorbei die Esbiker-Straße hinab zur ✞ **kath. Pfarrkirche St. Fabian und St. Sebastian**. Die Kirche wurde in den ersten beiden Jahren des 20. Jh. errichtet. Die Figuren der vier Evangelisten stammen aus der Papenwerkstatt.

Sie gehen rechts an der Kirche vorbei, erneut an die Papenstraße (L870) und dort rechts. Nach 100 m biegen Sie rechts davon ab in den talwärts führenden Klusweg. Weitere Bildstöcke stehen am Weg. Auch die vielen Pausenbänke weisen auf einen Prozessionsweg hin.

Er führt zunächst an eine Schutzhütte mit Grillplatz und Kneipptretbecken und weiter an eine Wegkreuzung ❸. Hier treffen Sie wieder auf den Europäischen Fernwanderweg E1 und die Sauerland Waldroute. Sie gehen links zum bereits sichtbaren Friedhof und dort rechts zur Kluskapelle.

Kluskapelle Giershagen

Die Kapelle stammt im Ursprung aus dem 12. Jh. und war die Kirche des wüst gefallenen Ortes Upsprunge. Nach vollständiger Zerstörung des Ortes im 18. Jh. zogen die Bewohnerinnen und Bewohner nach Giershagen. Die Kapelle wurde ab 1934 renoviert und der wertvolle barocke Altar aus der Papenwerkstatt konnte gerettet werden.

Leider ist die Kapelle nur nach Anmeldung im Pfarrbüro Giershagen zu besichtigen. Kontakt: Papenstraße 41, ☎ 029 91/221, Do 15:00-17:00, pfarrbuero-giershagen@katholisch-marsberg.de

An der Kapelle gehen Sie links zum Tor wieder hinaus und außen am Zaun des Friedhofs entlang. Sie kommen an einen Radweg und gehen rechts talwärts in der Nähe der Landstraße.

Bevor die Straße ganz erreicht ist, biegen Sie rechts in einen kleinen Fußweg, kommen aber dann doch an die Straße, da Sie zur Diemelbrücke müssen. Sie passieren dabei das Gelände der Papierfabrik (Wepa Hygienepapiere).

Mit dem Rad können Sie alternativ direkt nach der Diemelbrücke links in den Diemelradweg einbiegen und über Padberg nach Helminghausen fahren.

Sie folgen nach der Diemelbrücke 120 m der Straße und biegen dann halb links in den aufwärtsführenden Feldweg. Der Weg steigt zur Höhe. An der Gabelung gehen Sie rechts auf dem Hauptweg weiter. Sie finden hier den Hinweis auf die **Köln-Kasseler-Straße,** die hier auch Alte Poststraße heißt. Sie führt nun bequem auf dem Höhenrücken weiter.

☺ Vermutlich haben sich die Autoren an dieser Stelle mit der Bezeichnung der Altstraßen vertan. Als Köln-Kasseler-Straße wird an anderer Stelle nämlich die Heidenstraße, die von Köln über Kassel nach Leipzig führte, benannt. Erst in Elspe werden Sie darauf treffen. Die Alte Poststraße müsste nach meinem Verständnis auf dem Römerweg, der auch Heerweg genannt wird, verlaufen sein.

Aber Achtung. Die alte Straße führt Richtung Bredelar (🚌 🚆 ➲ 2,2 km) im Hoppecketal. Ihr Weg führt aber über Padberg. So wechseln Sie auf einen anderen Höhenrücken.

An markierter Stelle biegen Sie links von der Poststraße ❹ ab, durchlaufen ein nicht sehr tiefes Zwischental und steigen wieder bequem und sanft an. An einer Kreuzung in einem Sattel folgen Sie dem Wegweiser geradeaus Richtung Padberg und Messinghausen. Ein Sträßchen führt jetzt steil bergauf und wieder sanft abwärts in den Hang eines Taleinschnitts. Bevor es dann stärker fällt, biegen Sie links in einen kurz aufwärtsführenden Schotterweg ❺.

Sie erreichen das Siedlungsgebiet von Padberg und folgen der beginnenden Straße abwärts. Der Kirchberg voraus ist Ihr Ziel. An der querenden Landstraße (Korbacher Straße) gehen Sie links, 50 m weiter aber wieder rechts. An der sofort folgenden Kreuzung geht es rechts die Christine-Koch-Straße aufwärts zum schön gestalteten Dorfplatz ⩩.

Padberg ist eine ältere Siedlung

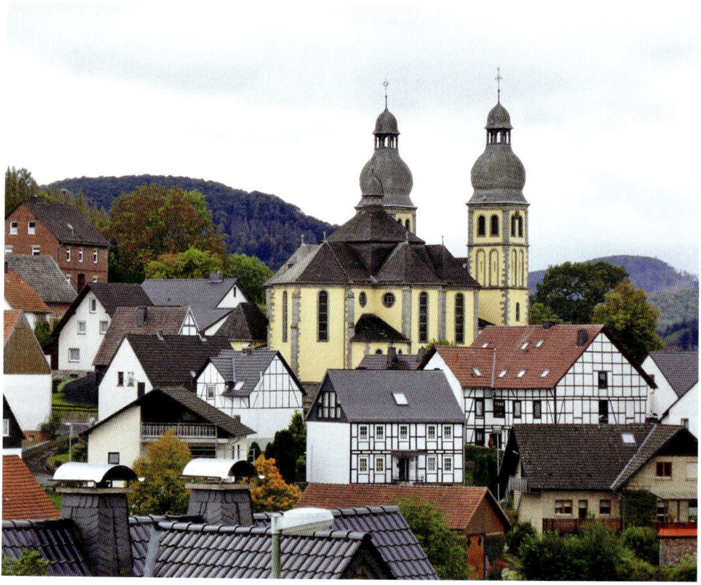

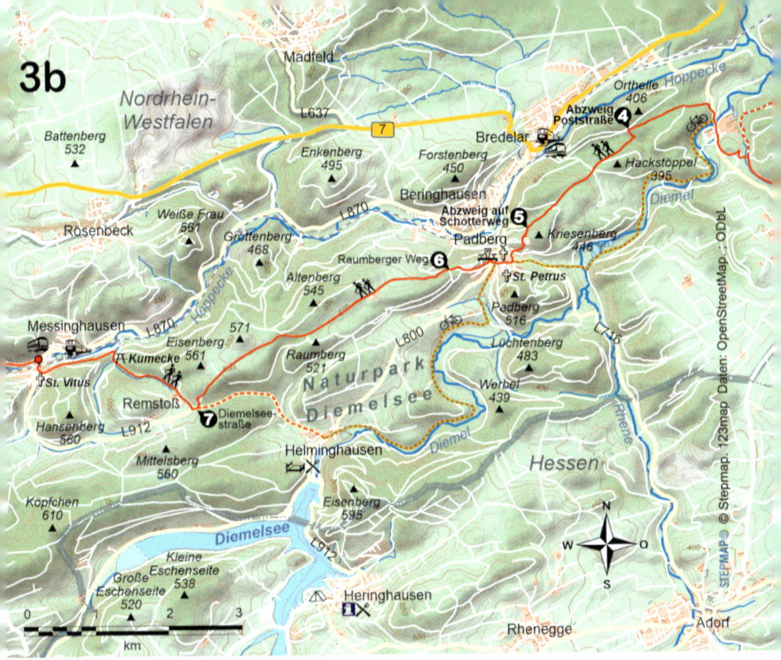

Bäckerei und Lebensmittel, Mo und Sa nachmittags sowie über Mittag geschlossen

Padberg gehört zu den älteren Siedlungsplätzen im Sauerland. Das bezeugt die an der Straße Kötterberg oberhalb des heutigen zentralen Platzes gelegene Kapelle St. Petrus. Sie ist mindestens 1.000 Jahre alt. Vielleicht stammt sie sogar noch aus karolingischer Zeit. Wer an der Kapelle vorbeigeht und bis zum Gipfel des Altenhagen steigt, erreicht dort die Ruinen der einst stolzen Burg der Grafen von Padberg. Da es später eine neue Burg gab, wird sie Alte Burg genannt. Die Ruinen können Sie heute noch besichtigen.

Weniger alt und Teil der Gegenwart sind das Schloss der Gräfin von Vischering, das Sie von Weitem haben liegen sehen (keine Besichtigung), und die auffällige Maria Magdalena geweihte neobarocke katholische Pfarrkirche. Sie wurde 1912 geweiht und beherbergt Arbeiten der Giershagener Papenwerkstatt, ☞ Giershagen. Sie wird wegen ihrer Größe auch Padberger Dom genannt. Zeuge jüdischen Lebens in Padberg ist eine Fachwerkscheune im Zentrum, die als Synagoge diente.

Geradeaus laufen Sie weiter zur querenden Diemelseestraße und dort geradeaus in den Raumberger Weg.

🚲 Radfahrerinnen und -fahrer, die weiter dem Diemelradweg folgen, biegen noch vor der Diemelseestraße links in die Straße Zur Obermühle ab. Wer dem Pilgerweg über den nun anstehenden Höhenrücken folgt, fährt an der Kreuzung mit der Diemelseestraße geradeaus den Raumberger Weg aufwärts.

Nach 50 m biegen Sie rechts in die Siedlungsstraße Bangerig und nach wiederum 40 m links in die Straße Neuer Hagen. Kurz geht es sehr steil bergan, dann biegt die Straße links in den Hang. Nach gut 500 m erreichen Sie den Raumberger Weg ❻ wieder und folgen ihm rechts beständig aufwärts zur Raumberghöhe.

☺ Schauen Sie gelegentlich einmal zurück. In der Ferne ist der Obermarsberg sehr schön zu sehen.

An einer Gabelung mit Wegweisern bleiben Sie links auf dem Sträßchen. 750 m weiter, nun am höchsten Punkt angelangt, endet der Teerbelag. Sie folgen dem weiterführenden Feld- und Waldweg wieder abwärts bis an die Diemelseestraße ❼.

↳ Wenn Sie der Diemelseestraße 2,1 km links in das Tal hinein folgen, erreichen Sie Helminghausen.

Helminghausen (Marsberg) 🛏 ✕ ✆ 029 91, ✉ 34431

🛏 ✕ **Gasthof zum Diemeltal**, Am Weiher 6, ☎ 200, ✉ info@gasthofdiemeltal.de, 💻 www.gasthofdiemeltal.de, 30 Betten, ÜF EZ € 55, DZ € 80, 🐕 € 5, 🍎 € 6,50, gemütlicher Aufenthaltsraum zur Gemeinschaftsnutzung mit ☕ Wasserkocher, der Gasthof liegt mitten im kleinen Dorf in Sichtweite der Staumauer des Diemelsees.

☺ Für alle, die mit dem 🚲 Rad fahren, ist es auch möglich, einen der Campingplätze am Diemelsee zu erreichen. Für alle, die zu Fuß unterwegs sind, ist es eventuell etwas weit. Von Helminghausen sind noch einmal 3,4 km zu bewältigen. Folgen Sie im Dorf rechts der Padberger Straße zur Staumauer, überqueren Sie die Mauer und folgen der Uferstraße (Radweg).

Heringhausen (Diemelsee) ☎ 056 33, ✉ 34519

Tourist Information Diemelsee, Kirchstraße 6, 911 33, info@diemelsee.de, diemelsee.de, Mo-Fr 9:00-13:00 u. 13:30-16:00, Sa 10:00-12:00

Campingplatz Seeblick Diemelsee, Auf dem Kampe 3a, ☎ 99 30 96, info@diemelsee-camping.de, www.diemelsee-camping.de, Stellplatz € 9,50, p. P. € 5, € 1,50

♦ **Camping Goldbreite**, Kirchstraße 10, ☎ 13 41 und 55 29, info@campingplatz-diemelsee.de, 5,9 km, Ü Stellplatz € 6, p. P. € 6, € 2, beide Campingplätze liegen direkt nebeneinander am Wasser.

Zur Fortsetzung gehen Sie an der Diemelseestraße 50 m nach rechts und biegen dann rechts in den Teerweg ab, der zu einer Hofstelle führt (Remstoß). Von dort führt ein Feldweg weiter durch ein Bachtal abwärts in das Hoppecketal. An der Freizeit- und Grillanlage Kumecke gehen Sie am Querweg rechts und weiter geradeaus auf kleinem Sträßchen im Bogen an den Waldrand, jetzt nur noch wenig oberhalb des Baches Hoppecke. Nach dem Friedhof geht es an einer Kreuzung geradeaus an der Kirche St. Vitus vorbei zur Diemelseestraße, die hier auch Messinghausen erreicht.

Entlang von Viehweiden führt der Weg in das Hoppecketal hinab

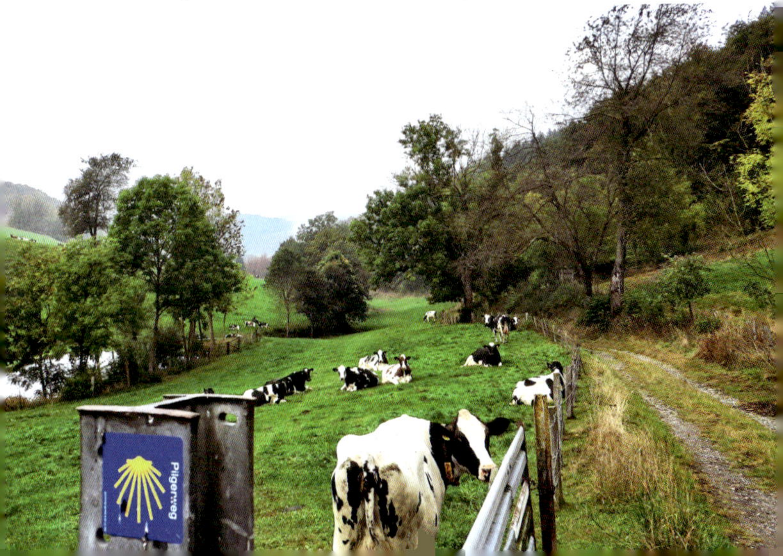

Sie gehen rechts über die Bahnstrecke und den Bach Hoppecke zur Talstraße, der L870. Gleich links finden Sie die Bushaltestelle „Messinghausen, Linnemann“, ☞ Marsberg und ☞ Brilon.

☺ Wer nicht in Helminghausen übernachtet und von Messinghausen auch nicht bis Brilon durchmarschiert, steigt in den Bus R91 und fährt nach Brilon oder Marsberg zur Übernachtung in ein im Voraus gebuchtes Quartier. Die Fahrtzeit ist in beide Richtungen in etwa gleich (rund 30 Min.). Am anderen Morgen kommen Sie auf gleichem Weg zurück. Mo-Fr ist das Busangebot von früh bis spät sehr komfortabel, an Wochenenden gibt es mehr Fahrtmöglichkeiten Richtung Marsberg (in Kombination mit dem Zug). Laden Sie sich am besten die im Abschnitt „Verkehrsmittel unterwegs“ genannte VRR-App herunter und klären im Vorfeld die verschiedenen Möglichkeiten insbesondere an Wochenenden. Es gibt auch Zugverbindungen von Messinghausen nach Marsberg. Der Bahnhof liegt 500 m vom Weg entfernt. Ein Zug hält alle zwei Stunden. Richtung Brilon wäre ein Umstieg in Brilon-Wald fällig. Das braucht aber unkomfortabel viel Zeit.

Messinghausen gehört verwaltungstechnisch bereits zu Brilon. Historisch gesehen lässt es sich als Bergbauregion bezeichnen. Im Mittelalter wurde Eisenerz gewonnen und in jüngerer Vergangenheit ergaben sich etwa 60 Arbeitsplätze im Kalkwerk. Abbau und Verarbeitung sind inzwischen bis auf ein Mahlwerk stillgelegt.

4. Etappe: Messinghausen – Olsberg

15,6 km, 5 Std., ↑ 273 m, ↓ 302 m, ⇧ 339-566 m

0,0 km	⇧ 363 m	Messinghausen
4,5 km	⇧ 516 m	Abzweig Brilon, Markt (3,8 km)
6,7 km	⇧ 500 m	Landgasthaus Gruß (Gudenhagen), Brilon, Markt BANK 3 km
10,1 km	⇧ 500 m	Hiebammen Hütte
12,9 km	⇧ 422 m	Schinkenwirt
15,6 km	⇧ 339 m	Olsberg BANK

Durch einen prachtvollen Hohlweg steigen Sie heute zur Briloner Hochfläche hinauf und zur noch recht jugendlichen Ruhr hin ab, dem wohl bedeutendsten Fluss des Sauerlandes, der dem größten Ballungsraum Deutschlands seinen Namen verlieh und es heute vor allem mit Trinkwasser versorgt. Die Charakteristik des alten Fernweges als Höhenweg, der auf einer Tafel am Wegrand als Römerweg bezeichnet wird, wird im Gehen erfahrbar. Seine historische Bedeutung als Transportweg für den Eisenbergbau lernen Sie am Eisenberg kennen.

In Messinghausen folgen Sie der Talstraße nach links. Ein Abzweig rechts Richtung Rösenbeck bleibt außer Acht. 100 m weiter aber gehen Sie rechts von der Straße ab zu einem Bildstock. In der Nische hinter Gittern steht eine Madonna des Barockbildhauers Heinrich Papen. Es beginnt ein schöner Grasweg im Hang oberhalb der Straße. Der biegt bald rechts in einen besonders schönen und ausgeprägten Hohlweg ab ❶. Es geht steiler bergan aus dem Hohlweg hinaus an einen geteerten Weg, dem Sie links in bequemer Serpentine den Plattenberg aufwärts folgen.

Am Bildstock des Barockbildhauers Heinrich Papen führt der Weg von der Talstraße ab

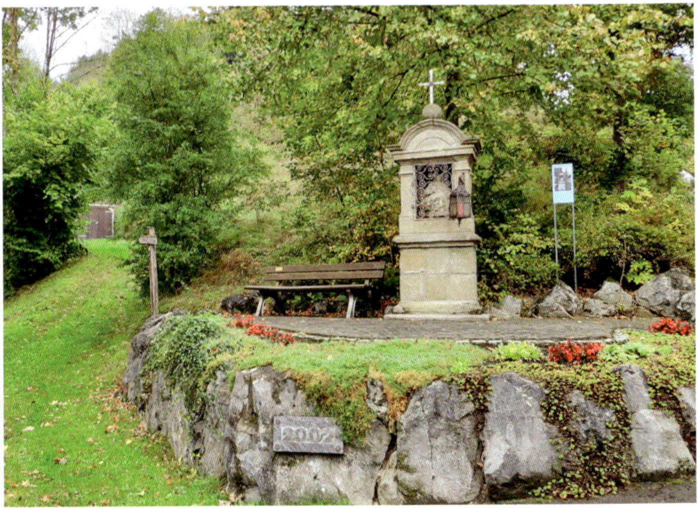

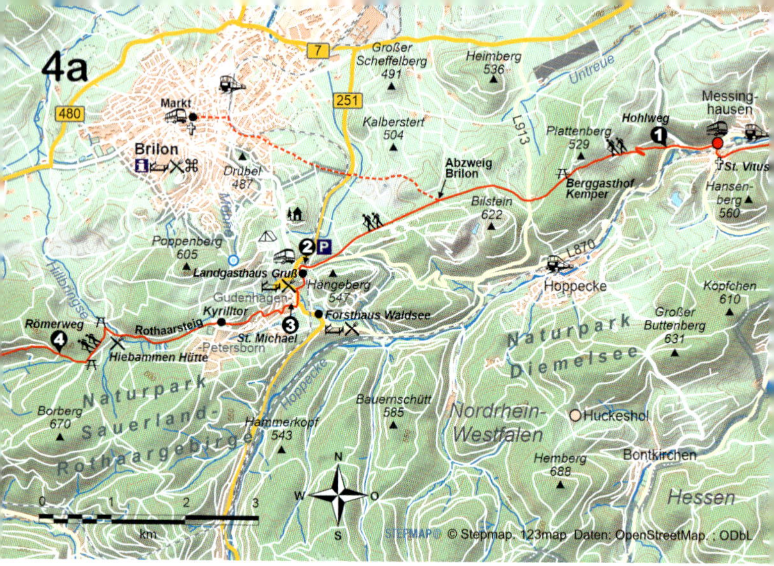

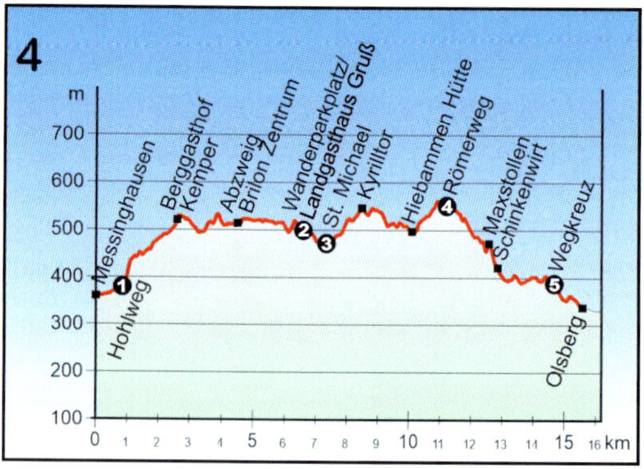

Am Berggasthof und Bikertreff Kemper ist der Gipfel erreicht. Es stehen Pausenbänke und ein Spielplatz bereit. Der Biergarten hat allerdings seit Ende 2021 geschlossen.

Sie folgen geradeaus dem Höhensträßchen. An einer Hofstelle gehen Sie geradeaus über eine Straße (L913) hinweg. Der Blick geht weit in das Land. Ein Steinbruch kommt in Sicht und die Stadt Brilon. Noch bevor der Steinbruch erreicht ist, wird ein Abzweig rechts Richtung Brilon angezeigt. Bis zum Markt oder zum Bahnhof sind es 3,8 km. Das wäre Ihr Weg, falls Sie vorhaben, Brilon anzuschauen oder im Zentrum eine Zwischenübernachtung einzulegen. Wenn Sie „nur" übernachten wollen, bleiben Sie noch gut 2 km auf dem Pilgerweg. Dann befinden sich Hotel, Jugendherberge und Campingmöglichkeiten direkt am oder in der Nähe des Weges.

Sie gehen weiter geradeaus, bald parallel zur L870 bis zu einem Wanderparkplatz ❷ gegenüber vom Landgasthof Gruß in **Gudenhagen**.

Wenn Sie hier dem Radweg entlang der Straße weiter folgen, kommen Sie zur Bushaltestelle Gudenhagen (➲ 120 m), zum Camping- und Ferienpark (➲ 300 m) und zur Jugendherberge sowie zu den am Stadtrand stehenden Hotels Hellhohl und Klaholz (➲ 800 m). Zur Briloner Innenstad sind es 3 km.

Brilon

029 61, 59929

Tourist-Information Brilon, Derkere Straße 10a, 969 90, bwt@brilon.de, www.tourismus-brilon-olsberg.de, Mo-Fr 9:00-17:00, ➲ 2,8 km

Jugendherberge Brilon, Hölsterloh 3, 22 81, jh-brilon@djh-wl.de, www.jugendherberge.de → Schnellsuche, ÜF ab € 28,10, ➲ 800 m

Landgasthof Gruß, Am Hängeberg 1, 22 26, info@landgasthof-gruss.de, landgasthof-gruss.de, ÜF EZ € 45, DZ € 75, DBZ € 90, VBZ € 120, Do ist Ruhetag, ➲ am Weg

♦ **Forsthaus Waldsee**, Am Waldsee 2, 989 87 48, info@forsthaus-waldsee.de, www.forsthaus-waldsee.de, ÜF € 75 p. P., Mo, Di Ruhetage, ➲ 500 m, liegt direkt am Waldfreibad Gudenhagen (☞ Wegbeschreibung)

♦ **Waldhotel Klaholz**, Hölsterloh 1, 34 73 oder 62 58, info@waldhotel-klaholz.de, www.waldhotel-klaholz.de, 36 Betten, ÜF EZ € 46, DZ € 83, € 8, ➲ 800 m, am Wanderparkplatz geradeaus der L870 (Radweg) bis zur Bushaltestelle „Jugendherberge" folgen und dort rechts in die Straße Hölsterloh abbiegen

♦ **Hotel Haus Hellhohl**, Am Schönschede 2, 33 79, info@hotel-haus-hellhohl.de, www.hotel-haus-hellhohl.de, ÜF EZ € 46, DZ € 78, ➲ 800 m, am Wanderparkplatz geradeaus der L 870 (Radweg) bis zur Bushaltestelle Jugendherberge folgen und dort links in die Straße Am Schönschede abbiegen.

Camping & Ferienpark Brilon, Hoppecker Str. 75, ☏ 97 74 23, info@campingbrilon.de, www.campingbrilon.de, Ü € 17 (2 Pers. im eigenen Zelt), 390 m, am Wanderparkplatz geradeaus der L870 (Radweg) folgen

Taxi Reermann, ☏ 74 47 65

Der Bus R91 fährt zwischen „Brilon, Markt" und Marsberg in den Kernzeiten stündlich. Wenn Sie vom Wanderparkplatz geradeaus an der L870 entlanglaufen, befindet sich nach 90 m, gleich nach der Bundesstraßenbrücke, die Haltestelle „Gudenhagen" am Weg, noch 600 m weiter befindet sich die Haltestelle „Jugendherberge".
Der Bus R74 fährt zwischen Markt Brilon und Bestwig.

Vom Bahnhof Brilon Stadt fährt die RB97 Richtung Marburg.

✝ Die **Propsteikirche** stammt noch aus den Anfängen des Stadtbaus. Es handelt sich um eine spätromanische dreischiffige Hallenkirche. Sie ist den Aposteln Simon Petrus und Andreas geweiht.

♦ Propst-Meyer-Str. 4

⌘ **Museum Haus Hövener**. Stadt- und Bergbaugeschichte, Sonderausstellungen

♦ Am Markt 14, ☏ 963 99 01, museum@haus-hoevener.de, Di-So 11:00-17:00

Die Stadt Brilon ist eine Gründung des Kölner Erzbischofs Engelbert I., der die Gemarkung 1220 erwarb und eine mit Mauern bewehrte Stadt bauen ließ. Bodenschätze wie Blei, Eisen, Silber und Galmei, die in der Region abgebaut und verhüttet wurden, bewirkten einen schnellen Aufschwung der Stadt und schon bald wurde Brilon Mitglied der Hanse. A. Schmoranzer berichtet in ihrem Buch (☞ Literatur), dass die Stadt offenbar nicht nur Kaufleute anzog, sondern auch Jakobspilgerinnen und -pilger. Das folgert sie z. B. aus dem Vorhandensein einer Jakobusbruderschaft.

Desgleichen schreibt Magnus Müller in seiner Geschichte der Stadt Brilon, dass eine Jakobusgesellschaft das Hospital des Heiligen Geistes am Markt betreute. Die Heilig-Geist-Hospitale des Mittelalters darf man sich nicht wie Krankenhäuser vorstellen. Sie waren eher Wohltätigkeitseinrichtungen für Arme, Obdachlose, aber auch für Kranke. Ganz häufig konnten hier auch die durchziehenden Pilgerinnen und Pilger übernachten und Hilfe in der Not erhalten. Die Briloner Einrichtung wurde 1742 bei einem großen Stadtbrand zerstört und nicht wieder aufgebaut.

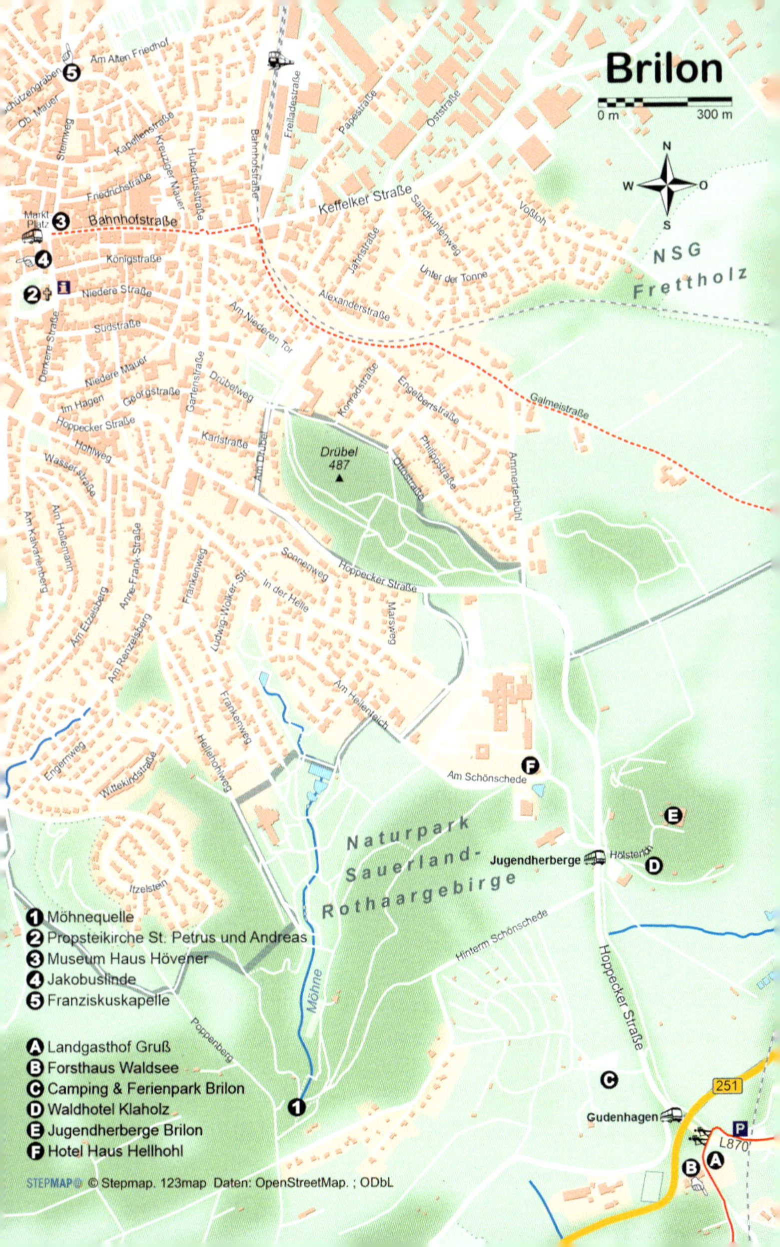
Brilon
0 m
300 m
N
W
O
S
NSG
Frettholz
Am Alten Friedhof
Schützengraben
Ob. Mauer
Steinweg
Kapellenstraße
Kreuziger Mauer
Hubertusstraße
Friedrichstraße
Bahnhofstraße
Freiladestraße
Papestraße
Oststraße
Keffelker Straße
Sandkuhlenweg
Voßloh
Markt Platz
Bahnhofstraße
Königstraße
Niedere Straße
Südstraße
Derkere Straße
Jahnstraße
Unter der Tonne
Alexanderstraße
Am Niederen Tor
Niedere Mauer
Im Hagen
Georgstraße
Gartenstraße
Drübelweg
Hoppecker Straße
Hohlweg
Karlstraße
Am Drübel
Drübel 487
Konradstraße
Engelbertstraße
Philippstraße
Ottostraße
Galmeistraße
Ammentenbühl
Wasserstraße
Am Kalvarienberg
Am Hoßmann
Anne-Frank-Straße
Am Etzelsberg
Am Renzelsberg
Frankenweg
Ludwig-Wolker-Str.
Sonnenweg
In der Helle
Hoppecker Straße
Marsweg
Am Hellenteich
Frankenweg
Hellehohlweg
Engernweg
Wittekindstraße
Am Schönschede
Naturpark
Sauerland-
Rothaargebirge
Jugendherberge
Hölsterloh
Itzelstein
Hinterm Schönschede
Hoppecker Straße
Möhne
Poppenberg
Gudenhagen
251
L870
P
1 Möhnequelle
2 Propsteikirche St. Petrus und Andreas
3 Museum Haus Hövener
4 Jakobuslinde
5 Franziskuskapelle
A Landgasthof Gruß
B Forsthaus Waldsee
C Camping & Ferienpark Brilon
D Waldhotel Klaholz
E Jugendherberge Brilon
F Hotel Haus Hellhohl
STEPMAP © Stepmap. 123map Daten: OpenStreetMap. ; ODbL

Der Pilgerweg überquert hier die L870, führt am Landgasthof Gruß vorbei zu einer Gabelung.

↳ Wer hier links geht, kommt zum 🛏 ✕ Forsthaus Waldsee und auch zum Freibad Gudenhagen (☞ Brilon).

Ihr Weg bleibt an dieser Gabelung rechts. Es geht abwärts an die B251. Auf einem Fußweg gehen Sie links ein kleines Stück daran entlang zur Bushaltestelle „Kapelle" und dort rechts über die Königsberger Straße in den Briloner Ortsteil **Gudenhagen**. An einer weiteren Bushaltestelle gleichen Namens biegen Sie rechts in die Breslauer Straße zur katholischen Kirche St. Michael ❸ ab.

✝ St. Michael Gudenhagen

Der auffällige, moderne Kirchenbau stammt aus dem Jahr 1971. Er wurde vom Kasseler Architekten Johannes Reuter realisiert. Es handelt sich um eine Beton-Holz-Konstruktion mit quadratischem Grundriss. Der Glockenturm steht separat neben dem Kirchenschiff.

Sie folgen der Breslauer Straße. Am Platz mit den drei Kastanien biegen Sie mit der Straße links ab. Der querenden Königsstraße folgen Sie rechts aufwärts und gehen dann im Linksbogen in den Hang. Am querenden Triftweg gehen Sie rechts weiter aufwärts. Das Hotel Sauerländer Tor, das am Weg liegt, ist ein Gruppenhaus und kann im Ganzen gemietet werden. Sie biegen am Haus Nr. 20 links wieder in den Hang, laufen am Friedhof und am Siedlungsrand entlang schließlich in den Wald. An einer Lichtung treffen Sie auf das Kyrilltor.

Kyrilltor

Das Kyrilltor ist ein Kunstwerk, das an den Sturm Kyrill erinnern soll, aber auch an Flucht, Vertreibung, Entwurzelung der Menschen, insbesondere der Sudeten und Schlesier nach dem Zweiten Weltkrieg. Entrindete Rundhölzer in beeindruckender Größe sind hier wie Mikadostäbe ineinander verkeilt und zu einer Skulptur in der Senkrechten aufgestellt worden.

Sie gehen geradeaus über die querende Straße mit dem Wanderparkplatz hinweg und folgen dem weiterführenden Feldweg, der nun zugleich auch Rothaarsteig ist.

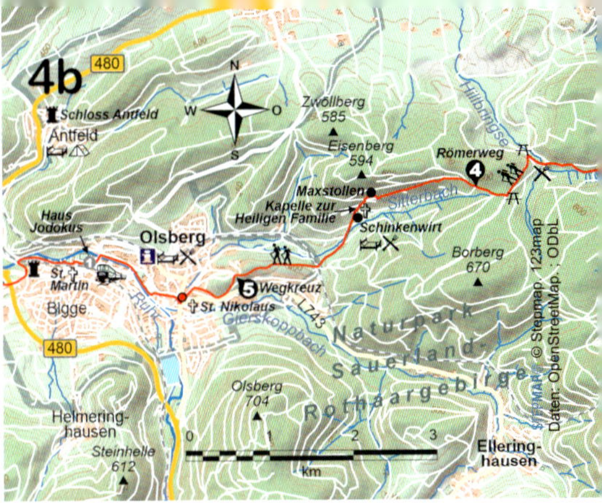

Sanft fällt der Weg in einem flachen Tal, steigt dann in den Talhang und erreicht dort einen Querweg. Sie folgen diesem links. An einer Verzweigung gehen Sie links zum Bach und dann rechts am Bach entlang. Sie erreichen eine kleine Hüttensiedlung, die sich ✕ 🍷 **Hiebammen Hütte** nennt (🚪 Do ab 17:00, Fr/Sa ab 12:00, So ab 11:00).

Sie folgen hier rechts der Zufahrt und dann weiter dem separaten Fußweg. Das erreichte Sträßchen überqueren Sie und biegen gleich danach links aufwärts in einen Schotterweg ab. Der Weg ist parallel zum Sträßchen angelegt und erreicht dieses an einer Sitzgruppe wieder. Ihr Weg biegt hier rechts als breiter Schotterweg Richtung Olsberg und Bigge ab. Auch der Gasthof Schinkenwirt ist schon angezeigt. An der Gabelung breiter Wege gehen Sie rechts (Wegweiser).

Es folgt eine Tafel zum Römerweg ❹.

Römerweg

Für die alte Straße, die hier als Römerweg bezeichnet wird, existieren auch die Namen Heerweg oder Heerstraße. Sie führte von Marsberg nach Elspe, wo sie auf die Heidenstraße traf, verlief ein Stück parallel und bog dann oberhalb von Förde Richtung Olpe, Siegburg und Bonn ab. An dieser alten Straße orientiert sich auch der Pilgerweg seit Marsberg.

Vermutlich handelte es sich bei dem Römerweg um eine sehr alte Straße, die schon die Römer benutzten. Funde römischer Münzen bei Marsberg und Brilon legen das mit Einschränkung nahe. Genau im Süden Ihrer jetzigen Position erhebt sich der 670 m hohe Borberg in nur wenig mehr als 1 km Entfernung. Dort oben hat man eine Wallburg entdeckt, die aus der Zeit um 500 v. Chr. stammen soll (A. Schmoranzer). Möglicherweise diente sie zur Bewachung des Weges, denn von dort lässt sich das Ruhrknie mit Olsberg und Bigge hervorragend überblicken.

Den großartigen Ausblick, wie einst von der Wallburg auf dem Borberg, können Sie gleich nachempfinden, wenn Sie nun ein paar Schritte weitergehen. Der Blick wird, auch aufgrund der umfangreichen Rodungen, frei auf das Ruhrtal.

Bei zwei aufeinanderfolgenden Verzweigungen bleiben Sie jeweils links auf dem unteren Weg. Der führt schließlich im Hang sanft fallend, zum Teil als Hohlweg ausgeprägt, mit Fernblick ins Ruhrtal bei Olsberg.

Dann zeigt die Markierung plötzlich rechts in den Hang. Es handelt sich um einen lohnenden Miniabstecher zum Maxstollen.

Maxstollen

Am alten Maxstollen

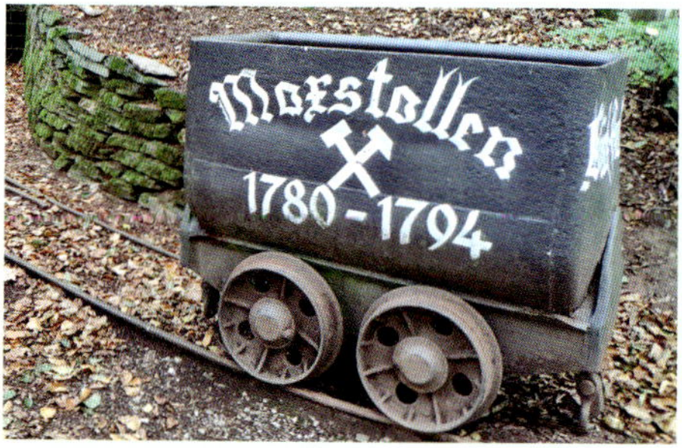

Am Maxstollen finden Sie ein herausragendes Zeugnis des Eisenerzbergbaus im Sauerland. Zu sehen ist das mit einem Gitter verschlossene Mundloch eines Stollens. Schienen einer Schmalspurbahn, auf denen eine Lore steht, führen hinein. Besonders eindrucksvoll ist die erhaltene übermannshohe Trockenmauer, die einst als Verladerampe diente. Nur ein paar Schritte unterhalb des Stollens entrinnt dem Berg eine glasklare Quelle von Trinkwasserqualität.

Der Erzbergbau hier am Briloner Eisenberg (595 m) hat eine lange Tradition. Nachweislich existiert er mindestens seit Mitte des 14. Jh. Anfänglich trieb man oberflächlich nur Schächte in den Berg. Der Maxstollen ist einer von vier Stollen, durch die das Erz bergmännisch bis Anfang des 20. Jh. gewonnen wurde. Heute sind am Eisenberg mehrere Schutzgebiete ausgewiesen. Der Maxstollen ist ein bedeutendes Winterquartier für mehrere Fledermausarten.

Sie kommen wieder auf den Römerweg, der hier auch Eisenstraße war, zurück. Der weitere Weg ist nun der modernen Zeit entsprechend geteert und erreicht die ✞ **Kapelle zur Heiligen Familie**, auch ein Bau der Neuzeit (1967).

Gleich danach steht das beliebte **Waldhotel Schinkenwirt**, das sowohl Übernachtung als auch Verpflegung aller Art bietet. Es hat der hohen Nachfrage entsprechend, als eines der wenigen Landhotels ein weites Öffnungszeitenfenster (Do-Di 8:00-22:00 und Mi 18:00-21:00, weitere Informationen ☞ Olsberg).

Sie gehen im Sitterbachtal weiter abwärts, ignorieren einen rechtsabzweigenden Weg und biegen im Folgenden mit dem Sträßchen rechts. Die Ruhrtalbahnstrecke wird auf einer Brücke überschritten. Der Weg heißt jetzt Kieneggeweg. Bereits am Siedlungsrand von Olsberg landen Sie auf einer Querstraße, gehen links und nach 30 m wieder links auf einen freien Platz mit Wegkreuz ❺. Von hier laufen Sie auf dem schmalen geteerten Fußweg links abwärts. Sie treffen wieder auf eine Straße, gehen rechts und biegen an der nächsten (versetzten) Kreuzung rechts in den Hang (Tannenköpfchen).

Am Ende der Siedlungsstraße folgen Sie links der Kirchstraße zur Kirche St. Nikolaus, biegen am Chor der Kirche, (gegenüber dem Hotel Dorfkammer) rechts in die Gasse Hinter der Kirche und kommen so zum Eingang.

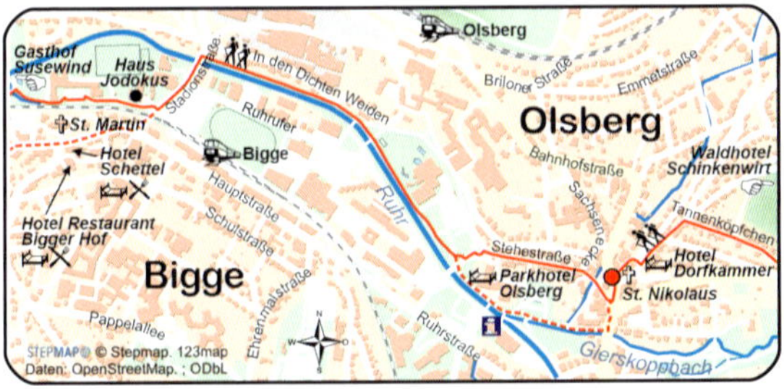

Olsberg (Bigge-Olsberg)

BANK
☎ 029 62, ✉ 59939

Tourist-Information Olsberg, Ruhrstraße 32, ☎ 973 70, info@olsberg-touristik.de, www.tourismus-brilon-olsberg.de, Mo-Fr 9:00-17:00, 200 m

Waldhotel Schinkenwirt, Eisenberg 2, ☎ 97 90 50, info@schinkenwirt.com, www.schinkenwirt.com, ÜF EZ ab € 61 (Sa plus € 5), DZ ab € 102, am Weg, ☞ Wegbeschreibung

♦ **Hotel Restaurant Bigger Hof**, Jahnplatz 1, ☎ 97 90 70, info@bigger-hof.de, www.bigger-hof.de, OT Bigge, ÜF EZ € 54, DZ € 99, DBZ € 110, VBZ € 140, 270 m, ☞ 5. Etappe

🛏 ✕ **Hotel Schettel**, Hauptstraße 52, ☏ 18 32, ✉ info@hotel-schettel.de, 💻 www.hotel-schettel.de, OT Bigge, ÜF EZ € ab € 58, DZ ab € 89, ➲ 250 m, ☞ 5. Etappe

🛏 **Hotel Dorfkammer**, Kirchstraße 10-12, ☏ 97 49 90, ✉ info@dorfkammer.de, 💻 www.dorfkammer.de, 32 Zimmer, ÜF p. P. ab € 64, (Fr, Sa ab € 74), HS Aufschlag € 5-6 p. P., ➲ am Weg, Zentrum

♦ **Parkhotel Olsberg**, Stehestraße 23, ☏ 80 40, ✉ info@parkhotel-olsberg.de, 💻 www.parkhotel-olsberg.de, ÜF EZ € 89, DZ € 128, DBZ € 148, inkl. Sauna und Hallenbad, diverse Massageangebote zubuchbar, ➲ am Weg ☞ 5. Etappe

♦ **Gasthof Susewind**, Franz-Hoffmeister-Str. 18, ☏ 88 08 68, 📱 01 57 86 99 40 37, ✉ info@gasthofsusewind.de, 💻 www.gasthofsusewind.de, OT Antfeld, ÜF EZ ab € 40, DZ ab € 70, VBZ ab € 120, ⛺ Camping am Haus Ü kleines Zelt +1 Pers. € 8,50 (HS € 11), ➲ 2 km, ☞ 5. Etappe

🚕 **Taxi Feldberg**, ☏ 863 00

🚆 Bigge-Olsberg hat zwei Bahnhöfe. Am Bf. Olsberg hält der RE17 Schwerte (Hagen) – Kassel, Wilhelmshöhe (☞ Marsberg). Am Bf. Bigge hält der RE57 von Dortmund nach Winterberg.

✝ Die Olsberger **Kirche St. Nikolaus** wurde 1903 fertiggestellt. Davor gab es nur eine kleine Kapelle, da Olsberg zur Pfarrei Bigge gehörte. Das Patronat des heiligen Nikolaus von Myra findet sich häufig an alten Fernwegen, oft – wie in Heringhausen am morgigen Weg – auch in Kombination mit Jakobus. Nikolaus gilt als Heiliger der Kaufleute und Reisenden, wozu auch die Pilgerinnen und Pilger zählten.

✝ Die kath. Pfarrkirche **St. Martin** in Bigge könnte im Ursprung auf eine Pfalzkapelle zurückgehen. Demnach hätte es hier einen Königshof gegeben. Aber das liegt im Dunkel der Geschichte. Für den Kölner Erzbischof Engelbert I. war Bigge aber offenbar so interessant, dass er sich die Rechte über die Kirche im Jahre 1222 von der Gräfin Mathilde zu Altena übertragen ließ. Die heutige Kirche wurde von 1769 bis 1773 errichtet und im 19. Jh. um ein neoromanisches Querschiff erweitert.

Die Ruhrtalorte Bigge und Olsberg sind inklusive einiger umliegender Gemeinden seit 1975 zur Stadt Bigge-Olsberg verschmolzen. Am weiteren Weg liegt noch das ebenfalls zu Bigge-Olsberg eingemeindete Gevelinghausen.

5. Etappe: Olsberg – Remblinghausen

20,4 km, 6 Std., 30 Min., 367 m, 313 m, 317-438 m

0,0 km	339 m	Olsberg
4,7 km	386 m	Gevelinghausen, Schloss
10,1 km	333 m	Heringhausen
17,3 km	331 m	Agathakapelle, Löllinghausen
19,3 km	335 m	Kapelle der 14 Nothelfer
20,4 km	400 m	Remblinghausen

Ein Stück wandern Sie im schönen Ruhrtal flussabwärts und können im klaren Bach vielleicht die Forellen schwimmen sehen. Über ein bachloses Nebental steigt der Weg dann sanft zum Schloss Gevelinghausen, führt weiter durch das romantische Elpetal und über die mit Weihnachtsbäumen und anderen Koniferen bestandenen Ruhrhöhen nach Heringhausen in das Valmetal. Im Nordhang der Borg, wie der Hausberg von Heringhausen genannt wird, haben Sie dann wieder den Überblick über das Ruhrknie bis zum Eisenberg. Zwei kleine Kapellen bereichern den weiteren Weg. Am Ziel steht die schöne, Jakobus dem Älteren geweihte Kirche in Remblinghausen.

Die Straße Hinter der Kirche führt Sie an der Kirche vorbei zur Bahnhofstraße. Rechts führt diese zum Bahnhof. Sie aber gehen links und noch vor dem Kreisverkehr rechts in eine Nebenstraße (Sachsenecke).

☺ Statt dem markierten Jakobsweg, wie im Weiteren beschrieben, durch die Siedlungen zu folgen, können Sie der Bahnhofstraße rund 50 m über den Kreisverkehr hinaus bis an den Gierskoppbach folgen und dort rechts in den Spazierweg einbiegen. Er führt zur Ruhr und ist nach 400 m ab der ersten Straßenbrücke wieder gleichauf mit dem Pilgerweg.

Wenn diese rechts abbiegt, zweigen Sie links in die Stehestraße ab. Am Kreisverkehr (Parkhotel Olsberg) biegen Sie links ab und gehen vor der Ruhrbrücke rechts auf dem Parkweg am Fluss entlang. An der nachfolgenden Fußgängerbrücke bleiben Sie diesseits, aber an der dann folgenden Straßenbrücke wechseln Sie die Flussseite, gehen bis vor die Bahnstrecke und biegen dort rechts in die Stadionstraße.

↪ Bei Interesse könnten Sie auch zunächst über die Bahnstrecke hinüber bis zur ✝ Kirche St. Martinus gehen. Auch die angegeben 🛏 Hotels (☞ Olsberg) finden Sie dort.

Pilgerinnen und Pilgern fällt sicher die riesige Muschel am Haus Jodokus ❶ auf, das am Weg liegt. Wie Sie sich vielleicht aus Bielefeld erinnern, wird der Heilige Jodokus gern wie Jakobus als Pilger mit den Attributen Hut, Mantel, Pilgerstab mit Kalebasse und der Muschel gekennzeichnet.

Nach der Schule laufen Sie entlang der Ruhraue zwischen Bahn und Fluss. Die Fußgängerbrücke und die Bahnbrücke unterqueren Sie, zur Straßenbrücke gehen Sie dann hoch.

↪ Wer zur Übernachtung nach Antfeld 🛏 ⛺ ♜ geht, folgt der Straße rechts, hält sich an der folgenden Gabelung wieder rechts und überquert etwas weiter die Bahnstrecke. Es folgt eine Kreuzung, an der Sie rechts mit der Straße Dorfwiese an einem Bach entlang bis in die Ortsmitte gelangen.

Ihr Weg führt an der Brücke links zu einem Kreisverkehr und dort geradeaus in die Straße Prowinkel. Nach 100 m biegen Sie rechts in einen geteerten, aufwärtsführenden Nebenweg ab. ✋ An einer Pausenbank, noch am Siedlungsrand, weichen mehrere Wanderwegmarkierungen rechts in einen Pfad durch Rodungsgebiet ab. Ihr Weg bleibt auf dem sanft im Tal aufwärtsgerichteten Teerweg.

Sie kommen nach Gevelinghausen, gehen durch das Tor auf den ♜ Schlosshof, am Querhaus links und an einem Schlagbaum vorbei zur Schlosskapelle.

Gevelinghausen (Olsberg) 🛏 ✕ ♜ ✆ 029 04, ✉ 59939

🛏 ✕ **Landhotel Am Schloss**, Kreisstraße 2, ☎ 524 99 94,
hotelthelodge@outlook.de, julian.steven.becker@gmail.com,
💻 www.neueslandhotelamschloss.de, ÜF EZ ab € 59, DZ ab € 89 DBZ ab € 92,
➲ am Weg

In Gevelinghausen wurde 1961 bei Schachtarbeiten eine Bronzeamphore aus dem 8. Jh. v. Chr. entdeckt, die mit Leichenbrand aus dem 5. Jh. v. Chr. versehen, also als Urne benutzt worden war. Das ist ein Hinweis auf die Anwesenheit von Menschen in dieser frühen Zeit, ob es auch ein Indiz für die frühe Existenz des Römerweges sein kann, mögen andere beurteilen.

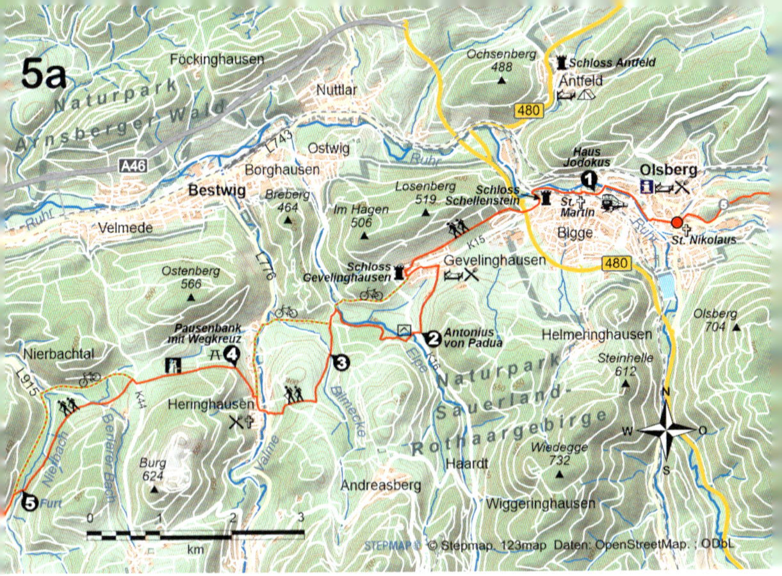

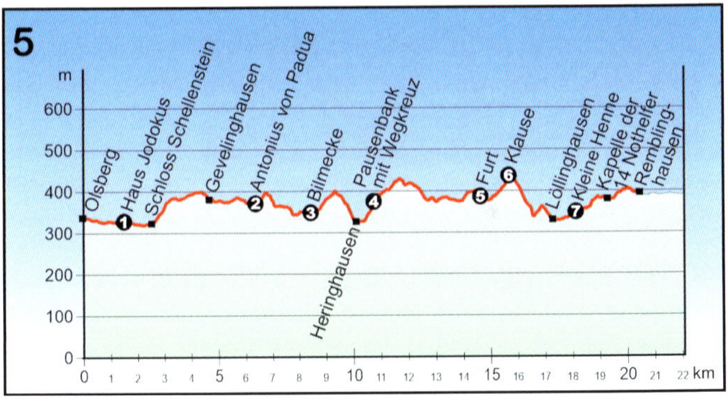

Gevelinghausen hat sich aus einem Rittergut entwickelt. Die erste urkundliche Erwähnung war 1277. Im Laufe der Jahrhunderte gab es wechselnde Besitzrechte, darunter war auch wieder ein Kölner Erzbischof. Für die Lebensgrundlage der adligen Herrschaft sorgten die Fronhöfe, die erst ab 1821 durch Erbpacht in den Besitz der Bäuerinnen und Bauern übergingen. Das Schloss ist heute Tagungshotel.

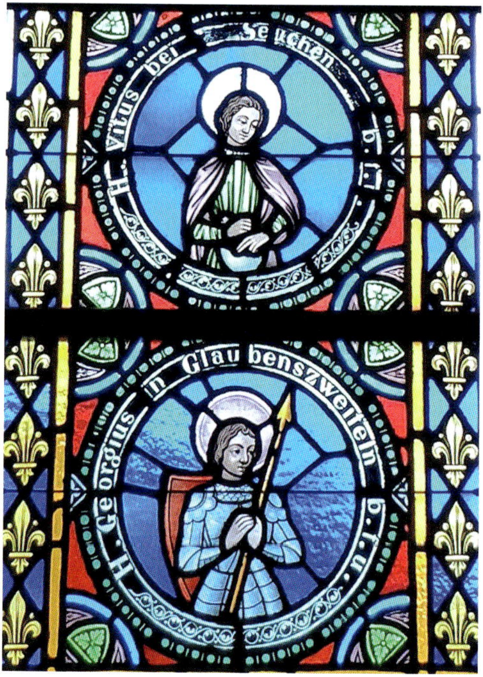

Fenster in der Schlosskapelle Gevelinghausen

Die Kapelle wurde erstmals 1543/44 erwähnt, stammt in der heutigen Form aber wohl aus der Zeit um 1900. Gefallen haben mir die Fenster. Sie lesen sich wie ein medizinisches Lexikon, stellen aber wohl die 14 Nothelfer dar. Gegen alle Widrigkeiten des Lebens scheint ein Heiliger gewachsen zu sein.

Unterhalb der Kapelle steht das Schlosshotel an einer Straße, der Sie für 200 m nach links folgen, um dann rechts in die Liboriusstraße abzubiegen.

Mit dem Rad fahren Sie am Schlosshotel rechts entlang der Kreisstraße/ Hauptstraße bis in das Elpetal. Dort biegen Sie vor einem Sportplatz links in die Gevelinghauser Straße und folgen ihr bis in das Valmetal und an die L776. Ihr folgen Sie links bis Heringhausen. Sie können so matschige Wege im Elpetal und einen steilen Auf- und Abstieg vermeiden.

In der Siedlung gehen Sie an der Kreuzung rechts und laufen nun aus dem Ort hinaus bis an den Waldrand.

Achten Sie hier auf den Pfad, der rechts nahe dem Waldrand an die K16 und bis zu der Heiligenstatue (Antonius v. Padua) ❷ führt.

Sie gehen geradeaus über die Straße hinweg (☝ Hier wird schnell gefahren!) zu einem Rastplatz mit ⌂ Schutzhütte (Antoniushütte). Überqueren Sie dort den Bach **Elpe** und gehen auf schmalem Pfad durch Buchenwald bis an einem breiteren Querweg und dort rechts. Der Weg orientiert sich am romantischen Bachtal der Elpe, führt am Steilufer entlang und durchläuft einige Hohlwege. Schließlich treffen Sie auf eine Straße, der Sie links folgen. In einer scharfen Rechtskurve der Straße biegen Sie geradeaus in den Schotterweg ab (Wegkreuz).

Der Weg teilt sich. Sie nehmen rechts den Schotterweg, überqueren den Bach **Bilmecke** ❸ und steigen halb links wieder leicht an. Durch Koniferenkulturen laufen Sie zur Höhe, der Weg ist bald auch geteert. Direkt unter der Stromleitung zeigt die Markierung an einer Kreuzung nach rechts.

Das Sträßchen biegt bald über eine Kreuzung hinweg in den Hang oberhalb von Heringhausen. Achten Sie nun auf den Abzweig rechts. Steil gehen Sie abwärts auf das Dorf zu.

An der Dorfstraße gehen Sie rechts, über einen Bach (Valme) und am Gasthof Nieder (🚪 Mo-Sa ab 17:00 bzw. 17:30, So ab 10:00) vorbei zu einer Informationstafel in der Ortsmitte. Die Kirche fand ich verschlossen vor.

Heringhausen (Bestwig)

Wie schon auf dem Borberg soll es auch auf dem Borg oder Burg genannten Hausberg von Heringhausen eine Burg gegeben haben. Auf Ihrem weiteren Weg werden Sie den großartigen Ausblick von der Nordseite der Borg auf das Ruhrtal noch erleben können. Der Berg selbst ist heute, wie Sie bereits beim Abstieg nach Heringhausen festgestellt haben, stark durch den Rohstoffabbau (Diabas) gezeichnet.

In Heringhausen lassen sich noch weitere Spuren entdecken, die an die alte Straße im Norden der Ortschaft und an die Kaufleute, Pilgerinnen und Pilger, die Sie nutzten, erinnern. So hatte die baufällige und in den 1960er-Jahren durch einen Neubau ersetzte, dem Heiligen Nikolaus von Myra geweihte Kirche ein Jakobusfenster, das vor dem Vergessen bewahrt und heute die Schützenhalle des Ortes ziert. Die Schützengesellschaft nennt sich Schützenbruderschaft St. Jakobus 1873 e. V. Heringhausen (1933 noch Jacobus). Auf der Facebook-Seite des Vereins sind unterschiedliche Banner zu sehen. Es werden sowohl Jakobus als auch Nikolaus dargestellt. Heringhausen hat auch eine, wenn auch nur sehr kurze Jakobusstraße.

Heringhausen liegt heute im Zentrum der sauerländischen Weihnachtsbaumproduktion. Der Renner ist die Nordmanntanne. Produziert werden aber auch viele andere Arten von Koniferen.

Heringhausen unter der Borg

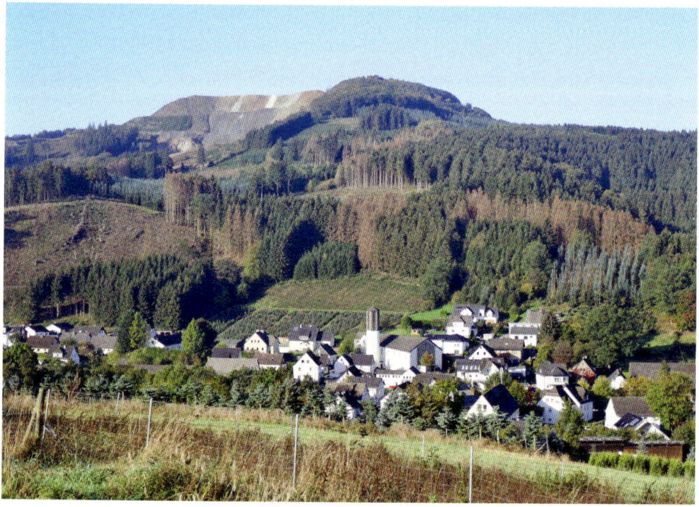

Knapp 200 m folgen Sie noch der Dorfstraße zu einem Wegweiser. Dort biegen Sie links in die Burgstraße, der Sie durch die Rechtskurve in den Talhang aufwärts folgen. An einer Pausenbank mit Wegkreuz ❹ ist die Höhe im Nordhang der Borg nahezu erreicht.

Ihr Weg biegt links um die Bergflanke, (der rechts abzweigende Weg bleibt hier außer Acht) und steigt nur noch leicht an. Während auch im Folgenden andere Wege abzweigen, bleiben Sie der Burgstraße treu. Rückwärtig sind sehr schön der Eisenberg und der Borberg zu erkennen.

An einer querenden Straße (K44) gehen Sie rechts und wieder links in die Sackgasse Halbeswig.

Radfahrerinnen und Radfahrer fahren hier nicht in die Sackgasse. Sie folgen der K44 zur L915 und fahren dort links Richtung Klause.

Nach einer Hofstelle von Halbeswig biegen Sie links von der weiter talwärts führenden Straße in den Hang des Nierbachtals. Der Weg schwenkt hier in südliche Richtung, führt entlang von Weihnachtsbaumkulturen schließlich zu einem Buchenwaldstück, das sich unterhalb des Weges ausbreitet.

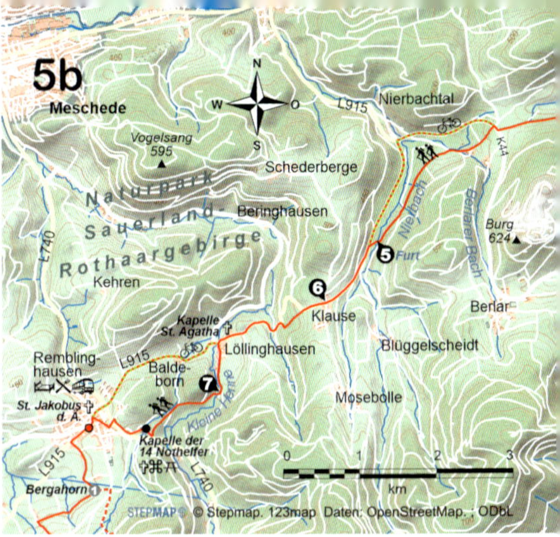

Jetzt geben Sie Acht! Kurz bevor der Weg zu steigen beginnt, biegen Sie halb rechts in einen Waldpfad ab. Der steigt gemütlich hinunter zum Nierbach. An einer deutlich bezeichneten Furt ❺ kann er überquert werden. Die Wanderstöcke helfen, das Gleichgewicht zu halten. Für Menschen, für die eine Bachüberquerung ohne Brücke nicht infrage kommt, ist eine Umleitung aufgezeigt.

Jenseits des Baches gehen Sie am linken Wiesenrand zur Straße und dort links. An einer Verzweigung geht es halb rechts Richtung Klause und Remblinghausen weiter. **Klause** ❻ liegt am Scheitelpunkt der Straße. Sie gehen geradeaus weiter Richtung Remblinghausen. In der nächsten Straßenkurve können Sie dann geradeaus über einen Feldweg eine große Straßenserpentine abkürzen. Sie erreichen die Straße wieder und gehen links auf ihr nach Löllinghausen und zur Kapelle St. Agatha.

St. Agatha Kapelle von Löllinghausen

Das Kapellchen verdankt ihr frisches und hübsches Aussehen der Initiative eines 1984 gegründeten Fördervereins. Sie wurde wohl im Jahre 1820 gebaut und ersetzte damals schon eine Vorgängerin. Ende des 19. Jh. wurde sie als Teil eines Kreuzweges aufwendig renoviert und von einem Kirchenmaler verziert. Nach dem zweiten Weltkrieg war sie beschädigt, dem Verfall preisgegeben, bis der Förderverein sie in ihren ursprünglichen Zustand zurückversetzten konnte.

Sie folgen der Straße noch bis vor die Bachbrücke, überqueren den Bach aber nicht, sondern gehen geradeaus durch das Dorf und weiter durch das Bachtal am Bach entlang.

🚲 Wenn Sie ein paar aufgeweichte Waldwege vermeiden wollen, fahren Sie mit Rad besser über die L915 nach Remblinghausen.

An einer Gabelung biegen Sie rechts ein und überqueren den Bach (Kleine Henne) ❼ dann am Ferienhaus Alte Mühle.

Ihr Weg führt am Waldrand entlang wunderschöner Waldwiesen, steigt zwischenzeitlich im Wald etwas an, erreicht einen Querweg, an dem es links weitergeht. Es folgt eine weitere Gabelung, an der Sie rechts gehen und zuletzt im Rechtsbogen zur ✝ Kapelle zu den 14 Nothelfern gelangen. Nebenan steht die Alte Sägemühle an einem schönen ⩩ Rastplatz.

Kapelle zu den 14 Nothelfern und Alte Sägemühle

Die barocke Kapelle und die Alte Sägemühle werden vom Sagemühlenverein Remblinghausen e.V. betreut. Vermutlich gibt es das Ensemble mindestens seit 1671. In diesem Jahr wurde jedenfalls eine Sägemühle an der Stelle das erste Mal erwähnt. Das heutige Gebäude stammt aber wohl aus dem 19. Jh. 1713 wurde die Kapelle zu den 14 Nothelfern am Platz eines Vorgängerbaus errichtet. Die Figurengruppe der 14 Nothelfer wurden von einem Mescheder Künstler einige Jahre später geschaffen und aufgestellt. Bekanntschaft mit den 14 Heiligen – die übrigens bis auf Ägidius alle Märtyrer des 2.-4. Jh. waren und wegen ihres Bekenntnisses zum Christentum hingerichtet wurden – haben Sie ja schon in Gevelinghausen gemacht. Hier können Sie alle noch einmal genau studieren. Erläuternde Tafeln sind im Eingangsbereich bereitgelegt.

🚪 die Kapelle ist offen, die Sägemühle jeden Mittwoch 14:00-17:30 oder nach Absprache mit Karl Josef Schulte, 📱 01 60/90 30 02 44, ✉ kulturdenkmal.saegemuehle@gmx.de oder Ulrich Bräutigam, 📱 01 72/536 36 77, ✉ teammuehle2@gmail.com

Sie folgen der Siedlungsstraße, die an dem Ensemble vorbeiführt. Bevor diese auf die L740 trifft, biegen Sie rechts in die Böschung der Straße und folgen dem Fußweg an eine Straßenbrücke. Sie überqueren die Landstraße und biegen in die erste rechts abgehende Siedlungsstraße.

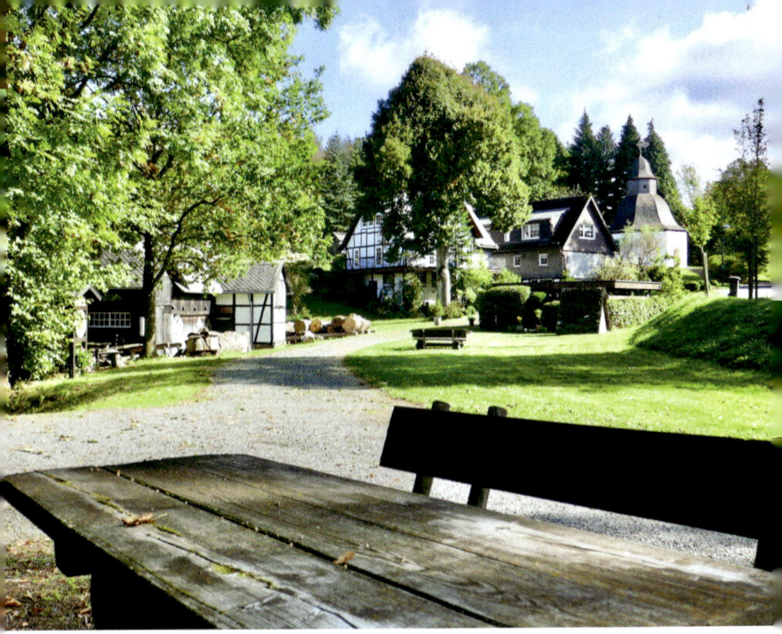

Kapelle zu den 14 Nothelfern und Alte Sägemühle

Sie stoßen an eine Fahrstraße und gehen links zur Jakobusstraße. Zur Fortsetzung folgen Sie ihr nach links bis zum Knotenpunkt 24 und gehen dort rechts in die Straße Richtung Herhagen, die zunächst zu einem gestalteten Dorftreff mit Pilgerstele, Schutzdach und Rastmöglichkeiten führt. Zur Kirche geht es an der Jakobusstraße rechts. An der Ecke ist auch der Bäcker. Wenn Sie die Straße am Bäcker hinaufgehen, treffen Sie auf den kleinen Supermarkt.

Remblinghausen (Meschede)

02 91, 59872

Landhotel Donner, Zur Alten Schmiede 4, 95 27 00, info@landhotel-donner.de, landhotel-donner.de, ÜF EZ ab € 80, DZ ab € 114, € 10 (nur nach vorheriger Absprache), 150 m, hinter der Kirche

Pilgrims Ferienwohnungen, Jakobusstraße 9, 90 86 90 55, info@pilgrims-ferienwohnungen-sauerland.de, pilgrims-ferienwohnungen-sauerland.de, einige Wohnungen sind auch für nur eine Nacht buchbar, Ü ab € 85 (für zwei Personen), 80 m

Knaus Campingpark Hennesee, Mielinghausen 7, ☏ 02 91/95 27 20, hennesee@knauscamp.de, www.knauscamp.de/hennesee-meschede, Ü Zelt € 8, € 10,10 p. P., Mietunterkünfte für 3-4 Pers. (Tipi, Wohnwagen etc.), 3 km, am Dorftreff vorbei gehen und dann rechts der K41 (Horbacher Straße) folgen

Der Bus 390 fährt einmal in der Stunde zum Bahnhof Meschede, Fahrtzeit 9 Min. Dadurch ergibt sich auch die Möglichkeit, Ausweichquartiere in Meschede oder Bestwig aufzusuchen. Ebenfalls ist eine bequeme An- und Abreise zum Weg möglich.

St. Jakobus d. Ä. in Remblinghausen. Entlang der mittelalterlichen Heer- und Handelsstraßen entstanden zur Zeit der großen Jakobuswallfahrten, die ab etwa dem 11. Jh. belegt sind, viele Jakobuskirchen am Weg. Das könnte auch in Remblinghausen der Grund für die Entstehung gewesen sein. Die Gotteshäuser dienten den Pilgerinnen und Pilgern als Gebets- und Zufluchtsort, waren aber auch für diejenigen, die keine langen Reisen unternehmen konnten, Ersatzwallfahrtsort.

Die heutige St. Jakobuskirche in Remblinghausen wurde Mitte des 18. Jh., in der Barockzeit gebaut. Bei Grabungen konnten aber die Fundamente eines romanischen Vorgängerbaus entdeckt werden.

Jakobusdarstellungen gibt es mehrfach in der Kirche und eine an der Außenseite. Die Laibung der Eingangstür ist geschmückt mit den Ausrüstungsgegenständen der Pilgerinnen und Pilger des Mittelalters, Pilgerstab und Kalebasse.

Leider muss das hintere Gitter verschlossen gehalten werden. In einigen Kirchen der Umgebung gab es Fälle von Vandalismus. Ein Blick ins Innere ist aber tagsüber möglich. Mit etwas Vorplanung sind eine Besichtigung und sogar eine kostenlose Führung möglich. Melden Sie sich an.

♦ Karl-Heinz Jungmann (Kirchenvorstand) 01 76/79 50 34 18, Frau Irmgard Kappel, ☏ 02 91/502 32 (Küsterin), Maria Gierse, ☏ 02 91/501 39 (Kirchenführungen)

⊙ im Vorraum der Kirche

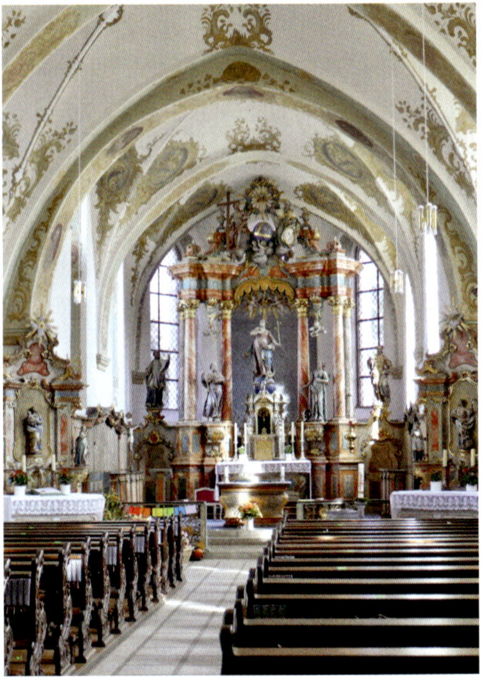

Ein Blick in die St. Jakobuskirche in Remblinghausen ist immer möglich

Remblinghausen wurde das erste Mal im Jahre 1242 als Rittergut erwähnt, soll aber wenigstens 300 Jahre älter sein. Die Pfarrei und diverse umliegende Hofstellen gehörten zum Damenstift in Meschede.

Die tief verwurzelte Jakobusverehrung zeigt sich im 1.100-Seelendorf auch im Remblinghauser Wappen. Jakobus ist mit Pilgerstab und Tasche abgebildet. Es gibt neben der Jakobusstraße eine St.-Jakobus-Grundschule. 1,6 km südlich des Dorfes stehen ein Jakobusbrunnen und eine Jakobusschutzhütte. Die Schützenbruderschaft wählte sich Jakobus zum Patron und im Zentrum entstand eine neue Pilgerstele an einem Rastplatz und Dorftreff.

6. Etappe: Remblinghausen – Eslohe

➲ *15,2 km, ⌛ 4 Std.,30 Min. ↑ 227 m, ↓ 285 m, ⇧ 297-430 m*

0,0 km	⇧ 400 m	Remblinghausen
5,3 km	⇧ 345 m	Herhagen, St. Laurentius ✝, (➲ 580 m)
8,1 km	⇧ 351 m	Reiste, St. Pankratius ✝
11,9 km	⇧ 300 m	Eslohe, Bremke St. Antonius Einsiedler ✝
12,6 km	⇧ 333 m	Abzweig Eslohe
15,2 km	⇧ 310 m	Eslohe, Kirche ✝ ⌘

Heute haben Sie ein kurzes, erholsames Wegstück vor sich. Es führt ohne viel Steigungen mit meist guter Sicht in die grüne Weite von Kapelle zu Kapelle. Das heißt: Eigentlich sind es nur zwei Kapellchen. In zwei der berührten Dörfer stehen „ausgewachsene" Kirchen. Im Kurkölnischen Sauerland sind im Laufe der Jahrhunderte eine Vielzahl an Kapellen entstanden und viele sind bis in die heutige Zeit gerettet. Rund um Reiste erschließt ein Kapellenweg die Kleinode. Sie können davon profitieren, denn an den vom Pilgerweg berührten Kapellenstandorten können Sie die zugehörigen Stempelstellen mitnutzen. Der markierte Weg führt an Eslohe vorbei, sodass es eines Abstechers bedarf, um dort zu übernachten.

Sie folgen der Wulstener Straße Richtung Herhagen. Dann sehen Sie voraus eine stattliche Eiche mit Pausenbank. Hier biegen Sie links in die Straße Am Hüwel ab. Der Weg wird zum Feldweg und führt in den Hang der südlich und südwestlich von Remblinghausen gelegenen bewaldeten Bergkuppen. An einem Querweg mit zwei Bergahornbäumen ❶, Pausenbank und Scheune zeigt die Pilgerwegmarkierung rechts in die grüne Weite.

Der Vollständigkeit halber sei hier der mögliche Abstecher zur **Jakobusschutzhütte** und zum **Jakobusbrunnen**, einem umfangreichen Grill- und Kneipareal erwähnt.

Den beliebten Picknickplatz am Waldrand erreichen Sie, wenn Sie am Bergahorn links nur 200 m zu einer Kreuzung gehen und dort rechts und an der Gabelung links abbiegen, ➲ 900 m.

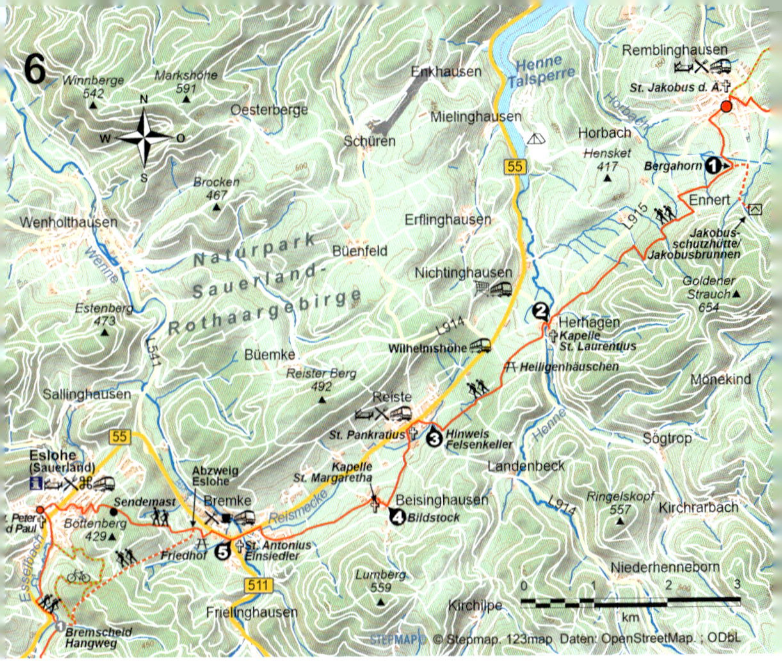

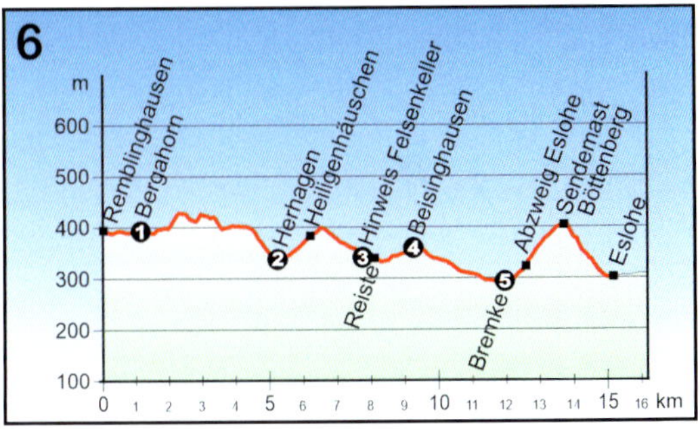

Sie treffen nach knapp 900 m auf ein Sträßchen. Das bringt Sie links auf eine höhere Stufe. Oben folgen Sie dem Feldweg rechts in die alte Richtung. Der biegt bald rechts ab und verzweigt sich. Sie folgen ihm nach links. Der Weg führt auf eine Wiese. Dort steigen Sie an und verlassen sie oben nach rechts. Ein Markierungspfahl blinkt schon an der Feldhecke.

Wieder einmal geht es durch ein Tor in eine Weihnachtsbaumkultur. An einer Waldhütte biegt der Weg rechts ab und erreicht eine Verzweigung. Hier gehen Sie wieder links in den Hang und an einer leicht versetzten Kreuzung geradeaus in das obere Tal der **Henne** mit dem Dorf Herhagen. An einem Querweg gehen Sie rechts und an der erreichten Straße links nach **Herhagen ❷**. Noch vor dem Bach gönnen Sie sich den kleinen Abstecher links zur ✞ St.-Laurentius-Kapelle, ➲ 50 m.

St.-Laurentius-Kapelle

Die kleine Kapelle, die hier an einer Hofstelle steht, ist nach dem Ende des Zweiten Weltkrieges wieder neu aufgebaut worden. Ein Granatsplitter hatte sie getroffen, die Reliquie des Heiligen Laurentius von Rom war aber unbeschädigt geblieben. Laurentius starb im Jahre 258 in Rom. Über dem Feuer wurde er der Überlieferung nach auf einem Rost zu Tode gebraten. Der Rost ist zu seinem Attribut in den Darstellungen geworden und er selbst zum Schutzheiligen aller, die mit offenem Feuer zu tun haben (unter anderem). Die Laurentiuskapelle ist in einen touristischen Kapellenweg mit einbezogen.

💻 www.kapellenweg-reiste.de

☺ Möglicherweise gibt es auch hier wie bei den anderen Kirchen und Kapellen am Kapellenweg einen schönen Pilgerstempel, den ich aber übersehen habe. Schauen Sie einfach nach.

Ihr Weg überquert den Bach und erreicht die L914.

↳ Von hier (an der L914 rechts) und auch von weiteren unten beschriebenen Orten am Weg lässt sich gut eine Bushaltestelle an der B55 erreichen. Dort fährt der S70 ☞ Reiste. Unter anderem lässt sich so auch der Campingplatz in Mielinghausen am Hennesee erreichen (☞ Remblinghausen), ➲ zur 🚌 Bushaltestelle 580 m. An der Haltestelle befindet sich auch ein 🛒 Supermarkt.

Sie folgen ihr links für 200 m und biegen an einem Wegweiser rechts in einen Wirtschaftsweg ab. Nach 600 m kommen Sie an ein Heiligenhäuschen mit ⊼ Pausenbänken.

↳ Auch hier können Sie rechts einen Abstecher zu einer 🚌 Bushaltestelle an der B55 machen, ➲ 360 m.

Sie biegen hier links ab, gehen noch etwas aufwärts bis an eine Kreuzung. Dort biegen Sie rechts vom weiter aufwärtsführenden Weg in einen nicht mehr geteerten Waldweg ein. An einer versetzten Kreuzung geht es geradeaus.

Wenn Sie aus dem Wald kommen, liegt die Kirche von Reiste vor Ihnen. Sie gehen noch bis an die Straße und dort rechts. Im Tal finden Sie den Hinweis auf einen Felsenkeller ❸, ein altes Bauwerk, das einer Brauerei zum Kühlen des Biers diente (💻 www.sgv.reiste.net/sgv/felsenkeller.php).

Sie biegen gleich danach halb links in einen Privatweg ab. Es geht an einer Hofstelle entlang und bevor die Hauptstraße erreicht ist links über die Heerstraße am Friedhof vorbei zum Pfarrheim und zur Kirche St. Pankratius in Reiste.

Kirche St. Pankratius in Reiste

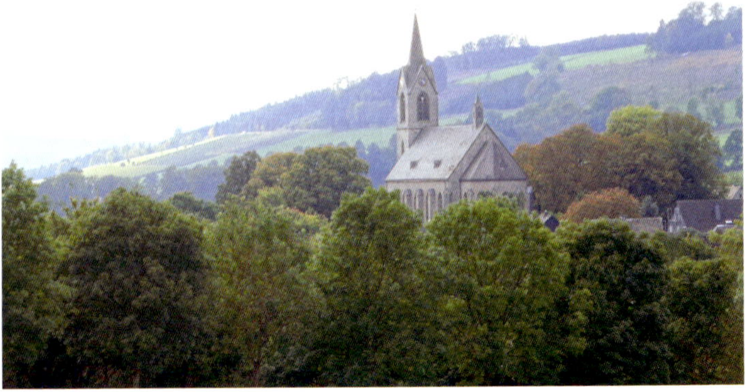

Reiste (Eslohe) 🛏 ✕ ⊙ ✝ 🚌 ✆ 029 73, ✉ 59889

🛏 ✕ **Landgasthof Reinert**, Mescheder Str. 31, ☎ 32 01,
✉ info@landgasthof-reinert.de, 💻 www.landgasthof-reinert.de,
ÜF EZ € 53, DZ € 90, Mittwoch Ruhetag, an Feiertagen erhöhte Preise,
an Wochenenden erst ab zwei Nächten buchbar, ➲ am Weg

🚌 In Reiste haben Sie die Bundesstraße 55, auf der der Bus S70 von Meschede Bf. nach Eslohe, Busbahnhof fährt. Durch den Taktverkehr und seine Funktion als Schnellbus (S) eignet sich die Linie gut zur Unterbrechung, An- und Abreise sowie zum Aufsuchen von Ausweichquartieren.

✞ Die Pfarrkirche **St. Pankratius** wurde 1852 geweiht und ersetzte damit eine romanische Kirche, die nahebei stand und baufällig war. Unter der reichen Ausstattung des Kircheninneren befindet sich auch eine Jakobusfigur aus dem Jahr 1520.

Der Vorraum ist geöffnet.

⊙ Der Pilgerstempel liegt unter der Information zum Kapellenweg außen vor der Kirche.

Nach der Kirche biegen Sie links in den Eikweg. Diesem geteerten Sträßchen folgen Sie nun nach **Beisinghausen** ⊙ ✞. Abzweige ignorieren Sie. Kurz nach einem Bildstock ❹ treffen Sie auf eine Querstraße und gehen rechts weiter. Wieder liegt eine dieser kleinen Kapellen am Weg. Diese ist der **Heiligen Margaretha** gewidmet.

Auch sie liegt am Kapellenweg (☞ Herhagen) und hat deshalb auch einen Pilgerstempel, der unter der Informationstafel befestigt ist.

Sie folgen der Straße durch das Dorf an eine Gabelung unterhalb der Kapelle. Hier gehen Sie links Richtung Bremke. Wieder ist es ein Sträßchen, das im schönen grünen Tal des Baches Reismecke nach **Bremke** ✕ ☕ ✞ 🚌 führt. Mehrfach stehen Pausenbänke am Weg. Kurz vor Bremke gibt es noch einen schönen Rastplatz unter Bäumen. Rückwärtig bestimmt St. Pankratius das Bild.

Im Dorf (Unterstellmöglichkeit) führt der Weg rechts herum bis zur B55 und dort links. Bäckerei/Café und Imbiss befinden sich am Weg. Sie passieren den Bildstock mit der Skulptur Antonius der Einsiedler. Zu erkennen ist er am Schweinchen, das sich hinter seinem Rockzipfel versteckt. Dann steht die moderne gleichnamige Kirche am Weg ❺. Ich fand sie verschlossen vor.

☺ Wenn Sie wie vorgeschlagen eine Übernachtung in Eslohe einplanen, erfordert dies wie erwähnt einen kleinen Abstecher vom Weg. Alternativ könnten Sie auch von Bremke mit dem Bus S70 in das Zentrum von Eslohe gelangen (☞ Reiste).

Folgen Sie der Hauptstraße bis zum Raiffeisenmarkt mit der Tankstelle und biegen dort links in den Husener Weg ab, der zum Friedhof führt (⊼, 💧).

Am Friedhof biegen Sie mit der Straße rechts aufwärts in die Siedlung und am letzten Haus bleiben Sie auf dem Sträßchen, das linksherum biegt. Der rechts aufwärtsstrebende Schotterweg führt nach Eslohe. Eslohe liegt nicht direkt am markierten Weg. So müssen Sie ein kurzes Stück ohne die gewohnten Muschelzeichen gehen, wenn Sie hier übernachten wollen.

Wer nicht in Eslohe übernachtet, findet den weiteren Weg nach Bremscheid hier beschrieben.

Der markierte Weg steigt im Wald mit dem Sträßchen kontinuierlich bis zu einer Wegkreuzung im Sattel an. Sie gehen geradeaus und an der sofort folgenden Gabelung links auf dem Hauptweg weiter. Der Weg mündet in einen breiten Querweg. Sie gehen rechts und biegen sofort wieder links in einen steilen Waldweg ab. Der führt in einem Nebental erneut an ein Sträßchen, auf dem es weiter talwärts geht. Noch vor dem Esselbach (Haupttal) biegen Sie halb links in den Talhang (nicht ganz links aufwärts gehen).

Mit dem Rad umgehen Sie das Steilstück. Folgen Sie oben dem breiten Querweg rechts und biegen aber an der nächsten Möglichkeit links und etwas weiter noch einmal links ab.

Der Weg nach Eslohe führt Sie über den Böttenberg. Zwei rechts abzweigende Wege bleiben außer Acht, dann erreichen Sie ein Wegdreieck mit Wegweiser. Sie gehen rechts und an der Kreuzung mit dem Sendemast Böttenberg geradeaus nach Eslohe hinab. Am Querweg gehen Sie rechts an den Siedlungsrand, schräg rechts über die Straße in einen Weg zwischen den Häusern hindurch zum Brackenweg und dort links. Nach der Rechtskurve treffen Sie an der Dachdeckerschule auf die querende Böttenbergstraße und gehen links durch die Rechts-Links-Kurve an die Schultheißstraße und dort rechts zum Kreisverkehr an der B55 im Ortszentrum.

Zur ✝ Kirche St. Peter und Paul gehen Sie geradeaus über die Straße hinweg entlang der Tölckestraße. Beachten Sie auch das neben der Kirche stehende zweigeschossige Pastorat von 1688. Es ist das älteste Gebäude von Eslohe. Der Busbahnhof und die Information liegen an der B55 rechter Hand.

Weg durch Eslohe

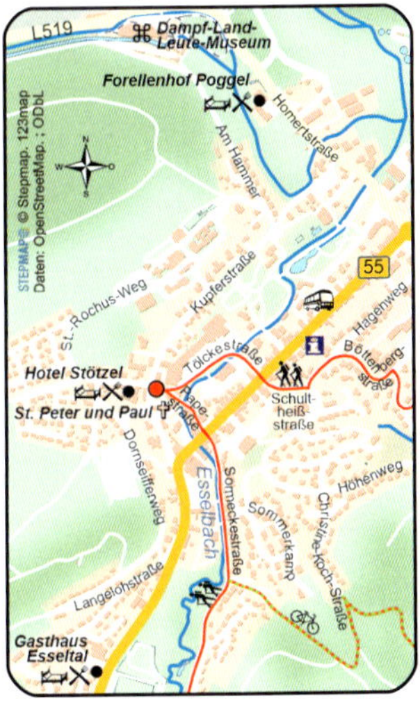

Eslohe ☎ 029 73, ✉ 59889

Kur- und Verkehrsverein e.V., Infothek im Rathaus der Gemeinde, Schultheißstraße 2, ☎ 816 64, vveslohe@gmx.de, www.eslohe.de, www.ferienregion-eslohe.de, Mo, Mi, Sa 9:30-12:30 (Nov-Ostern Fr statt Sa), Prospekte und Infomaterial täglich 8:00-18.00, 100 m vom Zentrum

Hotel Stötzel, St.-Rochus-Weg 1, ☎ 976 50. info@essel-braeu.de, www.essel-braeu.de, ÜF EZ ab € 58, DZ ab € 104, Aufschlag am Wochenende bei nur einer Übernachtung, 640 m vom Zentrum

♦ **Gasthaus Esseltal**, Zum Bötgenhahn 1, ☎ 497 97 52, 01 51/53 25 30 20, info@gasthausesseltal.nl, www.gasthausesseltal.nl, ÜF EZ ab € 41, DZ ab € 82, möglich, 1 km vom Zentrum

Forellenhof Poggel, Homertstraße 21, ☎ 971 80, info@forellenhof-poggel.de, www.forellenhof-poggel.de, ÜF EZ ab € 62, DZ ab € 110, 460 m vom Zentrum

Der Bus S70 fährt über die B55 zwischen Eslohe und Meschede (Stundentakt, Sa/So alle zwei Stunden). Der Bus R68 fährt über die B55 zwischen Eslohe und Grevenbrück über Elspe (Stundentakt, Sa/So alle zwei Stunden). Der Bus 367 fährt von Freienohl () nach Eslohe.

⌘ **Dampf-Land-Leute-Museum Eslohe**. Eisenverarbeitung, Dampfmaschinen, Technisierung in der Landwirtschaft

♦ Homertstraße 27, ☎ 24 55, info@museum-eslohe.de, www.museum-eslohe.de, Mi-Sa 14:00-17:00, So 10:00-16:00, im Winter bis 13:00

Eslohe liegt im Esselbachtal im Naturpark Sauerland-Rothaargebirge. Es ist eine selbständige Gemeinde, der viele der umliegenden kleinen Orte zugeordnet sind. Am Weg erreichen Sie in Herhagen bereits einen Ortsteil von Eslohe. Es folgen Reiste, Breisinghausen und Bremke. Am weiteren Weg sind Bremscheid, Isingheim, Unter- und Obermarpe eingegliedert.

☺ Aufgrund der guten Busanbindung (R68 ☞ Eslohe) können Sie sich in Eslohe auch für zwei Nächte einquartieren. Die wenigen Übernachtungsmöglichkeiten (Altenvalbert und Elspe) könnten erstens einmal belegt sein, zweitens ist es so möglich, einen Teil des Gepäcks zurückzulassen und unbeschwerter zu laufen, und drittens gäbe es auch die Möglichkeit, eine Ferienwohnung zu mieten.

Das ist in der Regel erst ab zwei Nächten möglich. Ab zwei Übernachtungen gibt es oft selbst im Hotel auch schon einen Rabatt. Sie würden dann bis Elspe oder auch Grevenbrück laufen, mit dem Bus zurückfahren und am Morgen mit dem Bus den Ausgangspunkt der 8. Etappe wieder erreichen. Entlang der B55 zwischen Eslohe und Elspe gibt es auch **Ausweichquartiere**, die mit dem Bus zu erreichen sind. Diese sind im Folgenden aufgelistet.

Cobbenrode (Eslohe) ☏ 029 73, 59889

Hotel Hennemann, Olper Straße 28-30, ☏ 975 10, info@hotel-hennemann.de, www.hotel-hennemann.de, ÜF EZ ab € 80, DZ ab € 130, Zuschlag an Wochenenden und Feiertagen, € 18, Wellnessbereich

Oedingen (Lennestadt) ☏ 027 25, 57368

Gasthaus Pension Mester, Hunold-Rump-Str. 87, ☏ 220 18 60, info@gasthaus-mester.de, gasthaus-mester.de, ÜF EZ ab € 55, DZ ab € 75, DBZ ab € 85.

✞ **Sankt Burchard** mit Jakobusfigur (Kopie der Figur aus Reiste).

Oberelspe (Lennestadt) ☏ 027 21, 57368

Landh**otel Hanfland**, Burbecker Str. 14, ☏ 941 10, hotel-hanfland@t-online.de, www.hotel-hanfland.de, ÜF EZ € 65, DZ € 110

7. Etappe: Eslohe – Elspe

17,8 km, 5 Std., ↑ 340 m, ↓ 390 m, ⇧ 273-499 m

0,0 km	⇧ 310 m	Eslohe, Kirche
2,4 km	⇧ 328 m	Bremscheid, St. Jakobus
3,6 km	⇧ 340 m	Isingheim, St. Antonius
8,5 km	⇧ 462 m	Obermarpe, St. Georg
10,5 km	⇧ 404 m	Obervalbert, St. Agatha
15,4 km	⇧ 329 m	Altenvalbert, St. Maria Magdalena, Oberelspe (1,3 km)
17,8 km	⇧ 216 m	St. Jakobus d. Ältere, Elspe (Lennestadt) BANK

Die Kapellen in den Dörfern bereichern auch den heutigen Weg. Auch wenn sie nicht alle oder immer geöffnet haben, sind sie doch schmuck anzuschauen und bilden oft seit der Zeit der ersten Besiedlung bis heute den lebendigen Mittelpunkt der kleinen Dörfer. Am Ziel des Weges steht in Elspe die St. Jakobus dem Älteren geweihte röm.-kath. Pfarrkirche am Kreuzungspunkt mittelalterlicher und vermutlich auch schon eisenzeitlicher Handelswege. Zum Römerweg und der Heidenstraße stößt hier auch die Bergstraße aus Arnsberg (bei Trockenbrück).

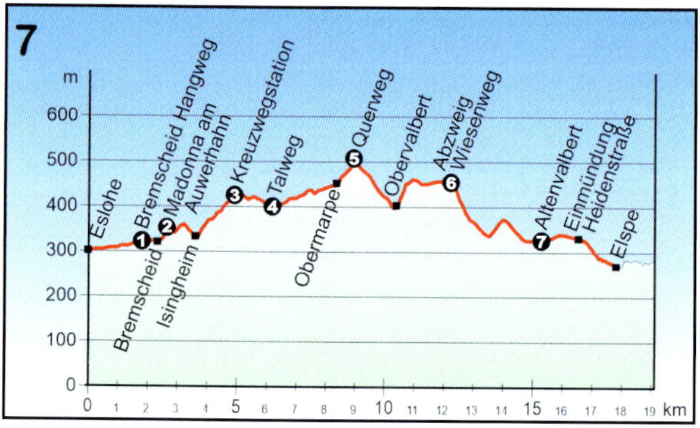

Vor der Kirche St. Peter und Paul laufen Sie durch die Papestraße zur B55 und dort geradeaus in die Sormeckestraße. Die führt durch das Esselbachtal zuletzt an die B55. Hier gehen Sie links 180 m entlang und biegen dann links in das kleine Nebensträßchen (Bremscheid), das an der Hofstelle vorbei und über den Bach an eine Kreuzung führt. Rechts gehen Sie im Hang des Esselbachtales weiter ❶.

Sie kommen an eine Fahrstraße, die Sie geradeaus überqueren, und über ein Nebensträßchen erreichen Sie die kleine Jakobuskapelle. Die Kapelle ist geöffnet und so können Sie sich auch die barocke Jakobusstatue anschauen und den ⊙ Pilgerstempel in Ihr Heft drücken. Vor der Kapelle stehen ⩚ Pausenbänke.

Jakobuskapelle Bremscheid

Wann genau die Kapelle entstanden ist, ist nicht bekannt. Bremscheid selbst wurde 1530 als Rittersitz gegründet und um 1647 wurde zum ersten Mal die Kapelle erwähnt. Seit 1828 befindet sich das Kleinod im Besitz der Familie Bürger, die gleich nebenan wohnt und für die Erhaltung und notwendigen Renovierungen sorgt.

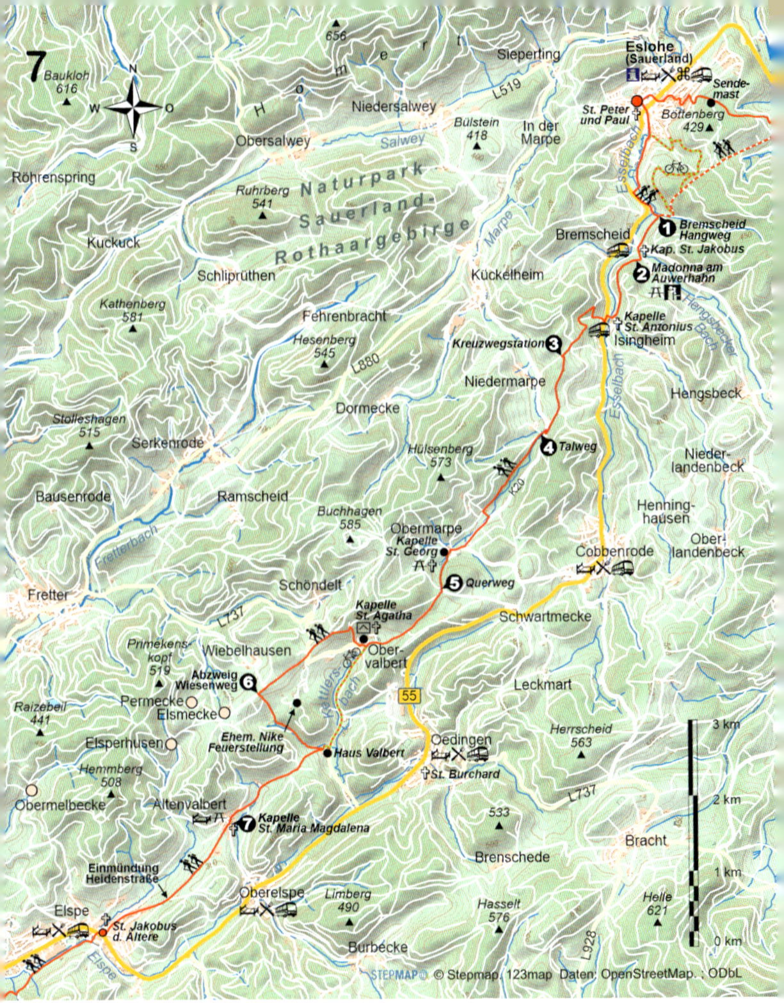

Sie laufen an der Kapelle vorbei, biegen nach 120 m aber rechts vom Sträßchen in einen Feldweg ab. Der Wegweiser zeigt Richtung Isingheim. Im Bogen geht es aufwärts zur **Madonna Am Auwerhahn ❷**, einem Kultplatz mit Holzkreuz und Madonna mit Kind. Wieder ist ein Rastplatz eingerichtet, diesmal aussichtsreich. Der Blick geht in das Hengsbecker Bachtal.

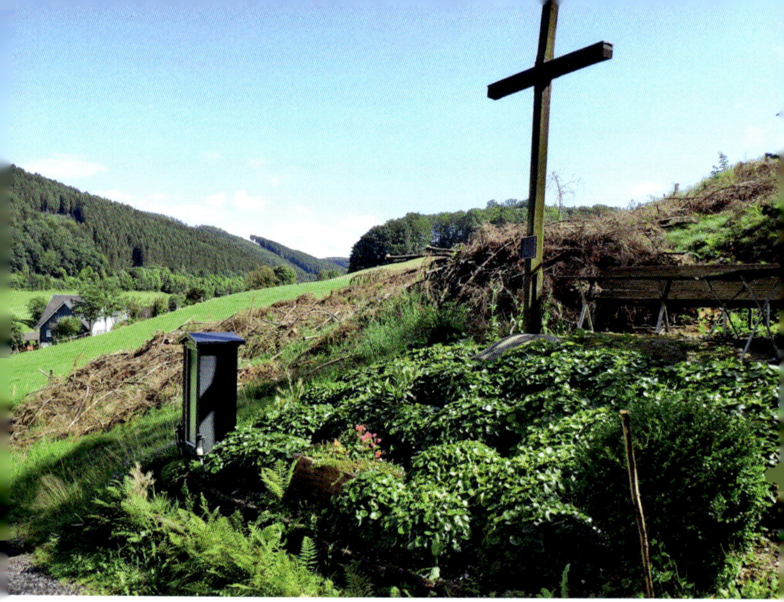

Madonna Am Auwerhahn

Am Scheitelpunkt des Wegstücks treffen Sie auf einen Forstwirtschaftsweg. Sie gehen rechts abwärts nach **Isingheim** und an der Querstraße (am Transformator) rechts zur B55.

St.-Antonius-Kapelle und wie Jakobus nach Isingheim kam

Verpassen Sie nicht den kurzen Abstecher zur St.-Antonius-Kapelle. Sie versteckt sich etwas hinter dem Transformatorengebäude und ein paar Häusern.

Für die Bewohnerinnen und Bewohner von Isingheim ist sie der Mittelpunkt des Dorfes. Dreimal am Tag erklingt die Glocke zum Angelusgebet. Am 17. Januar eines jeden Jahres feiern die Einwohnerinnen und Einwohner aus Isingheim, Lüdingheim und Bockheim mit einem Festhochamt das Patronatsfest des heiligen Antonius des Einsiedlers. Im Volksmund wird er auch liebevoll „Fickeltünnes" genannt. Außerdem versammelt man sich in der Kapelle zu Totengebeten, Kreuzweg-, Mai- und Rosenkranzandachten. In der Weihnachtszeit ist sie festlich geschmückt mit Weihnachtsbaum und Krippenlandschaft.

Die Kapelle ersetzt einen Vorgängerbau, der bereits 1582 in Kirchenbüchern erwähnt wurde.

1762 bis 1764 wurde die neue Kapelle gebaut. Geweiht ist sie dem heiligen Antonius dem Einsiedler, der als Figur die eine Altarseite ziert. Ihm gegenüber ist Antonius von Padua aufgestellt.

Es gibt aber auch eine Jakobusfigur, was der Initiative des Ortsbeauftragten von Isingheim, Herrn Norbert Sapp, und einem glücklichen Umstand zu verdanken ist. Schon viele Jahre war der Wunsch in ihm gewachsen, für die Kapelle, die am Jakobsweg steht, eine Jakobusfigur zu bekommen.

Wirklichkeit wurde die Idee, als er im Juli 2020 diesen Wunschgedanken einem befreundeten Ehepaar vortrug und der Ehemann noch am selben Tag mit einem Foto einer Jakobusfigur bei ihm wieder auftauchte. Wenn ihm diese Figur zusagen würde, könne sie sofort bestellt werden, Sponsoren wären bereits gefunden, meinte er.

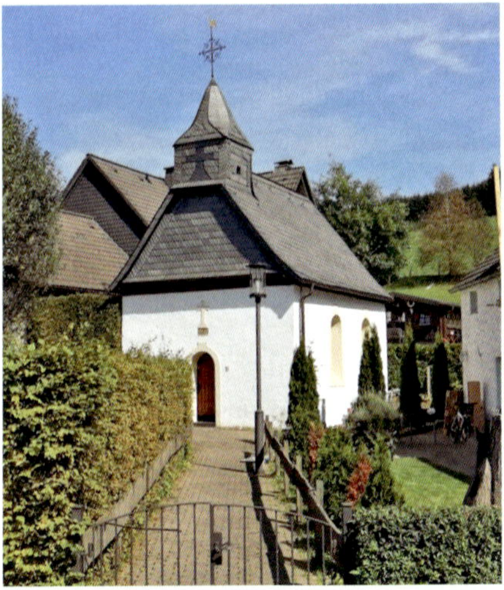

St.-Antonius-Kapelle © Norbert Sapp

Selbstverständlich musste das Vorhaben mit dem zuständigen Pfarramt und dem Kirchenvorstand abgesprochen werden, doch auch dort wurde die Nachricht mit großer Freude aufgenommen.

Für Norbert Sapp war es wie ein Wunder, wie Jakobus durch solch eine glückliche Fügung nach Isingheim kam. Jakobus steht jetzt über der Eingangstür auf einem aus Isingheimer Eichenholz eigens gefertigten Sockel und „spendet Pilgerinnen und Pilgern, Besuchern und Besucherinnen Segen", wie Pfarrer Vornholz aus Eslohe es ausdrückte, als er von der freudigen Nachricht der Ankunft der Jakobusfigur in der denkmalgeschützen Isingheimer Antoniuskapelle erfuhr.

Leider kann die Kapelle nicht durchgehend geöffnet gehalten werden. Sie dürfen aber am Haus Nr. 1 (an der B55 rechts) bei Elisabeth und Norbert Sapp klingeln und um den Schlüssel bitten.

Außerdem hält Familie Sapp den Stempel für den Pilgerpass bereit.

An der Hauptstraße gehen Sie nur 100 m nach links und dann rechts einen geteerten Forstwirtschaftsweg aufwärts. In Serpentinen geht es zur Höhe. Gleich in der ersten Kurve befindet sich der Überlauf des Wasserwerks. 💧 Er ist zum Befüllen der Trinkflasche geeignet. Bevor das Sträßchen am Scheitelpunkt nach Niedermarpe wieder fällt, biegen Sie an einem Wegkreuz (Hofkreuz Dünnebacke oder Kreuz in der Kirchschlade genannt) scharf links in einen Schotterweg ❸.

Kreuzwegstation der sieben Fußfälle

Das Kreuz an markanter Stelle gehört zu einem Kreuzweg der sieben Fußfälle. Er gilt als Vorläufer der 14 Stationen umfassenden Via Dolorosa. Gemeint ist im Kern aber das Gleiche. Der Leidensweg Jesu vom Haus des Pilates, wo er verurteilt wurde, bis zum Berg Golgatha, wo er gekreuzigt wurde, wird in einem Stationsweg nachvollzogen. An solchen Wegen sind häufig Bildstöcke oder kleine Kapellen aufgebaut, auf denen der Leidensweg Christi in Bildern beschrieben wird. Verbreitet ist auch die Anordnung der Stationen an einem Kalvarienberg mit einer größeren Kapelle und finalen Station am Gipfel. Der Name Fußfälle rührt daher, dass die Menschen an jeder Station niederknien

Der Schotterweg steigt noch leicht an, führt dann aber sanft abwärts an eine Straße und dort rechts zu einer Ansiedlung, die zu **Niedermarpe** zählt. An der Fahrstraße gehen Sie rechts und nach 20 m wieder links davon ab Richtung Haus Nr. 10. Das Sträßchen führt zu einer Hofstelle. Bevor diese erreicht ist, biegen Sie links in einen Talweg ❹ ab. Auch an der sofort folgenden Gabelung nehmen Sie links den unteren Weg Richtung Obermarpe.

An den ersten Häusern von Obermarpe biegt der Weg links durch den Talgrund an die Talstraße (K20) im jenseitigen Hang. Dieser folgen Sie rechts nach **Obermarpe**. Bevor das Dorf ganz erreicht ist, biegt die Straße links ab. Sie gehen geradeaus bis zur kleinen **St.-Georg-Kapelle** (geschlossen).

Vor der Kapelle biegen Sie links in das aufwärtsführende Sträßchen und kommen auf der Höhe zu einem Querweg ❺. Sie gehen am Querweg geradeaus und biegen nach weiteren 50 m rechts in das bei weitem Blick sanft abwärtsführende Sträßchen nach **Obervalbert**. Die Höfesiedlung aus Bruchstein, Fachwerk und Schiefer bietet ein besonders hübsches Bild.

Zwei Zufahrten zu den Hofstellen rechter Hand lassen Sie liegen, dann biegen Sie rechts zum Ortsmittelpunkt mit der **St.-Agatha-Kapelle** und einer ⌂ Schutzhütte ab.

Obervalbert

In Obervalbert haben Sie den Kreis Olpe erreicht und den Hochsauerlandkreis hinter sich gelassen. Obervalbert zählt heute zur Stadt Lennestadt, hat etwa 50 Einwohnerinnen und Einwohner und existiert mindestens seit 1439. Nur 35 Jahre später wurde die St.-Agatha-Kapelle erwähnt. Sie ist inzwischen umfassend erneuert und nicht geöffnet. Obervalbert ist eine Rodung „oberhalb" des 1,5 km weiter südlich im gleichen Tal (Kettlersbach) gelegenen Hauses Valbert. Im weiteren Wegverlauf werden Sie es noch erreichen.

Mit dem Rad empfiehlt es sich, die Bergetappe, die zudem in einem schlecht passierbaren Feldweg endet, auszusparen. Sie fahren noch bevor der Weg zur St.-Agatha-Kapelle abbiegt, geradeaus zur L737 und dort ohne Richtungswechsel bis zum Haus Valbert. Hier biegen Sie rechts in das Sträßchen nach Altenvalbert.

Sie gehen rechts an der Kapelle vorbei und vor der Straßenbrücke (hier führt die Landstraße L737 über den Berg ins Frettertal) rechts steil aufwärts bis an die Zufahrt zu den obersten Häusern. Hier geht es links bei herrlichem Blick an eine Straße, der Sie auch links folgen. Sie überqueren die L737, gehen geradeaus (hier Richtung Wiebelhausen) und an einer Gabelung nach etwa 700 m links Richtung Permecke-Elsmecke. 200 m weiter biegen Sie links von dem Höhensträßchen in einen Wiesenweg ❻ ab.

St.-Georg-Kapelle in Obermarpe

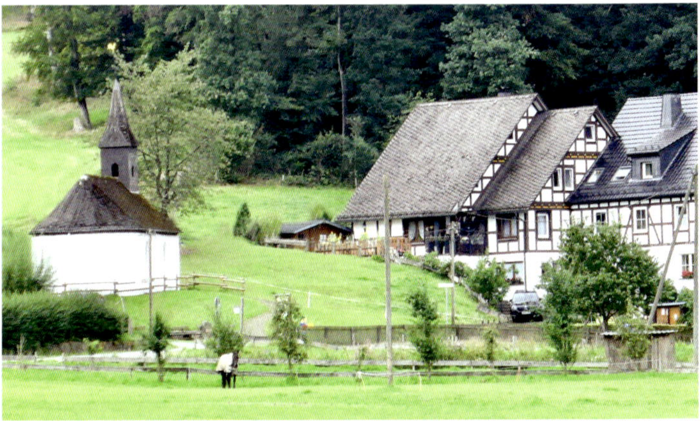

Nike Feuerstellung Oedingen

Sicher wird Ihnen beim Gang über die Höhe das unterhalb des Weges sichtbare festungsartige Gelände aufgefallen sein. Vor allem die Wachttürme sind nicht zu übersehen. Es sind insgesamt vier Stück. Es handelt sich bei dem Gelände um die sogenannte Nike Feuerstellung, eine Einrichtung der Bundeswehr aus der Zeit des Kalten Krieges. In der Zeit von 1962 bis 1987 waren dort Flugabwehrraketen vom Typ Nike Ajax und später vom Nachfolgertyp Nike Hercules stationiert. Sie konnten mit den ebenfalls dort bereitgehaltenen Atomsprengköpfen bestückt werden. Die Kontrolle über die nuklearen Sprengköpfe lag bei der US-Army. Die stationierten Raketen dienten sowohl der Boden-Luft-Abwehr, also dem Abschuss von fliegenden Objekten, als auch der Boden-Boden-Abwehr. Bei einer maximalen Reichweite von 180 km waren sie demnach auf den deutschen Nachbarstaat DDR gerichtet.

Es gab diverse weitere Anlagen dieser Art im Sauerland, darunter auch die Leitstelle Buchhagen, die nur 1,5 km nördlich von Altenvalbert lag. Eine Nachnutzung des heute brachliegenden Geländes ist bisher nicht gelungen. Darüber freut sich der Naturschutz.

Der Wiesenweg führt jetzt weit hinunter, bald auch als befestigter Weg und landet schließlich in einem Wiesental vor einer Hofstelle (**Haus Valbert**). Hier biegen Sie scharf rechts in das Sträßchen, dem Sie wieder aufwärts über einen Sattel hinweg und dann hinunter nach **Altenvalbert** folgen.

Bereits im Ortseingangsbereich treffen Sie auf den Landwirtschaftsbetrieb Hof Wiebelhaus-Mester 🛏. Das Pilgerzeichen als Zeichen dafür, dass gerne auch Pilgerinnen und Pilger beherbergt werden, ist am Haus angebracht.

Im Ortskern werden Sie durch ein an einem schönen Fachwerkhof in Eigeninitiative angebrachten Schild mit „Buen Camino" begrüßt. Auch der Hinweis auf die ⊙ Stempelstelle ist nicht zu übersehen. Gleich danach erreichen Sie die Kreuzung mit der **St.-Maria-Magdalena-Kapelle ❼** und einen ⛼ Rastplatz mit schönem Blick über das Fachwerk- und Schieferdorf.

Altenvalbert (Lennestadt) 🛏 ⊙ ✝ ✆ 027 21, ✉ 57368

🛏 **Bauernhofpension Wiebelhaus-Mester**, Oberelsper Str. 29, ☎ 32 89, ✉ wiebelhaus-mester@t-online.de, 💻 wiebelhaus-mester.twebsite.info, ÜF EZ ab € 37, DZ ab € 64, DBZ € 86, ➲ am Weg

⊙ Haus Nr. 22 Helene Düperthal

✝ Die **St.-Maria-Magdalena-Kapelle** in Altenvalbert entstand wie auch die anderen Kapellen in der Region nicht durch Anordnungen oder Initiativen übergeordneter Pfarreien, „sondern als Ausdruck der Volksfrömmigkeit der Einwohner vor Ort aus Spenden bzw. Hand- und Spanndiensten". Das jedenfalls geht aus einer Information des Kapellenvereins Altenvalbert hervor. Dass die Identifikation aller Dorfbewohner mit ihrer Kapelle nach wie vor Bestand hat, drückt sich auch dadurch aus, dass mindestens eine Person jeder Familie Mitglied im 1991 gegründeten Kapellenverein ist und damit zum Erhalt beiträgt. Genutzt wird die Kapelle für Andachten und Gedenkfeiern. Bis zur Einrichtung einer Pfarrei in Oberelspe 1913 war die kleine Gemeinde dem Kirchspiel Elspe zugeordnet.

↳ Links führt die Straße nach Oberelspe. Da wäre das 🛏 ✕ Hotel Hanfland (➲ 1,3 km) eine weitere Übernachtungsadresse, ☞ 6. Etappe. Aber auch zum Abendessen kann man es bis dahin schaffen.

Altenvalbert

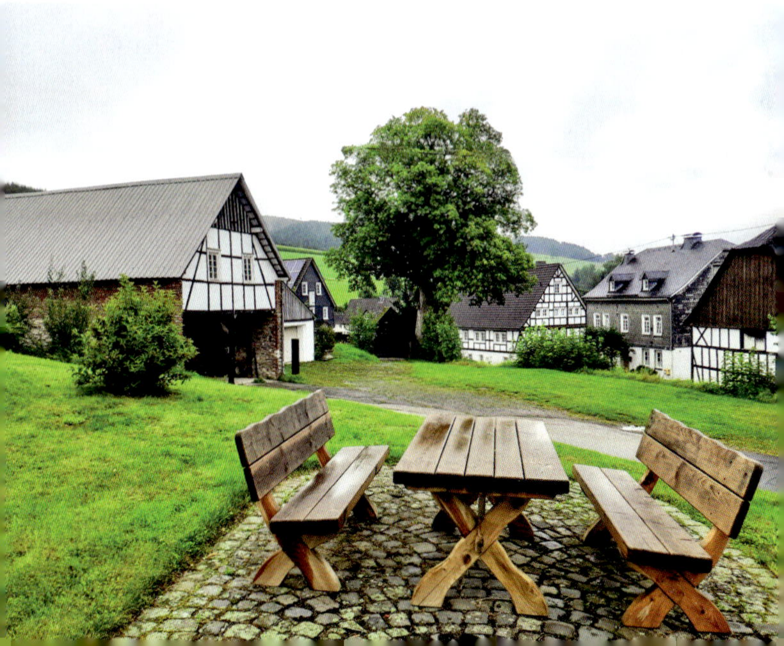

Ihr weiterer Weg führt Sie geradeaus über die Höhe nach Elspe. Bei den ersten Häusern treffen Sie auf die von links einmündende Heidenstraße. Die Markierungen rechter Hand geben Auskunft über das Zusammentreffen von Heerweg/Römerweg und Heidenstraße, historisch gesehen selbstverständlich. Die heutige Straße nennt sich Kaiser-Otto-Straße, über die Sie die ✞ Kirche St. Jakobus der Ältere in Elspe erreichen.

Elspe (Lennestadt)

☏ 027 21, ✉ 57368

- **Pension Ivo**, Gasse 4, ☎ 35 57, ✉ hotelchen@web.de (für Anfragen bevorzugt), 💻 pensionivo.de, ÜF EZ € 32,50, DZ € 60, ⊙, ➲ 230 m
- ♦ Beachten Sie auch den Hinweis auf die Ausweichquartiere an der B55, den ich bei Eslohe aufgeführt habe (☞ S. 149). Sie lassen sich auch von Elspe aus mit dem Bus R68 erreichen. Sie fahren Richtung Eslohe.
- ⊙ Die **Stempelmöglichkeiten** sind im Schaukasten vor der Kirche angeschlagen.
- ♦ nach den Gottesdiensten in der Sakristei
- ♦ zu den Öffnungszeiten des Pfarrbüros im Pfarrhaus (Di 10:15-11:30, Mi 9:00-11:00, Fr 15:00-17:00)
- ♦ Schreibwaren Görg am Marktplatz, am Weg, direkt unterhalb der Kirche
- ♦ Pension Ivo
- ♦ Ferienhof Rüßmann, Kaiser-Otto-Straße 68, am Weg noch vor der Kirche
- 🚌 ☞ Eslohe, eine Bushaltestelle befindet sich direkt unterhalb der St. Jakobuskirche am Markt.

✞ Die Elsper Kirche **St. Jakobus der Ältere** stammt im Kern aus dem 12. Jh. 1650-1724 erhielt sie eine barocke Ausstattung. Als besondere Kostbarkeit gilt das sogenannte Mirakelkreuz. Die Entstehung des Korpus wird auf das 10. Jh. datiert. Auf dem Altar steht neben der Jakobusfigur der Patron des Bistums St. Liborius.

Auch eine barocke Statue des Jakobus Mayor ist an der Seitenwand zu sehen. Die modernen, auffälligen und vielen Ausstattungsgegenstände mit Bezug zum Kirchenpatron innerhalb und außerhalb der Kirche wurden im Jahre 2003 auch mit dem Ziel geschaffen, die St. Jakobuskirche in Elspe zu einem Ersatzwallfahrtsort, zu einem Santiago de Compostela des Sauerlandes, zu entwickeln. A. Schmoranzer bezeichnet Elspe als die „bedeutendste Jakobusstätte des Sauerlandes“.

Elspe ist zusammen mit dem in der Nähe und heute auch an der B55 gelegenen Oedingen der älteste Ort im Kreis Olpe. Seine erste Erwähnung fand es in einer zur Gründung des Klosters Oedingen von Kaiser Otto III. besiegelten Urkunde aus dem Jahr 1000. Die Besiedlungsgeschichte des Raumes ist aber deutlich älter, was die Burganlage auf dem 481 m hohen Weilenscheid belegt. Sie kann mit ziemlicher Sicherheit auf die Zeit zwischen Ende des 3. Jh. bis 2. Jh. vor Christus datiert werden. Welchem Zweck die Burganlage diente, ist leider unbekannt. Auch die St. Jakobuskirche bzw. ein Vorgängerbau am selben Standort könnte bereits im 8./9. Jh. existiert haben. Die Einrichtung der Stammpfarrei aus den bereits durch Karl dem Großen gespendeten Urpfarreien Attendorn und Wormbach erfolgte vermutlich im 11. Jh.

Elspe hat heute etwa 2.800 Einwohnerinnen und Einwohner und ist ein Stadtteil der Stadt Lennestadt. Auch überregional bekannt geworden ist es durch die Freilichtbühne und die dort stattfindenden Karl-May-Festspiele.

8. Etappe: Elspe – Attendorn

15,2 km, 5 Std., ↑ 322 m, ↓ 345 m, ⇧ 246-427 m

0,0 km	⇧ 216 m	St. Jakobus d. Ältere, Elspe (Lennestadt) BANK
4,0 km	⇧ 251 m	Grevenbrück (i) BANK
6,4 km	⇧ 324 m	Förder Linde
9,0 km	⇧ 279 m	Niederhelden (i)
11,0 km	⇧ 316 m	Helden
15,2 km	⇧ 251 m	Attendorn, St. Johannes Baptist i BANK

Zunächst folgen Sie dem Elspebach bis zu seiner Mündung in die Lenne und überqueren dort die Lenne an einer historisch bedeutsamen Stelle. Der nach wie vor wichtige Flussübergang – heute führen zwei Bundesstraßen hinüber – wird vom Brückenheiligen Johannes Nepomuk bewacht. Weiter geht es hinauf zur Förder Linde, an der sich Heidenstraße und Römerweg wieder trennen. Jetzt müssen Sie nur noch das flach eingeschnittene Repetal durchqueren, um zum Passübergang nach Attendorn im Biggetal zu gelangen. Zwei Varianten, die eine über Niederhelden und Helden und die andere über Dünschede, stehen dabei zur Auswahl.

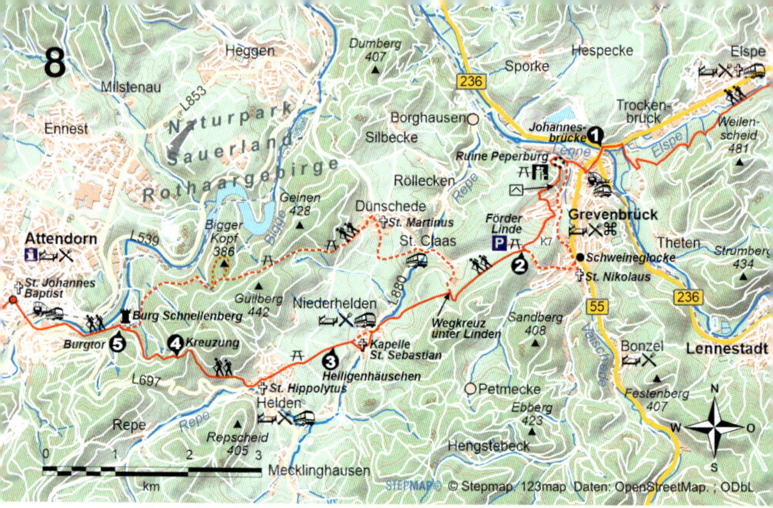

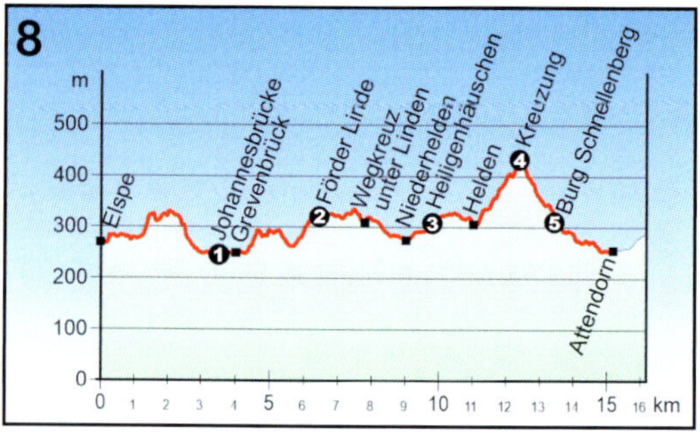

Von der Kirche gehen Sie die Stufen zum Markt an der Hauptstraße (B55) hinab. Sie gehen rechts und überqueren die Straße zur St.-Jakobus-Apotheke. Hier folgen Sie der abzweigenden Sankt-Jakobus-Straße noch über die Bachbrücke (Elspe) bis an den Steilhang. Ihr Weg führt nun rechts etwas oberhalb des Baches weiter im Hang.

An einem Wegdreieck gehen Sie weiter geradeaus. Sie bleiben im Hang des Elspetals. Abzweige, die links in die Berge führen, ignorieren Sie. Rechter Hand weit oberhalb im Gegenhang ist die Freilichtbühne zu erkennen. In Bögen führt der Weg schließlich an die Thetener Straße hinunter. Sie gehen rechts, überqueren die Elspe, die hier wenige Meter weiter in die Lenne mündet.

Am Ortsrand von Trockenbrück treffen Sie wieder auf die B55. Sie gehen links und überqueren nach 280 m nach links den Fluss **Lenne**. Mitten auf der Johannesbrücke ❶ steht eine in Westfalen häufige zu sehende Statue des heiligen Nepomuk.

St. Johannes Nepomuk

Johannes Nepomuk, ein Angestellter der Kirche im 14. Jahrhundert, weigerte sich einer Legende nach, gegenüber dem eifersüchtigen böhmischen König Wenzel IV. das Beichtgeheimnis bezüglich der Königsgemahlin zu brechen. Daraufhin wurde er von der Prager Karlsbrücke gestürzt. Andere Quellen geben Machtinteressen zwischen Staat und Kirche als Grund für den Brückensturz an. Nepomuk jedenfalls wurde im 18. Jahrhundert von der katholischen Kirche wegen seiner Standhaftigkeit bis in den Märtyrertod heiliggesprochen.

Den Abzweig der B236 überqueren Sie ohne Richtungswechsel mithilfe der Fußgängerampel. Geradeaus geraten Sie danach auf eine ruhigere Nebenstraße, während die B55 in einer Senke verschwindet. Sie sind nun in Grevenbrück, das wie Elspe zur Stadt Lennestadt zählt.

Grevenbrück (Lennestadt)

(i) ☎ 027 21, ✉ 57368

(i) **Tourist-Information Lennestadt & Kirchhundem**, Hundemstr. 18, OT Altenhundem, ☎ 027 23/60 88 00, info@lennestadt-kirchhundem.de, www.lennestadt-kirchhundem.de, Mo-Fr 6:30-12:00 und 13:00-18:30, Sa 6:30-12:00, 8 km

Hotel Kramer, Bonzeler Straße 7, OT Bonzel, ☎ 984 20, info@hotel-haus-kramer.de, hotel-haus-kramer.de, 20 Zimmer, ÜF EZ € 59, DZ € 89, DBZ € 119, 2,5 km

♦ **Hotel Zum Tiefenhagen**, Tiefenhagen 10, OT Bonzel, ☎ 983 77 85, info@zum-tiefenhagen.de, www.zum-tiefenhagen.de, Ü EZ € 32,50, DZ € 50, F € 7,50, 3 km

Taxi Arsim, ☎ 060 39 77, Taxi Löwenstein, ☎ 206 00

Der Bus R62 fährt von Grevenbrück (Busbahnhof am Bahnhof) über Helden nach Attendorn (Stundentakt).

Grevenbrück hat einen Bf. an der Bahnstrecke Siegen - Hagen/Essen. Sowohl die gute Busanbindung als auch die Bahnstrecke (Umstieg in Finnentrop) ermöglichen es, die Etappe auch als Tagestour zu absolvieren.

✞ Die 1886 geweihte **Pfarrkirche St. Nikolaus** steht im ehemaligen Dorf Förde, ganz im Süden von Grevenbrück. Die neugotische Hallenkirche geht auf eine Kapellengemeinde des 13. Jh. zurück. Zum Besuch der Kirche (Vorraum geöffnet) ist eine Variante des Pilgerweges (☞ S. 163) eingerichtet.

⌘ **Museum der Stadt Lennestadt**, Dauerausstellung vom Leben in Lennestadt von 1850-1955, Sonderausstellungen

♦ Kölner Str. 57, ☏ 14 04, museum-lennestadt@t-online.de, www.lennestadt.de, Di 9:00-12:00 u. 14:00-16:00, Do 9:00-12:00 u. 14:00-17:30.

Grevenbrück ist Brückenstadt am Zusammenfluss der Veischede (und Elspe) in die Lenne seit mindestens 1395. Für dieses Jahr zumindest ist eine hölzerne Brücke nachweisbar. Vermutlich gab es in der Zeit vor der ersten Brücke eine Furt durch die Lenne. Das moderne Grevenbrück (Grafenbrücke) setzt sich aus den Ortsteilen Förde und Grevenbrück zusammen. Förde war dabei die historisch bedeutsamere Siedlung und geht auf die Peperburg, die Sie im weiteren Verlauf des Weges noch besuchen werden, zurück.

Von der heute nur noch als Ruine existenten Peperburg hatten die Edelherren von Gevore (Förde), welche die Grafenrechte im südlichen Sauerland ausübten, einen guten Überblick über den Römerweg, die Heidenstraße und die Bergstraße. Belegbar ist die Nutzung der Burg in der Zeit von 1140 bis etwa Ende des 13. Jh. Bereits 1225 verlegten die Edelherren von Gevore ihren Herrschaftssitz zur neu errichteten Burg Bilstein, die nur wenige Kilometer im Veischedetal aufwärts im Ort Bilstein gelegen bis heute existiert. Seit 1927 ist dort eine Jugendherberge untergebracht.

Die Bahngleise werden mithilfe eines Tunnels in Bahnhofsnähe unterquert. Danach biegen Sie rechts in den Burgweg ab.

Der Burgweg führt entlang der Bahnlinie und über den Bach Veischede.

Danach zeigt die Markierung **zwei Varianten** an. Geradeaus geht es über die Peperburg und links durch den Ort zur Kirche St. Nikolaus in Förde. Beide Wege treffen sich wieder an der Förder Linde. Der nach der Wegalternative beschriebene und auch in der Etappenübersicht aufgeführte Hauptweg über die Peperburg ist etwa 600 m kürzer.

Wegalternative über St. Nikolaus:
Nach der Überquerung des Baches Veischede steigen Sie links steil eine geteerte Zufahrt hinauf. Weiter führt ein schmaler Pfad am unteren Rand einer Wiese. An der Gabelung halten Sie sich rechts am Wiesenrand. Vor dem ersten Haus geht es dann links eng am Zaun eines Privatgrundstücks entlang zur Hauszufahrt und dort abwärts zu einem Wendehammer am Kindergarten St. Nikolaus. Sie gehen links zur Hauptstraße (Zur Wilhelmshöhe) und folgen ihr rechts nur wenige Meter Richtung St. Claas.

Halb links biegen Sie in einen Fußweg ab und folgen im Weiteren der Siedlungsstraße Twiene, die am Bach Veischede entlang auf die **Kirche St. Nikolaus** zuführt. Für einen Besuch, der Vorraum ist geöffnet, gehen Sie noch über den **Förder Platz** hinüber.

Interessant sind hier außerdem neben den Informationen zum Dorf Förde der **Zunftbaum**, an dem die Wappen und Embleme der Vereine, Schulen und Kindergärten befestigt sind, sowie die sogenannte **Schweineglocke**. Dabei handelt es sich um eine Nachbildung eines real existierenden, zu den ältesten erhaltenen Glocken Westfalens zählenden Exemplars in Zuckerhutform. Sie soll aus dem 12. Jh. stammen und einmal auf der Peperburg ihre Dienste getan haben. Schweine hätten Sie durch ihre Wühltätigkeit freigelegt. Das Original befindet sich im Besitz des Westfälischen Landesmuseums in Münster.

Am Beginn des Förder Platzes biegt Ihr Weg rechts in die Straße In der Petmecke. Nach 160 Metern biegen Sie rechts in die Straße Am Remmel ab. Es geht sehr steil aufwärts zu einer Querstraße, dort gehen Sie rechts und wieder links auf den Remmelweg. Auch von diesem geht es noch einmal rechts ab in den aufwärtsführenden Weg Am Kippel. Sie kommen an einem Park mit Marienkapelle und ⛩ Pausenbänken vorbei und folgen danach rechts dem wieder erreichten Remmelweg zur Förder Linde ❷.

Nach einer Informationstafel zum Radweg alte Bahntrasse biegt der Pilgerweg halb links aufwärts in den Wald Richtung **Peperburg**. Er führt im Linksbogen zum heutigen Bodendenkmal und ℹ ⛩ Aussichtspunkt. Rechts abzweigende Wege bleiben außer Acht. Tafeln auf dem Gelände, auf dem noch einige Grundmauern zu sehen sind, informieren über die Geschichte ☞ Grevenbrück.

Von der Peperburgruine folgen Sie dem weiterführenden Pfad in südlicher Richtung und erreichen einen weiteren Rastplatz mit Schutzhütte ⬥ am Waldrand.

Vom sich anschließenden Höhenweg haben Sie einen schönen Blick zur Pfarrkirche Sankt Nikolaus in Grevenbrück bzw. Förde. Sie erreichen einen geteerten Weg, dem Sie links abwärts in die Siedlung folgen. In der Senke gehen Sie halb rechts in die Straße Rennefeld und sofort wieder halb links in den Fußweg. Sie kommen an eine andere Siedlungsstraße, gehen rechts und an der folgenden Gabelung links aufwärts bis an die Fahrstraße, die auf den Karten Zur Wilhelmshöhe genannt wird. Ihr folgen Sie rechts aufwärts bis zum Scheitelpunkt und biegen dort links in die Nebenstraße, die an den Parkplatz **Förder Linde** ⩩ ❷ führt.

Orientierung gibt der **Wegweiserbaum**, den Sie nach 50 m erreichen. Eine Übersichtstafel weist zusätzlich auf die historischen Wegverläufe hin. Der Römerweg biegt hier Richtung Jäckelchen und Petmecke wieder von der Heidenstraße ab. Sie bleiben auf der Heidenstraße und dem markierten Jakobsweg Richtung Niederhelden und Helden. Achten Sie nun auch auf die **Bronzetafeln**, die den Weg entlang der Heidenstraße säumen und auf Besonderheiten hinweisen.

Sie folgen dem Feldweg direkt am Altar und Wegkreuz vorbei. Anfangs führt er in etwa parallel zur eben verlassenen Straße. Die verschwindet aber bald in der Senke. Die Grenze der Stadt Lennestadt zu Attendorn wird überschritten. Der Blick geht rechter Hand zur Kirche St. Martinus in Dünschede. Dann erreichen Sie ein **Wegkreuz unter Linden.**

➪ Der Weg teilt sich hier in die Heldener und die Dünscheder Route. Beide Wege haben ihre eigenen Reize. Der Weg über Dünschede ist 1,5 km länger als der Weg über Niederhelden und Helden.

Alternative Dünscheder Route: Am Wegkreuz unter Linden folgen Sie geradeaus dem Teersträßchen. Das biegt rechts zu einer Hofstelle und führt weiter an die Straße, die Sie an der Förder Linde verlassen haben, hinab. Sie folgen ihr links nach St. Claas im Repetal und zu einem Kreisverkehr 🚌 mit der St. Nikolauskapelle, Picknickbank ⩩ und leider auch ziemlich viel lautem Straßenverkehr. Gehen Sie geradeaus die Straße Richtung Dünschede wieder aufwärts.

Nach 100 m können Sie links in eine Sackgasse abbiegen. Am Ponypark gehen Sie geradeaus die Wiese aufwärts zu einem geteerten Weg und dort links.

Auf der Höhe erreichen Sie eine Kreuzung mit Wegkreuz und Pausenbank unter Linden. Sie gehen rechts auf die Kirche von Dünschede zu. An der Kirchstraße im Dorf führt der Pilgerweg links in die Ortsmitte. Zur Kirche St. Martinus biegen Sie zunächst rechts ein.

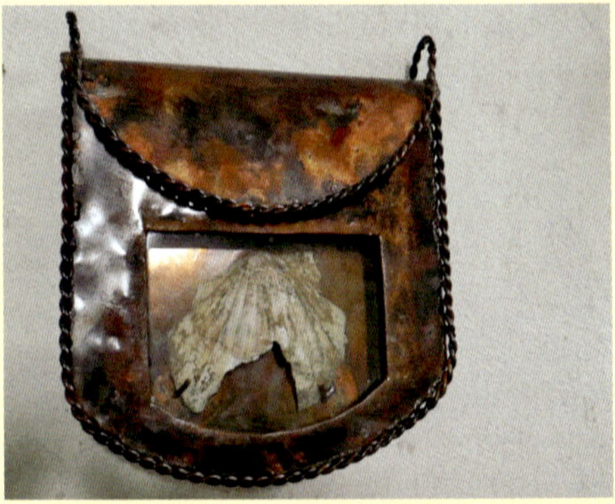

Pilgermuschel aus Dünschede

✞ Die **kath. Pfarrkirche St. Martinus** ist eine kleinere Kirche, die aus einem romanischen Teil und einem moderneren Querschiff besteht. Der ältere Bau stammt aus den Anfängen des 13. Jh. Bei Grabungen stieß man aber auch auf Reste einer einfachen Saalkirche des 11. Jh. Bei eben diesen Grabungen im Jahre 1974 fand sich auch eine Jakobsmuschel im Boden unter der Kirche, was als Indiz dafür gilt, dass auch Jakobspilgerinnen und -pilger auf dem Rückweg von Santiago de Compostela durch Dünschede gereist sind. Die Muschel ist in einer nachempfundenen Pilgertasche der damaligen Zeit in der Kirche ausgestellt.

Im Zentrum des hübschen Dorfes steht ein großer Stein aus rotem Heldener Marmor als Teil einer Brunnenanlage. Angeheftet ist eine Hinweistafel zur Heidenstraße. In einer Nische steht eine Figur des heiligen Jakobus hinter einer leider etwas matten Scheibe.

Hinter dem Jakobusbrunnen gehen Sie links und haben bald einen grandiosen Blick über das Repetal. ↳ Es gibt hier eine Möglichkeit, nach Niederhelden hinunterzuwandern (ausgeschildert). Sie erreichen ein Heiligenhäuschen mit Pausenbänken, Zwitscherkasten und einer Bronzetafel, die die Aussicht erklärt. (Wer nicht weiß, was ein Zwitscherkasten ist, schaut einfach mal hinein und wer es weiß kann nach Belieben ebenfalls hineinschauen.)

Sie folgen weiter dem Sträßchen, ohne abzubiegen. Das Sträßchen wird zum Schotterweg und erreicht eine Gabelung, von der zusätzlich zwei untergeordnete Wege rechts abzweigen. Es gibt einen Wegweiser und eine Pausenbank. Die untergeordneten Wege bleiben außer Acht. Bezogen auf die Gabelung gehen Sie rechts, direkt am Wegkreuz vorbei, jetzt mit Blick auf die Gewerbe- und Industriegebiete tief unten im Biggetal.

Der Weg fällt nun sanft im Steilhang. Es gesellt sich der X22 hinzu und bald ist ein Querweg erreicht. Geradeaus werden Sie auf einen schmalen Pfad geführt (Wegweiser).

🚲 Mit dem Rad fahren Sie hier besser rechts auf dem Forstweg bald im Linksbogen abwärts um den Bigger Kopf herum und kommen unterhalb wieder an den Weg.

Der Pfad wird zum steil abwärtsführenden, wenig gepflegten Hohlweg und erreicht wieder einen breiten Forstweg. Diesem folgen Sie links noch abwärts, durchwandern bald eine scharfe Linkskurve und haben bald danach den Tiefpunkt erreichet. An zwei Kreuzungen gehen Sie jeweils geradeaus, bis Sie schließlich den Parkplatz an der Burg Schnellenberg und erreicht haben. Ab hier folgen Sie wieder der Wegbeschreibung des Hauptweges (Heldener Route), ☞ S. 169.

Biegen Sie am Wegkreuz unter Linden nach links ab. Im Abstieg achten Sie an einer Pausenbank auf den **alten Hohlweg** links neben dem heutigen geteerten Landwirtschaftsweg. Wie viele Menschen mögen diesen in alten Zeiten wohl passiert haben? Die alte Feldhecke aus Eschen und Eichen schützt die Spuren der Vergangenheit vor dem Verfall. Der neue Weg wurde gleich daneben angelegt.

Sie erreichen den **Repebach** an einer Furt und Brücke. Bleiben Sie noch diesseits, passieren Sie die Hofstelle, welche durch eine Pilgermuschel gekennzeichnet ist, und entscheiden Sie an der zweiten Brücke, ob Sie hier die Talseite wechseln (Sie sparen 150 m) oder den Fußweg links, vor dem Bach erst zur ⊙ ✞ Kapelle St. Sebastian nehmen.

↳ Wer den kürzeren Weg wählt, überquert die Talstraße, läuft 20 m in die gegenüber beginnende Dünscheder Straße hinein und biegt dann links in die Siedlungsstraße Kerstein. Diese führt zuletzt als Fußweg zur Höhe und trifft dort auf die von links zur Höhe kommende Kapellenstraße. Geradeaus geht es weiter.

Wer zur Kapelle will, biegt vor dem Bach in den Fußweg und folgt ihm bis zum Hotel Struck, geht dort an die Talstraße und links zur Kapelle **St. Sebastian**. Hier laufen Sie rechts die Kapellenstraße zur Höhe und biegen dort mit ihr nach links.

Niederhelden (Attendorn)

(i) 🛏 ✕ ⊙ ✝ 🚌
✆ 027 21, ✉ 57439

(i) **Dorfverein Helden** e.V., info@helden-repetal.de, helden-repetal.de, Internetseite mit umfassender Dorfinformation.

🛏 ✕ **Landhotel Repetal OHG**, Dünscheder Str. 8, ☎ 941 70, info@landhotel-repetal.de, www.landhotel-repetal.de, ÜF EZ ab € 73, DZ ab € 114, ➲ 80 m, Ortskern

♦ **Romantik Hotel Haus Platte**, Repetalstraße 219, ☎ 13 10, info@platte.de, www.platte.de, ÜF EZ ab € 115, DZ ab € 142, Wellnesseinrichtungen, ➲ 1 km, südlich des Ortskerns an der Landstraße nach Helden

🛏 **Pension Goebel**, Kapellenweg 3, ☎ 36 61, info@pensiongoebel.de, pensiongoebel.de, ÜF EZ € 44, DZ € 72, am Weg, oberhalb der Kapelle St. Sebastian

♦ **Pension Jürgens**, Repetalstraße 249, ☎ 94 24 30, info@pension-juergens.de, www.pension-juergens.de, ÜF EZ/DZ ab € 55, am Weg

🚌 ☞ Grevenbrück

Niederhelden beeindruckt durch ein einheitliches Dorfbild. Fachwerk, weiß getünchte Wände und Schieferdächer sorgen für die harmonische Erscheinung. Hier gibt es das noch. Der ursprünglich im Sauerland weitverbreitete Haustyp des niederdeutschen Hallenhauses, das Raum für Mensch, Vieh und Ernte unter einem Dach vereint.

Aber nicht nur die fünf erhaltenen alten Fachwerkhöfe und weitere Wohnhäuser älteren Datums tragen dazu bei, auch eine Neubausiedlung wurde ganz im traditionellen Stil gebaut. Kein Wunder, dass Niederhelden regelmäßig Preise abräumt. 2010 erhielt die Siedlung, die aus Oberdorf und Unterdorf besteht, den Titel Golddorf auf Bundesebene im Wettbewerb „Unser Dorf hat Zukunft". Als Kapellendorf besteht Niederhelden mindestens seit 1554. Da wurde die erste St. Sebastiankapelle erwähnt. Die Heutige ist nach dem zweiten Weltkrieg neu errichtet worden.

An einer Lindengruppe mit Heiligenhäuschen ❸, Wegkreuz und ⛼ Picknickbänken steht eine Gedenktafel, die an die Heidenstraße erinnert. Sie folgen dem geteerten Sträßchen zu einer Kreuzung und biegen dort halb links in die Dorfstraße, die genau auf den Turm der Kirche St. Hippolytus in Helden gerichtet ist.

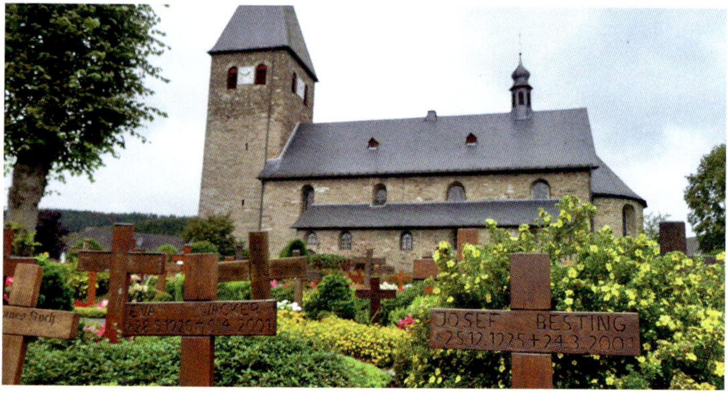

St. Hippolytus, alle Grabanlagen haben schlichte Holzkreuze

Helden

☏ 027 22, ✉ 57439

Pension Droege, Am Repscheid 3, ☏ 82 20, info@pension-droege.de, www.pension-droege.de, Ü EZ € 25, DZ ab € 50, auf Anfrage, 100 m

☞ Grevenbrück

St. Hippolytus ist eine sehr alte romanische Kirche. Der schiefergedeckte Bruchsteinbau aus dem 11. Jh. ist leider in der Regel nicht geöffnet. Vom Vorraum allerdings ist ein Blick in das Innere möglich. Eine Besonderheit ist der Friedhof an der Kirche. Alle Grabanlagen haben die gleiche Größe und tragen die gleichen schlichten Holzkreuze, in die die Namen der Verstorbenen eingraviert sind. Niemand muss hier um modische Diktate bei der Grabgestaltung ringen.

Stempel am Schriftenstand im Vorraum der Kirche

Gehen Sie an der Kirche vorbei zum Dorfbrunnen mit Maibaum und dort rechts in die Repetalstraße (Richtung Attendorn). Nach 50 m biegen Sie aber bereits wieder rechts in eine geteerte Nebenstraße ab (Land- und Forstwirtschaftsweg). Diese laufen Sie nun beständig aufwärts bis zur Höhe im Wald. An der dortigen Kreuzung ❹ gehen Sie geradeaus wieder abwärts, nun auf einem Waldweg. Es folgt sofort eine Gabelung, an der Sie links weitergehen. Im Weiteren ignorieren Sie abzweigende untergeordnete Wege. Markiert ist auch mit dem weißen Andreaskreuz für den X6.

Sie kommen an eine Kreuzung vor dem Parkplatz der Burg Schnellenberg.

Burg Schnellenberg

Hier kommt der Kölner Erzbischof Engelbert I., der nach seiner Herkunft auch Engelbert von Berg genannt wird, wieder ins Spiel (☞ Brilon und Ohlsberg). Er war es nämlich, der Attendorn befestigen ließ und auch die Burg zum Schutze der Stadt und der Heidenstraße 1222 in Auftrag gab. Im Laufe der Jahrhunderte wechselten die Herren. Die Burg wurde ausgebaut und unterschiedlichen Nutzungszwecken zugeführt. Heute befindet sich ein Luxushotel hinter den Mauern. Es gibt aber auch bescheidenere Zimmervarianten. Eine Besichtigung der Außenanlagen ist möglich. Ausgenommen ist der Hotelbereich (Informationen zum Hotel ☞ Attendorn).

Sie gehen über den Parkplatz hinüber zum Burgtor ❺ und dort links Richtung Wassertor und Alter Markt in Attendorn.

Der Schnellenberger Weg führt in die Stadt hinunter und erreicht dort zunächst die Heldener Straße, der Sie rechts stadteinwärts folgen. Sie überqueren den Bach Bigge und dann die L539. Geradeaus geht es weiter vorbei an der **Hospitalkirche** und in Bahnhofsnähe über die Bahnlinie hinweg. Sie gehen geradeaus weiter über den Alten Markt mit dem Museum, bis Sie an der Kirche **St. Johannes Baptist**, der auch Sauerländer Dom genannt wird, angelangt sind.

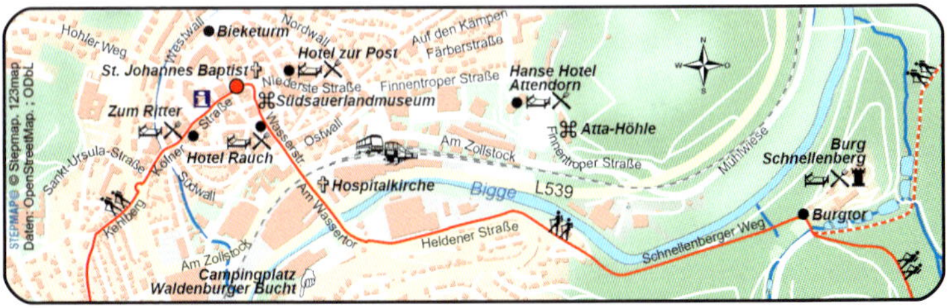

Weg durch Attendorn

Attendorn

☏ 027 22, ✉ 57439

Tourist-Information Hansestadt Attendorn, Kölner Straße 9, ☏ 657 41 46, tourismus@attendorn.org, www.attendorn.de, Mo-Fr 9:00-13:00, Mo, Di, Do, Fr 14:00-17:30, Sa April-Okt 11:00-13:00, 30 m

Burg Schnellenberg, Schnellenberg 1, ☏ 69 40, info@burg-schnellenberg.de, burg-schnellenberg.de, ÜF EZ ab € 95, DZ ab € 120, auf Anfrage, am Weg

- **Hanse Hotel Attendorn**, Finnentroper Straße 26, ☏ 638 00, info@hansehotel-attendorn.de, www.hansehotel-attendorn.de, 99 Zimmer, ÜF EZ/DZ/DBZ ab € 98, Wellnessbereich, ➲ 800 m, an der Atta-Höhle
- ♦ **Hotel zur Post**, Niederste Straße 7, ☏ 24 65, info@hotel-attendorn.biz, hotel-attendorn.biz, 29 Zimmer, Ü EZ ab € 81, DZ ab € 112, ➲ 80 m, Altstadt
- ♦ **Hotel Rauch**, Wasserstr. 6, ☏ 924 20, info@hotel-rauch.de, www.hotel-rauch.de, Ü So-Do EZ € 73,50, DZ € 92, Fr u. Sa EZ € 66,50, DZ € 88, ➲ am Weg, Altstadt
- ♦ **Zum Ritter**, Kölner Straße 33, ☏ 65 71 91, info@zum-ritter-attendorn.de, www.zum-ritter-attendorn.de, 5 Zimmer, ÜF EZ € 68, DZ € 94, 🐕 € 9, ➲ am Weg, Altstadt
- **Campingplatz Waldenburger Bucht**, ☏ 955 00, info@biggesee.com, biggesee-camping.de, Ü € 6 p. P., Zeltplatz € 7-12, 🐕 € 3, ➲ 1,4 km, südlich der Kernstadt am Biggesee

☺ Wenn Sie mit dem Zug von Attendorn bis zum Bahnhof Sondern (Richtung Olpe) fahren (Fahrtzeit 12 Minuten), können Sie dort zwei weitere Campingplätze am Biggeseeufer sowie weitere Unterkünfte erreichen (www.sondern-biggesee.de).

Taxi Scholemann, ☏ 21 03

☞ Grevenbrück. Der Bus R61 fährt etwa alle zwei Stunden vom Bahnhof Attendorn zum Bahnhof Meinerzhagen. Der Bus fährt durch das Ihnetal, das auch der Pilgerweg immer wieder berührt.

Attendorn hat einen Bahnhof an der Bahnstrecke Finnentrop – Olpe (Biggetalbahn, Stundentakt). In Finnentrop besteht Anschluss Richtung Hagen, Essen (Köln) oder Siegen (Frankfurt). Am weiteren Weg liegt der Bf. Listerscheid.

✞ **Röm.-kath. Pfarrkirche St. Johannes Baptist**. Kölner Missionare errichteten in Attendorn bereits im 9. Jh. eine erste Kirche. Zwei weitere, bis auf Teile des noch romanischen Turms, nicht mehr erhaltene Kirchenbauten folgten. Die heutige gotische Hallenkirche stammt aus dem 14. Jh. Innen wie außen gibt der im Soester Raum vorgefundene grüne Sandstein der Kirche ihr eigenes farbiges Gepräge. Von der einst vollständigen barocken Ausstattung des Attendorner Künstlers Johannes Sasse ist unter anderem der Agatha-Altar, auf dem auch eine Jakobusfigur steht, erhalten. Bei Ausgrabungen entdeckte man 1974 in der Kirche ein Skelett, dem man eine Jakobsmuschelschale auf die Brust gelegt hatte. Datiert werden die menschlichen Überreste auf das 13. Jh. Ob es sich dabei um einen reichen Attendorner Kaufmann, der auch Santiago de Compostela besucht hatte, oder um einen Wallfahrer und Pilger gehandelt hat, der hier aus irgendeinem Grunde das Privileg genoss, in der Kirche seine letzte Ruhestätte bekommen zu haben, bleibt spekulativ. Jedoch ist es ein Indiz dafür, dass Jakobuspilgerinnen und -pilger im Mittelalter auch durch Attendorn gezogen sind.

☺ Achten Sie mal auf die Kirchenbänke. In den Wangen sind jeweils unterschiedliche Motive eingeschnitzt. Es handelt sich hier um das Werk der Holzwerkstatt Peter Schneider aus Eslohe. Sie wurden 1939 angefertigt, wie auf einer der Bankreihen, die Gestühl genannt werden, eingraviert steht. Das Motiv des Hasenfensters aus Paderborn ist auch zu sehen. Hier noch mit den Attributen Dreifaltigkeit, Dreieinigkeit versehen.

✞ Die **Hospitalkirche** gehörte ursprünglich zu einem Hospital, das außerhalb der Stadtmauern errichtet worden war. Auch sie beherbergt eine Jakobusfigur.

⌘ **Atta-Höhle**. Die Attendorner Tropfsteinhöhle gehört zu den meist besuchten und schönsten Höhlen Deutschlands. Von der bisher erforschten Höhlenlänge von 6 km werden etwa 500 m auf einem Rundgang präsentiert. Entdeckt wurde sie Anfang des 20. Jh. bei Steinbrucharbeiten.

♦ Finnentroper Str. 39, ☏ 937 50, ✉ info@atta-hoehle.de, 💻 www.atta-hoehle.de, 🚪 Einlass täglich 11:00-15:30 (es gibt Ausnahmen in den Wintermonaten, schauen Sie besser vor einem Besuch auf die Webseite)

⌘ **Südsauerlandmuseum**. Das Museum befindet sich im prächtigen alten Rathaus von Attendorn. Es stammt noch aus der Zeit um 1350 und ist im gotischen Stil gebaut. Es zeigt die Kultur, Kunst und Geschichte der Stadt. Die in der Kirche gefundene Jakobsmuschel und auch eine Jakobusfigur sind hier ausgestellt.

♦ Alter Markt 1, ☏ 37 11, ✉ info@suedsauerlandmuseum.de,
💻 www.suedsauerlandmuseum.de, 🚪 Di-Fr 11:00-18:00; Sa 11:00-15:00,
So 13:00-18:00

Durch seine Lage am Kreuzungspunkt der Heidenstraße mit einer Straße, die von Soest nach Frankfurt führte, wuchs Attendorn im Mittelalter zu einer bedeutenden Größe und Hansestadt. Heute ist Attendorn der größte Industriestandort im Kreis Olpe. Ansässig sind vor allem Betriebe der Metallverarbeitung und Autoteileproduktion. Die Nähe zur Bigge- und Listertalsperre macht Attendorn auch aus touristischer Sicht interessant.

9. Etappe: Attendorn – Meinerzhagen

25,8 km, 8 Std., ↑ 536 m, ↓ 391 m, ⇧ 255-511 m

0,0 km	⇧ 251 m	Attendorn, St. Johannes Baptist
2,3 km	⇧ 272 m	Neu-Listernohl Hotel Forsthaus Ewig
5,3 km	⇧ 310 m	Listerscheid, Bf.
8,0 km	⇧ 334 m	St. Maria Magdalena, Jakobusbrunnen
12,7 km	⇧ 434 m	Valbert, in den Ortskern (300 m)
19,3 km	⇧ 470 m	Nordhellen
21,0 km	⇧ 446 m	Grünenthal, (660 m) ⌘ (2 km)
25,8 km	⇧ 409 m	Meinerzhagen, Jesus-Christus-Kirche

St. Jakobus im Attendorner Dom

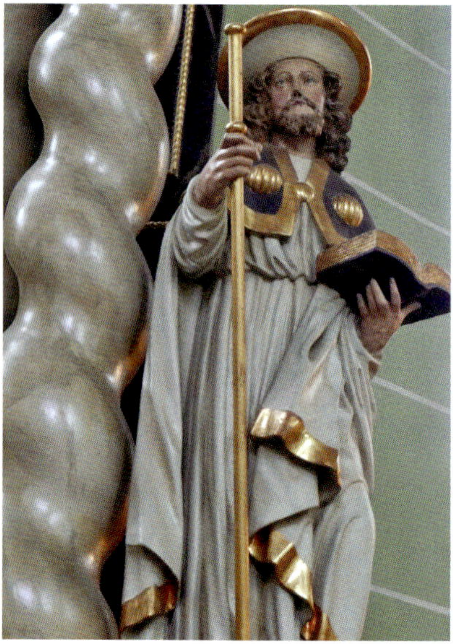

Der Weg orientiert sich am Ihnetal, einem Bach, der unterhalb des Biggedamms in den Bach Bigge mündet. Durch das Tal führt auch eine Landstraße, die in etwa dem Verlauf der alten Heidenstraße entspricht. Dementsprechend stoßen Sie auch auf Spuren, welche die alte Straße bis in die heutige Zeit belegen können. Ein Hinweis ist die Herberge und Ausspannstation in Nierhof, die 1995 zwar abgerissen wurde, aber eine Tafel erinnert daran. Bei Haumche sind Hohlwegspuren als Bodendenkmal geschützt. Vom Ihnetal geht es über einen Sattel ins obere Listertal. Meinerzhagen ist nahe dem Quellbereich der Volme erbaut.

Von der Kirche St. Johannes Baptist folgen Sie links der Kölner Straße, die auch Fußgängerzone ist. Am Kreisverkehr nehmen Sie die zweite Ausfahrt und gehen in die Straße Kehlberg. Sie führt durch Siedlungsgebiet aufwärts. An einer Kreuzung gehen Sie geradeaus und an einer Gabelung auf der Höhe halb links. Achten Sie auf die rückwärtig zu sehende schöne Aussicht zur Burg Schnellenberg.

Sie kommen an eine Kreuzung, an der Sie rechts auf der Straße Kehlberg verbleiben. An den Gebäuden der Bigge Energie treffen Sie auf einen Querweg, gehen links und biegen unterhalb wieder rechts ein. Sie laufen nun am Zaun einer Industriehalle und weiteren Gewerbegebieten entlang.

Ihr Weg mündet in eine sehr breite Straße. Hier gehen Sie rechts entlang, biegen nach 130 m aber links in einen Fußweg ab. Nach 200 m ist dann das Forsthaus Ewig am Ortsrand von Neu-Listernohl erreicht.

Neu-Listernohl (Attendorn) 027 22, 57439

Hotel Forsthaus Ewig, Petersburger Weg 4D, 631 11 73,
forsthaus-ewig@t-online.de, www.forsthaus-ewig.eu,
ÜF EZ € 64, DZ € 98, am Weg

Der vorangestellte Namenszusatz lässt es schon erahnen. Das Dorf Neu-Listernohl ist noch nicht sehr alt. Bereits 1938 dachte der Ruhrtalsperrenverein über den Bau der Biggetalsperre zur Sicherung der Wasserversorgung des Ruhrgebiets nach. Doch der Zweite Weltkrieg kam dazwischen. Erst in den 1950er-Jahren wurden Tatsachen geschaffen und der Biggedamm gebaut. 2.400 Menschen mussten die bis zu 700 Jahre alten Siedlungen am Talboden verlassen.

Die größte Ansiedlung war Listernohl. 1960 begannen die Bauarbeiten für die Häuser von Neu-Listernohl. 1965 wurden die Schieber am Hauptdamm des Biggetals geschlossen und der Talraum geflutet. Das Jahr gilt als die „Geburtsstunde“ von Neu-Listernohl.

Ewig

Vielleicht haben Sie auf den letzten Kilometern die mehrfachen Hinweise auf die JVA, die Justizvollzugsanstalt von Attendorn, wahrgenommen. Sie befindet sich gerade einmal 250 m Luftlinie vom Forsthaus Ewig entfernt. Untergebracht ist sie in den Räumlichkeiten des 1803 säkularisierten und 1420 gestifteten Klosters Ewig, einer Niederlassung der Augustiner-Chorherren im gleichnamigen Ortsteil der Stadt Attendorn.

Vor dem Hotel/Restaurant folgen Sie rechts dem geteerten Weg aufwärts und laufen nun, ohne vom Sträßchen abzuweichen, oberhalb von Neu-Listernohl entlang. Einen Blick zur Staumauer des Biggesees ist möglich.

Sie erreichen den Ort **Petersburg**, durchqueren ihn geradeaus auf der Krähenbergstraße und treffen nach einer Linksbiegung auf die querende Alte Handelsstraße. Diese führt Sie rechts zur stark befahrenen Ihnestraße ❶.

Sie überqueren die Straße, dann den Bach (die Ihne fließt unterhalb des Staudamms in die Bigge) und die Schiene der Biggetalbahn. Danach biegt der Weg rechts ab und führt nach **Erlen** hinauf. Auf der Höhe halten Sie sich an der Gabelung rechts und gehen wieder an die Bahnlinie zurück und dahinter rechts. Sie treffen wieder auf die Ihnestraße (Tankstelle, Shop, Bistro), der Sie diesmal links für 1,5 km an Listerscheid und Albringhausen vorbei folgen. Rechts kämen Sie zum Bahnhof Listerscheid.

☺ Achten Sie am Ortsende von Listerscheid (Bushaltestelle „Nierhof") auf die bronzene Hinweistafel am Wegesrand. Sie steht an der Stelle, an der bis 1995 der alte Nierhof ❷ gestanden hat.

Nierhof

Der Nierhof ist eine alte Hofstelle am Ortsrand von Listerscheid. Durch seine Lage direkt an der Heidenstraße konnten auch Umspanndienste verrichtet werden. Für Fuhrleute, Pilgerinnen und Pilger gab es eine Herberge. Aus dem Jahr 1794 wird berichtet, dass der Hof für eine Nacht zur Zufluchtsstätte der Reliquien der Heiligen Drei Könige wurde. Die mussten nämlich vor den heranrückenden Truppen Napoleons aus dem Kölner Dom evakuiert werden. Über die Heidenstraße wurden sie in Sicherheit gebracht.

Hinter Albringhausen verlassen Sie den Kreis Olpe und die Stadt Attendorn. Kurz nach dem Hinweisschild zur Kreisgrenze biegen Sie von der Hauptstraße in einen Nebenweg, bleiben aber an der Verzweigung rechts im Bachtal.

Auch hier steht eine Bronzetafel exakt an der Kreisgrenze mit dem Hinweis darauf. Was heute Grenze zwischen dem Kreis Olpe und dem Märkischen Kreis ist, trennte früher das kurkölnische Herzogtum Westfalen und die Grafschaft Mark.

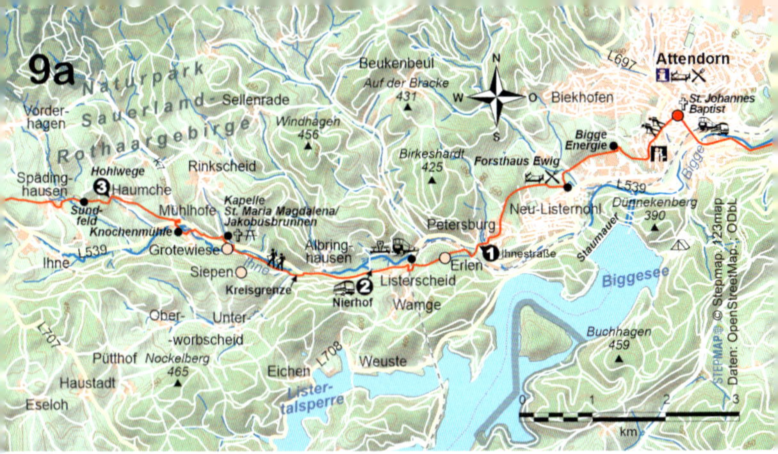

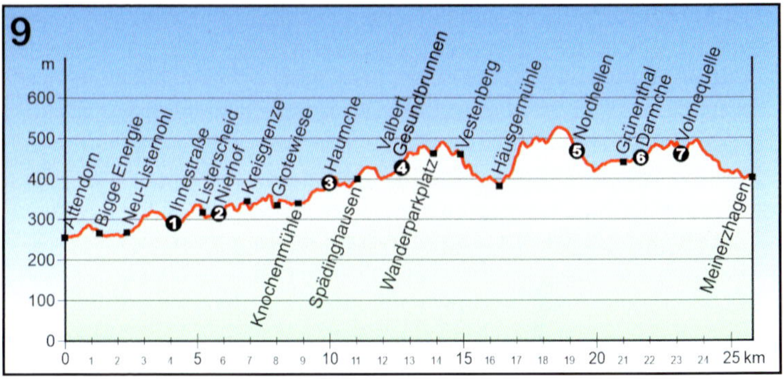

Auch an der nächsten Gabelung gehen Sie rechts und nicht in die Siedlung Siepen.

Siepen

Die Bezeichnung Siepen für einen Ort, einen Bach, eine Straße oder auch ein Tal findet sich im Sauerland an vielen Stellen und sei deshalb hier kurz erklärt. Siepen wie auch synonym verwendete Begriffe wie Siefen, Seifen oder Seipen werden mit schmalem, feuchtem und schluchtartigem Kerbtal des Mittelgebirges übersetzt. In der Regel befindet sich dort auch ein Quellbach.

Nach 600 m führt Ihr Weg rechts herunter zum Bach und über diesen hinüber. Sie laufen an ein paar Häusern von **Grotewiese** vorbei zur Talstraße (Ihnestraße) zurück, gehen links und nach 80 m rechts und wieder links aufwärts zur Kapelle ⊙ ✞ St. Maria Magdalena ⩩. Achten Sie auf den Jakobusbrunnen ein paar Schritte dahinter.

Grotewiese und die Kapelle St. Maria Magdalena

Der kleine Talort Grotewiese an der Heidenstraße gehörte als Grenzort mal zu Attendorn und mal zu Meinerzhagen. Zur Zeit der Kirchengründung allerdings war er der 1855 neu gegründeten Missionsvikarie im sonst evangelischen Meinerzhagen zugeordnet.

Da es zwischen Attendorn und Meinerzhagen keine katholische Kirche gab, entstand der Wunsch seitens der drei Priester Domvikar Gustav Langenohl vom Gut Nierhof, Pfarrer Josef Valenthorn aus Grotewiese und Pfarrer Vaester aus Meinerzhagen, ein Gotteshaus in der Nähe zu errichten. Anfangs war es nur eine Scheunenkapelle, welche die drei auf die Beine stellten, doch nachdem Grotewieser Familien Land und Geld stifteten, konnte der Paderborner Architekt Güldenpfennig für den Entwurf einer Kapelle gewonnen werden. Drei Jahre wahrte die Bauphase, doch am Magdalenenfest 1866 konnte die erste heiligen Messe gefeiert werden.

Heute ist der Kapellenort eine Art Wallfahrtsort, der gerne von Spaziergängerinnen und Spaziergängern, Pilgerinnen und Pilgern besucht wird. Die hübsche Kapelle, die rund 100 Sitzplätze bietet, ist ein Ruhepol auf dem Jakobsweg. Sehenswert ist auch das alte Pfarrhaus. Östlich der Kirche steht ein sehenswerter Magdalenen-Bildstock. Es gibt den Jakobusbrunnen, einen Spielplatz und 100 m nördlich noch die Martinskapelle. Die Kapelle St. Maria Magdalena ist auch bei Hochzeitspaaren sehr beliebt.

🚪 tägl. 9:00-19:00 (im Winter nur bis 17:00)

⊙ Einen Stempel für den Pilgerpass finden Sie in der Kirche.

Folgen Sie dem Weg an der Kapelle vorbei zu einer breiten Straße und gehen dort links wieder hinunter an die Talstraße, der Sie rechts 120 m bis hinter die Gebäude der Firma Turk in **Mühlhofe** folgen. Jetzt gehen Sie links am alten Mühlteich und weiteren Betriebsgebäuden vorbei bis an die andere Talseite und dort rechts.

Die Mühlenteichanlagen der **Firma Turk** und das angeschlossene Hammerwerk sind seit 1857 in Betrieb. Weithin bekannt sind die hier u. a. in alter Tradition hergestellten „freiform-warmgeschmiedeten" Bratpfannen.

Sie passieren eine weitere, allerdings nur noch historische Mühle am Bach Ihne.

In der Knochenmühle wurden Knochen aus Schlachtabfällen zu Mehl vermahlen und der Landwirtschaft als Dünger wieder zugeführt. Heute ist diese Art von Düngemittel wegen der Gefahr der Übertragung der Rinderkrankheit BSE verboten. Die Mühle wurde aus Denkmalschutzgründen funktionstüchtig wiederhergestellt (💻 www.heimatverein-meinerzhagen.de).

Sie kommen wieder an die Talstraße, gehen rechts und biegen nach 80 m links in die K7 Richtung Voßsiepen. Von der Straße biegen Sie aber gleich wieder links in einen Nebenweg, der zur Wochenendhaussiedlung **Haumche** führt. Am Ende der Siedlung führt halb links ein Pfad an den Waldrand.

✋ Jetzt geben Sie Acht! Denn hier versteckt sich ein Bodendenkmal, auf das mithilfe eines großen Steines mit der Inschrift „**Bodendenkmal Heidenstraße" 2011** und einem Muschelsymbol hingewiesen wird. Dahinter sind deutlich die Spuren eines Hohlweges der alten Straße zu erkennen ❸.

Sie gehen weiter an den Wiesenrand und dann rechts durch das schöne Waldstück hindurch und weiter halb links durch die Wiesen an eine Hofstelle (Sundfeld). Dahinter folgen Sie dem Sträßchen links durch ein Bachtal wieder aufwärts nach **Spädinghausen**.

An einer ersten Gabelung behalten Sie halb rechts die Richtung bei und auch an der Kreuzung im Zentrum gehen Sie geradeaus.

Sie kommen wieder an die Ihnetalstraße und gehen rechts Richtung Valbert. Wenn nach 500 m rechter Hand für den Autoverkehr eine Zufahrt in den Ort ausgeschildert ist, biegen Sie links in einen Nebenweg ab, gehen aber gleich wieder rechts parallel zur Straße Richtung **Gesundbrunnen** ❹.

Der Brunnen (Quelle) liegt an der Heidenstraße und galt einmal als heilkräftig. Heute ist das Wasser laut Hinweisschild nicht mehr als Trinkwasser geeignet.

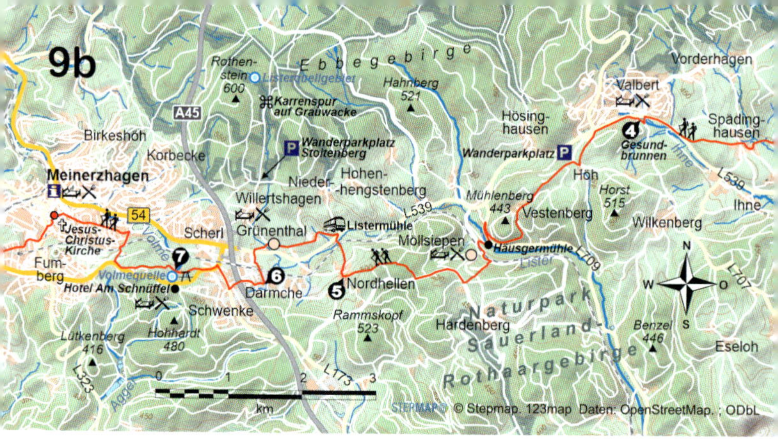

↳ Vor einer Straßenüberführung (Brücke) können Sie durch einen Tunnelgang unter der Ihnetalstraße hindurch die Ortsmitte von Valbert erreichen, ➲ 300 m. Gleich hinter dem Tunnel befindet sich rechter Hand ein 🛒 Discounter, ➲ 160m.

Valbert (Meinerzhagen)

🛏 ✕ ☕ 🛒 BANK ⚕ 📯

✆ 023 58, ✉ 58540

🛏 ✕ **Landhotel Nordhelle** Betriebsgesellschaft mbH, Zum Koppenkopf 3, ☎ 800 90, ✉ info@landhaus-nordhelle.de, 💻 www.landhaus-nordhelle.de, 65 Einzel-, Doppel- und Mehrbettzimmer, Ü DZ ab € 65, ➲ 1 km, am nordwestlichen Ortsrand

♦ **Landgasthof Haus Eckern**, Möllsiepen 2, ☎ 909 00, ✉ landgasthof@haus-eckern.de, 💻 www.haus-eckern.de, ÜF EZ € 42, DZ € 84, ➲ 175 m, 4 km hinter Valbert ☞ Wegbeschreibung

Geradeaus steigt Ihr Weg nun beständig an, bis Sie an ein Teersträßchen kommen und dort rechts zu einem Wanderparkplatz gehen. Der Parkplatz liegt im Sattel zwischen Ihne- und Listertal. In das Letztere wandern Sie nun hinein.

Folgen Sie dem Sträßchen links Richtung **Vestenberg**. Die wenigen Häuser des Ortes erreichen Sie nach etwa 1 km. Das Sträßchen umrundet noch den Mühlenberg und erreicht eine Landstraße (L709) im oberen Listertal.

Sie gehen links und biegen nach 250 m (in **Häusgermühle**) rechts in einen Nebenweg. Der steigt in Bögen zu einer anderen Straße, der Sie links über eine Bahnstrecke (Meinerzhagen – Krummenerl, gelegentlicher Güterverkehr) hinüber folgen. Nach der Brücke bleiben Sie links auf der Straße.

↬ Nach der Brücke können Sie rechts nach Möllsiepen und zum 🛏 ✕ Haus Eckern gelangen ☞ Valbert.

120 m nach dem Abzweig Möllsiepen biegen Sie rechts in einen Waldweg ab, benutzen aber den halb links oberhalb des Weges beginnenden Pfad. Der steigt recht steil im Hang an. Auf der Höhe weist ihn ein Wegweiser als **Himmelsleiter** aus. Sie gehen dort geradeaus über das querende Sträßchen hinweg in einen dritten Straßenstumpf. Er führt über Wiesengelände an eine Straße, auf der Sie rechts dem Höhenrücken 750 m folgen.

Sie schauen nun rechter Hand in das **Ebbegebirge**. Auf der höchsten Erhebung, der Nordhelle (663 m), stehen insgesamt drei Sendemasten sowie der Robert-Kolb-Turm als Aussichtsturm. Historisch gesehen war der Kamm des Ebbegebirges die Grenze zwischen dem märkischen und dem kurkölnischen Sauerland und er bildet auch heute im Wesentlichen noch die Grenze zwischen dem Märkischen Kreis und dem Kreis Olpe ab.

✋ Bleiben Sie aufmerksam. An einer Kreuzung biegen Sie rechts in einen Wiesenweg ab. Der führt im leichten Linksbogen in den Wald. An einer Gabelung gehen Sie geradeaus. Etwas weiter erreichen Sie wieder den Waldrand, laufen bei herrlich weiter Sicht ein kurzes Stück daran entlang und dann schräg eine Wiese hinunter nach **Nordhellen ❺**.

An der Dorfstraße gehen Sie rechts und im Unterdorf an der Verzweigung wieder rechts Richtung Haus Nr. 1, 1a und 2. Sie bleiben auf dieser Straße, die wieder in das Listertal hinunterführt. In Listermühle überqueren Sie den Bach und dann die Talstraße (L539) 🚌 und laufen in die gegenüber beginnende Straße Auf der Heide. Den Abzweig nach Niederhengstenberg lassen Sie rechts liegen und folgen dem Sträßchen in westlicher Richtung, ohne weiter abzubiegen. An einer Gabelung am Ortsschild **Grünenthal** gehen Sie dann links.

↬ Wer an dieser Gabelung rechts geht, kommt nach **Willertshagen** 🛏 ✕. Da gibt es nicht nur den hier angeführten Gasthof (➲ 660 m), sondern auch ein ⌘ **Bodendenkmal**, das besonders eindrucksvoll auf einen alten Transportweg über den Ebbekamm hinweist (➲ 2 km). Wer von Willertshagen weiter nach Norden geht (am Hotel rechts), kommt zum Wanderparkplatz Stoltenberg. Hier ist das Bodendenkmal auf einer Karte eingezeichnet.

Es geht noch weiter geradeaus bergauf immer am Listerbach entlang Richtung Listerquellgebiet, das Grundlose genannt wird. Bereits im Anstieg lassen sich linker Hand neben dem heutigen Weg tief eingegrabene Hohlwege entdecken. Immer wenn eine Spur nicht mehr befahrbar war, nahm man die Spur daneben. So entstand, und das ist hier eindrucksvoll zu sehen, ein **Hohlwegbündel**.

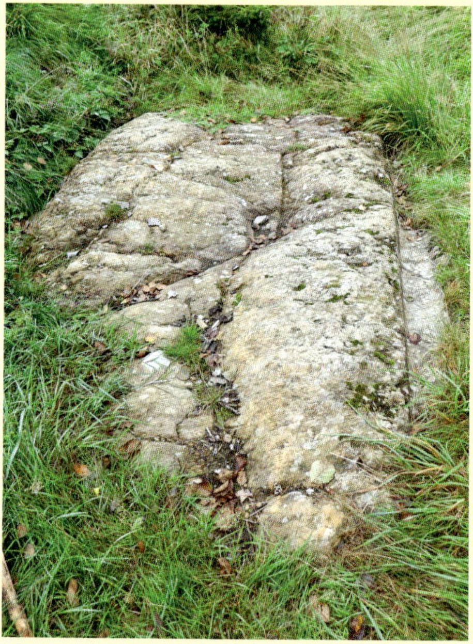

Wagenspuren in Grauwacke

Da, wo der heutige Weg den kleinen Listerbach überquert, hat sich eine **Wagenspur** in den hier anstehenden Felsblock von **Grauwacke** gegraben. Sie stammt von den Fuhrwerken, die jahrhundertelang vom Ebbekamm talwärts zur Volme hin ihren Weg genommen haben, um vorwiegend Holzkohle und Roheisen zu den Hammerwerken zu befördern. Der Stein wird im Volksmund auch Willertshagener Teufelsstein genannt. Aber das ist eine andere Geschichte, die ich hier nicht erzähle, da diese von „Wut" und „schleudern" handelnde Geschichten zu oft und immer gleich erzählt werden und irgendwann langweilig klingen. Bewahrt finden Sie die Geschichte des Willertshagener Teufelssteins im Mitteilungsblatt des Heimatvereins Meinerzhagen

🖳 www.heimatverein-meinerzhagen.de

Hotel Bauer, Willertshagen 10, ☏ 023 54/708 55 02, info@hotel-bauer-meinerzhagen.de, 🖳 www.hotel-bauer-meinerzhagen.de, 19 Zimmer, Ü EZ ab € 50, DZ € 78, DBZ € 100, F € 7,50, ➲ 660 m

Sie kommen an die L539, überqueren sie und laufen geradeaus in ein Gewerbegebiet hinein (Richtung Darmche).

Den Baumarkt lassen Sie rechts liegen und biegen danach halb links von der Gewerbestraße nach Darmche ❻ ab. Das kleine Dorf liegt eingekesselt zwischen großen Gewerbehallen. Am Siedlungsende biegen Sie rechts ab und erreichen nach dem Schlagbaum wieder eine breite Straße, auf der Sie rechts gehen und dann im Linksbogen die Autobahn A45 überqueren. Danach folgen Sie der erreichten B54 (Opelhaus) nach rechts zur nächsten großen Straßenkreuzung.

Hier biegen Sie links in die Straße Zum Schnüffel ab und verlassen das für Fußgängerinnen und Fußgänger unwirtliche Gelände 200 m weiter rechts über einen Nebenweg (Fritz-Paulmann-Weg).

Wenn Sie der Straße Am Schnüffel 400 m folgen, erreichen Sie das Hotel Am Schnüffel, ☞ Meinerzhagen.

Der Fritz-Paulmann-Weg führt abwärts zum **Volmehof**. Gleich danach ist links ein Miniabstecher zur **Volmequelle** ❼ empfehlenswert. Die Volme mündet bei Hagen in die Ruhr.

Der Weg führt wieder aufwärts zur Höhe und in einer Siedlung wieder abwärts.

Sie kommen an eine Querstraße, nur 30 m neben der stark befahrenen Heerstraße. Hier biegen Sie rechts in ein Mischgebiet aus Siedlung und Gewerbe.

Sie gehen bis an eine Kreuzung und passieren dabei das Eiscafé/Gasthof Bittner, ☞ Meinerzhagen.

An der Kreuzung geht es links in den Löher Weg. Nach 630 m achten Sie auf die Bushaltestelle „Höltchen" rechter Hand. Danach biegen Sie rechts in den gleichnamigen Weg ab. (Achtung, es ist die zweite Straße mit diesem Namen.) Sie biegen gleich wieder links in den Fußweg, der Sie abwärts zur Krim führt.

Krim

Als Krim wird eine Gruppe von denkmalgeschützten Wohnhäusern bezeichnet, die 1913 mit neoklassizistischen Stilmerkmalen vom Meinerzhagener Spirituosenfabrikanten August Krugmann nach einem Stadtbrand in Auftrag gegeben worden waren.

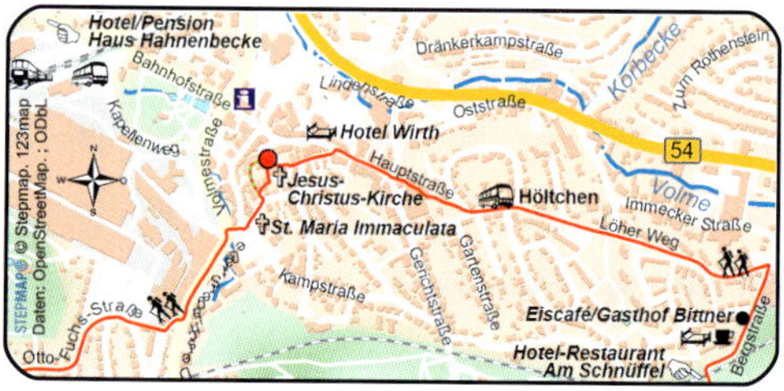

Weg durch Meinerzhagen

Sie folgen geradeaus der weiterführenden Hauptstraße und biegen dann halb links in die Kirchstraße ab, die zur Jesus-Christus-Kirche führt.

Meinerzhagen

☎ 023 54, ✉ 58540

Touristinfo, Bahnhofstraße 9-15, ☎ 77 132, touristinfo@meinerzhagen.de, Karfreitag-31. Okt Mo-Fr 9:00-13:30, 14:00-17:00, Sa, So, Fei 10:00-16:00, übrige Zeit Mo-Fr 9:00-14:00, Sa, So, Fei 10:00-16:00, ➲ 250 m

Eiscafé/Gasthof Bittner, Bergstraße 14, ☎ 778 97 88, www.eiscafelamuh.de, ÜF EZ € 52, DZ € 72, ➲ am Weg, ☞ Wegbeschreibung.

Hotel-Restaurant Am Schnüffel, Heerstraße 10, ☎ 25 80, am-schnueffel@t-online.de, www.hotel-am-schnueffel.de, ÜF EZ € 50, DZ € 80, 🐕, ➲ 400 m, ☞ Wegbeschreibung

Hotel Wirth, Hauptstraße 19, ☎ 70 59 10, hotel@hotel-wirth.de, www.hotel-meinerzhagen.de, ➲ 50 m, 17 Zimmer, ÜF EZ € 65, DZ € 92, ➲ 50 m, Zentrum

♦ **Hotel/Pension Haus Hahnenbecke**, Hahnenbecke 8, ☎ 22 36, haus.hahnenbecke@t-online.de, www.haus-hahnenbecke.de, ÜF EZ € 43-49, DZ 68-95, Zimmer ohne eigenes Bad/WC EZ € 29-33, DZ € 54-58, 🐕, ➲ 600 m, vom Zentrum 1,2 km, nordwestlicher Stadtrand (☞ Wegbeschreibung 10. Etappe)

Knobloch ☎ 65 43

☞ Attendorn

Meinerzhagen hat einen Bahnhof an der Regionalbahnstrecke Lüdenscheid – Köln, Hansaring. Der Bahnhof Marienheide liegt am weiteren Weg (Richtung Köln).

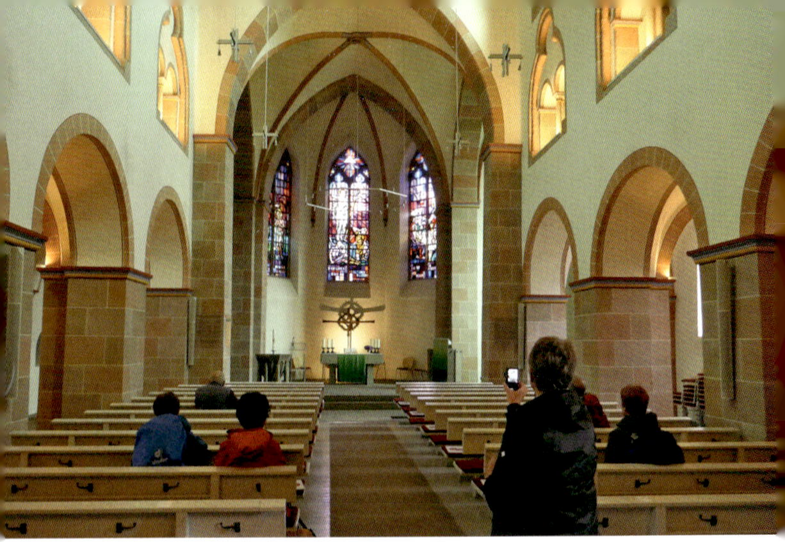

Romanische Jesus-Christus-Kirche in Meinerzhagen

✞ Die evangelische **Jesus-Christus-Kirche** ist eine von sieben romanischen Kirchen im Märkischen Kreis. Sie stammt aus der Mitte des 13. Jh. Es handelt sich dabei um eine Emporenbasilika mit Vorbildern im rheinischen Raum. Als Besonderheit gelten die Kleeblattfenster im oberen Hallenbereich. Zur Einrichtung gehört ein romanischer Taufstein in Kelchform, der von acht steinernen Säulen gestützt wird.

Einer Legende nach soll der Mönch Meinardus von Köln aus bereits im 7. Jh. eine erste Kirche auf dem gleichen Platz erbaut haben. Im Gepäck hatte er ein wundertätiges Marienbildnis und somit wurde die Kirche der heiligen Jungfrau geweiht. Diesen Namen erhielt auch der heutige romanische Bau. Sie war bis zur Reformation eine viel besuchte Wallfahrtskirche „Unserer liewen vrouwen tho Meinertshagen".

täglich 10:00-16:00

⦿ am Schriftenstand der Kirche

Meinerzhagen ist eine Kleinstadt mit rund 20.000 Einwohnerinnen und Einwohnern. Wie bereits für Attendorn beschrieben, sind hier viele Betriebe in der Metallverarbeitung tätig. Größter Arbeitgeber ist die Otto Fuchs KG, die seit 1910 das Bild der Stadt entscheidend mitprägt.

10. Etappe: Meinerzhagen – Lindlar

26,3 km, 8 Std., ↑ 304 m, ↓ 479 m, ⇧ 222-478 m

0,0 km	⇧ 409 m	Meinerzhagen, Jesus-Christus-Kirche
2,2 km	⇧ 453 m	Eick, (600m)
10,2 km	⇧ 356 m	Marienheide
16,0 km	⇧ 357 m	Kümmeler Kreuz, (1,4 km)
20,1 km	⇧ 257 m	Frielingsdorf
26,3 km	⇧ 229 m	Lindlar, St. Severin

Hinter Meinerzhagen haben Sie zunächst ein paar Steigungen im Hügelland zu bewältigen. Zur Belohnung gibt es aber auch großartige Aussichten. Nach Marienheide folgt dann ein zum Teil zwar etwas straßenlastiger Höhenrücken, über den es sich aber bequemer und zügig gehen lässt. Noch einmal geht es auf eine höhere Stufe hinauf und dann lange über einen Höhenrücken, der schließlich nach Scheel und Frielingsdorf hin steiler abfällt. Um nach Lindlar zu kommen, ist noch einmal ein kleiner Berg zu überwinden.

☺ Wieder ist eine recht lange Etappe beschrieben, die aber längere Zeit wenig anstrengend ohne große Steigungen verläuft. Wer es bequemer liebt, der übernachtet bereits in Scheel oder Frielingsdorf und geht am Folgetag wie vorgesehen nach Immekeppel weiter. Das entspräche dann zwei Etappen zu je rund 20 km. Das hätte gleichzeitig auch den Vorteil, dass Sie nicht nach Lindlar hinuntermüssten und so zusätzlich einige Höhenmeter einsparen.

Selbstverständlich sind auch andere Einteilungen möglich, insbesondere dann, wenn Sie schon die vorhergehende Etappe z. B. mit einer Übernachtung in Willertshagen verkürzt haben, könnten Sie auch schon in Schloss Gimborn unterkommen.

Sie gehen am Turmportal vorbei zum Platz hinter der Jesus-Christus-Kirche, passieren noch ein Haus und gehen dann rechts ein paar Stufen abwärts zum Krummicker Weg.

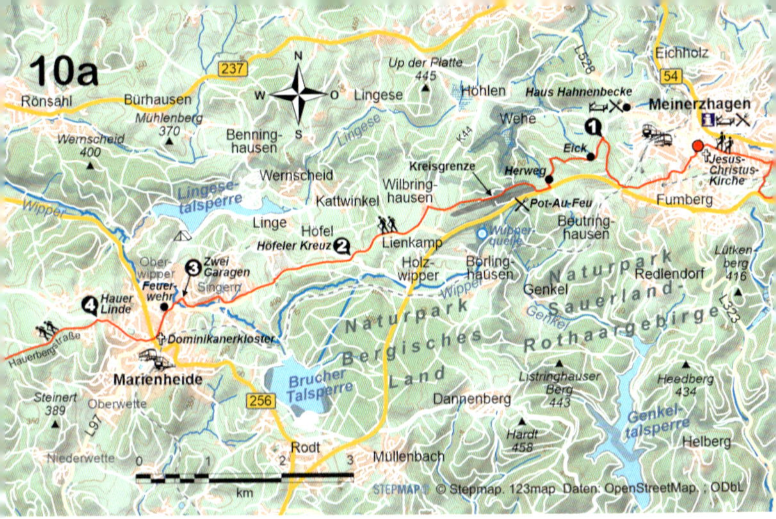

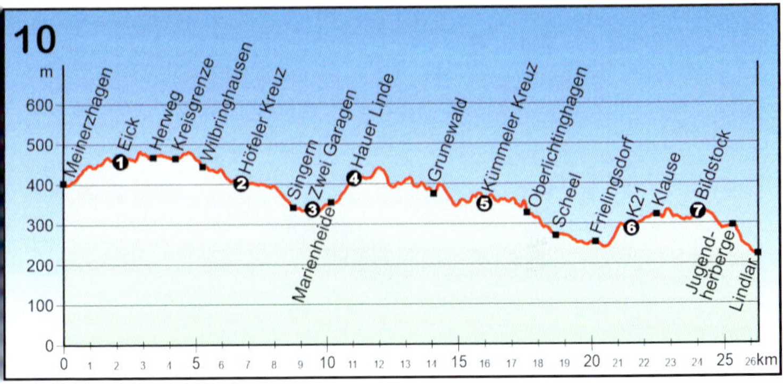

Mit dem Rad biegen Sie etwas südlich (unterhalb) der Kirche in den Krummicker Weg ab.

Dort gehen Sie links und gleich wieder rechts die Kirchstraße abwärts. Sie kommen an eine Gabelung an der röm.-kath. Kirche **St. Maria Immaculata**. Biegen Sie rechts ein, lassen den Beginn der Fußgängerzone (Derschlager Straße) rechts liegen und gehen geradeaus bis zur Fahrstraße vor den Gebäuden der Firma **Otto Fuchs KG**.

Der repräsentative Empfangs- und Verwaltungsbereich, der sich hier zur Stadt hin öffnet, lässt die sich nach Westen ausdehnenden Produktionshallen kaum erahnen. Eine Weile werden Sie allerdings daran entlanglaufen.

Sie folgen der belebten Hauptstraße links für 200 m und biegen dann rechts in die Genkeler Straße ab. Nach nur 40 m biegen Sie wieder rechts in den aufwärtsführenden Fußweg.

🚲 Radfahrer und -fahrerinnen können zunächst geradeaus und dann rechts die Otto-Fuchs-Straße weniger steil aufwärtsfahren.

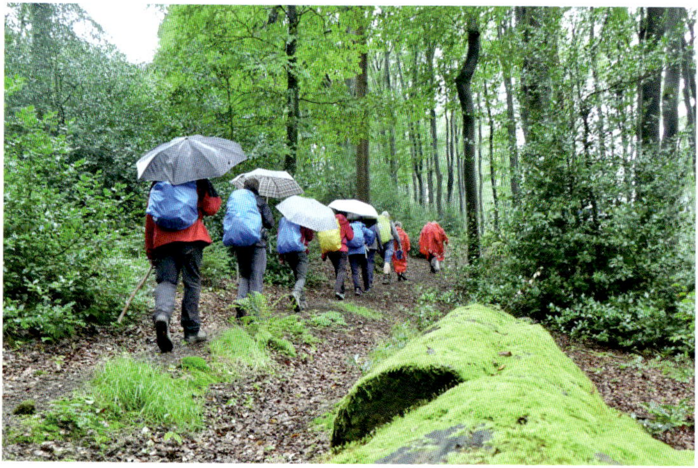

Pilgergruppe hinter Meinerzhagen

Sie erreichen die Otto-Fuchs-Straße und folgen ihr weiter aufwärts. Ignorieren Sie alle Abzweige. Erst auf der Höhe, an einem Spiel- und Bolzplatz, biegen Sie geradeaus in einen geteerten Fußweg, der auch Otto-Fuchs-Straße heißt, von der Siedlungsstraße ab. An einer Kreuzung nahe der Landstraße biegen Sie rechts in den Höhenweg ab, überqueren noch eine Straße und gehen steil aufwärts Richtung Wehe, Eick, Wieden und Kotten.

Auf der Höhe steht eine ⛼ Pausenbank mit Blick über die Landstraße hinweg ins Grüne. Danach gehen Sie abwärts in einen Sattel und biegen hier scharf links in das Sträßchen Eick ❶.

Wenn Sie hier geradeaus weitergehen, kommen Sie nach 600 m zum Hotel/Pension Haus Hahnenbecke, Meinerzhagen.

Vor der Hofstelle Eick biegen Sie halb links in den Feldweg und nach der Hofstelle rechts abwärts in den Wald ab. An einer Gabelung gehen Sie links. Im Linksbogen laufen Sie auf schönem Waldweg an eine weitere Hofstelle (Herweg), die Sie durch ein Tor betreten und durch ein ebensolches wieder verlassen. Über die Hauszufahrt laufen Sie dann links aufwärts zur Landstraße.

Sie gehen rechts. Nach 200 m biegen Sie rechts in einen Schotterweg ab (Pot-Au-Feu, Fr-So abends, So auch über Mittag). Sie laufen nun an der Kopfseite eines Flughafens entlang. Am Waldrand biegt der Weg nach links und führt nun an der Längsseite des Sonderlandeplatzes Meinerzhagen weiter. Wenn der Weg rechts in den Wald biegt, gehen Sie geradeaus über die Wiese an eine Rodung.

2021 gab es hier eine große und (noch) etwas unübersichtliche Rodungsfläche. Das Gelände war zerfahren und der Weg kaum von Fahrspuren zu unterscheiden. Falls Sie ähnliche Verhältnisse vorfinden, bleiben Sie dicht an der Längskante der Start- und Landebahnen, so wie es die Wegverhältnisse zulassen.

Sie treffen dann auf einen Feldweg, der zum Teerweg wird, und erreichen eine Straße in **Wilbringhausen**.

Gehen Sie hier links zu einem Kreisverkehr und dort rechts Richtung Marienheide (Radweg an der Straße). Der Straße folgen Sie nun für 2,6 km. Dazu gibt es keine Alternative.

Der nachfolgende Kreisverkehr heißt **Höfeler Kreuz ❷**. Sie gehen geradeaus, bald auch über einen weiteren Kreisverkehr. Die Straße ist als Klosterstraße ausgewiesen.

Nach dem Ortsschild von Marienheide biegen Sie halb rechts von der Klosterstraße in die Straße An den Leyen ab und gehen abwärts in den Ortsteil **Singern**. Im Grund folgen Sie geradeaus der Singernstraße und dann 200 m dem Wipperweg, dann biegen Sie gegenüber von zwei Garagen ❸, scharf links in einen gepflasterten Fußweg ab, laufen am Hochzeitswäldchen entlang über die Wipper und an der querenden Fahrstraße (Feuerwehr) geradeaus in die Klosterstraße, die hier als Nebenstraße zu einem Kreisverkehr (2021 Baustelle an der Kreuzung mit der B256) im Ortszentrum führt.

Marienheide ⛺ ✕ ☕ 🛒 BANK ✚ ✆ ✝ 🚌 🚆 ✆ 022 64, ✉ 51709

☺ Es gibt einige Übernachtungsmöglichkeiten in der näheren Umgebung von Marienheide und auch weitere Campingplätze liegen insbesondere an den Talsperren. Bei Bedarf können Sie diese auf der Internetseite der Gemeinde nachschlagen.
💻 www.marienheide.de → Willkommen → Fremdenverkehr

⛺ **Campingplatz Lingese**, Linger Str. 53, ☎ 203 99 71, 📱 01 60/93 84 89 57, ✉ camping.lingese@gmail.com, 💻 camping-lingese.de, Ü Zelt € 4, € 3 p. P., ➲ 1 km

🚆 ☞ Meinerzhagen

✝ Die Kirchen **St. Mariä Heimsuchung** und **St. Grignion von Montfort** sind Teil eines Klosterkomplexes im Zentrum von Marienheide. Sie stehen gleich links neben dem oben angeführten Kreisverkehr (die Klosterstraße trifft hier auf die B256). St. Mariä Heimsuchung ist die ältere der beiden Kirchen. Sie stammt noch aus dem späten 15. Jh. und wurde von Dominikanermönchen als Klosterkirche gebaut. Im Zentrum steht ein Gnadenbild der Marienverehrung.

St. Grignion ist eine moderne Hallenkirche. Sie wurde als Pfarrkirche 1963 eingeweiht. Der im Rheinland tätige Architekt Bernhard Rotterdam aus Bensberg hat die Kirche geschaffen.

Beide Kirchen stehen in einer gewissen Korrespondenz zueinander, ohne dass die modernen Formen die ehrwürdigen alten dominieren. Im Gegenteil: Sie ordnen sich unter. Ein Kreuzgang zwischen den Kirchen zeigt ihre Verbundenheit.

Marienheide wurde 1417 das erste Mal als Mergenheyde erwähnt. Als Ursprung wurde ein Mann namens Heinrich genannt, der als Klausner in einer Höhle Auf der Heyde gelebt haben soll.

Eine Vision trieb ihn dazu, nach Köln zu gehen und dort ein Marienbildnis zu erwerben, das sich bereits auf seinem Heimweg als wundertätig erwies. Die daraus entstandene hohe Anziehungskraft des Bildes führte zur Entwicklung eines Dominikanerklosters, das bis zur Säkularisation existierte. Erst im Jahre 1957 erlebte das Kloster eine Wiederbelebung durch den niederländischen Montfortanerorden.

In Marienheide (genauer gesagt auf Höhe des Flugplatzes) haben Sie nicht nur den Märkischen Kreis wieder verlassen, sondern sind auch von Westfalen in das Rheinland gewechselt. Marienheide gehört zum Oberbergischen Kreis.

Am Kreisverkehr gehen Sie geradeaus über die Leppestraße zu einem zweiten Kreisel. Dort biegen Sie rechts in die Scharder Straße ab. Diese führt jetzt stramm aufwärts.

☺ Es gibt an dieser Straße links und rechts noch einige Bildstöcke, die Teil eines Kreuzweges (sieben Fußfälle) waren. Vielleicht achten Sie darauf. Meiner Aufmerksamkeit sind diese entgangen.

Am Scheitelpunkt der Straße steht ein Bildstock ohne Bild an der sogenannten **Hauer Linde ❹**. Hier biegen Sie links in die Hauerbergstraße ab, ein Höhensträßchen mit Aussicht. Wenn das Sträßchen nach 1,6 km rechts talwärts biegt, gehen Sie geradeaus. Der Teer endet und der Weg führt in den Wald.

Sie treffen wieder auf ein Sträßchen, dem Sie links folgen, bis es nach links von der Höhe abbiegt. Hier gehen Sie halb rechts in den leicht aufwärtsführenden Schotterweg und bleiben nun auf diesem für 2 km. Dann ist ein Bildstock, das sogenannte Kümmeler Kreuz ❺, erreicht.

Kümmeler Kreuz

Das Kümmeler Kreuz ist ein gesetzlich geschütztes Baudenkmal. Es stammt aus dem 18. Jh. und weist auf eine Kreuzung an der Heidenstraße hin. Die Straße von Schloss Gimborn über Kümmel nach Leihberg überquert hier den Kamm.

↬ Wenn Sie hier links abbiegen, kommen Sie zum Schloss Gimborn. Das ehemaligen Schlosshotel zu Gimborn ist heute ein Tagungshaus, falls freie Betten vorhanden sind, werden Pilgerinnen und Pilger gerne aufgenommen. Wenn Sie dort eine Übernachtung planen, melden Sie sich besser rechtzeitig an, ➲ 1,4 km.

🛏 ✕ Schloss Gimborn, Schlossstraße 10, 51709 Marienheide, ☏ 022 64/404 33 72, ✉ wirths@ibz-gimborn.de, 💻 www.ibz-gimborn.de, Ü EZ € 46, DZ € 72 F € 11,55

Sie folgen für einen weiteren Kilometer geradeaus dem breiten Schotterweg bis an den Rand einer Wiesen- und Feldlandschaft bei **Oberlichtinhagen**. Hier beginnt jetzt allmählich ein Abstieg vom Höhenrücken.

Sie gehen am Querweg links, biegen noch einmal im rechten Winkel links ab und gehen an einem von den umfangreichen Rodungen nicht betroffenen Wäldchen scharf rechts. Es geht unter der Hochspannungsleitung hindurch abwärts an eine Teerstraße und dort links.

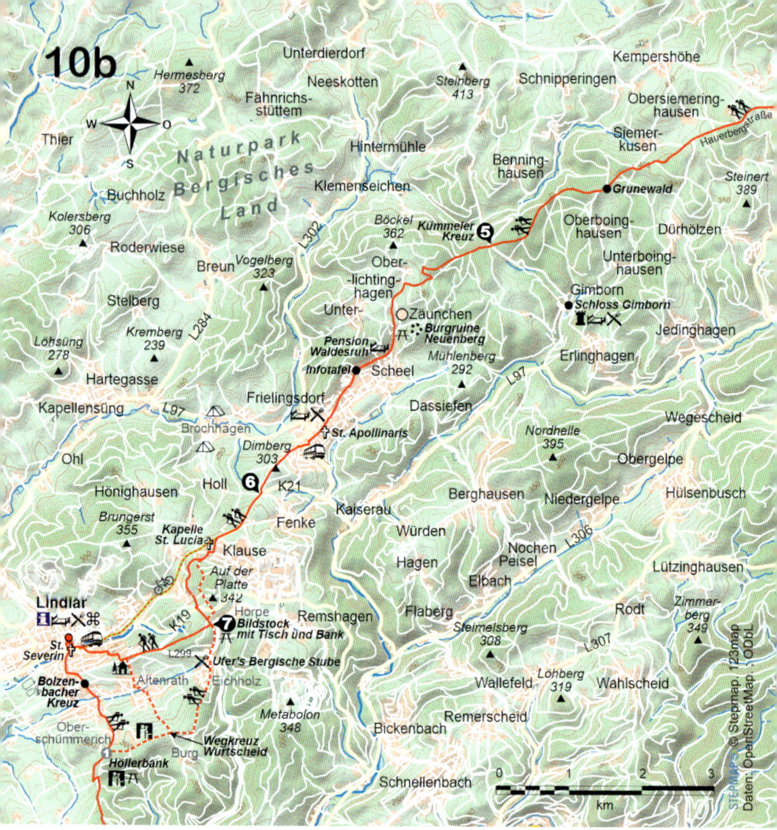

Sie passieren das aus wenigen Häusern bestehende Dorf **Zäunchen** und kommen an einem schönen ⊼ Rastplatz vorbei.

☺ Am Rastplatz beginnt ein Pfad, auf dem Sie zur Burgruine **Neuenberg** gelangen können. Die Burg gab es wohl seit dem 12. Jh. Sie war Eigentum der Grafen von Berg. 1640 wurde sie von den Schweden eingenommen und zerstört.

An den ersten Häusern von **Scheel** biegen Sie rechts in die **Alte Landstraße** (Information, Wegkreuz). Mit diesem Namen wird hier die Heidenstraße bezeichnet.

Pension Waldesruh, Alte Landstraße 91-93, 51789 Scheel (Lindlar), 022 66/475 80, info@pensionwaldesruh.net, www.pensionwaldesruh.net, im Angebot sind sehr unterschiedliche Appartements, Preise auf Anfrage, am Weg

Wenn die Straße im Linksbogen steiler abwärtsführt – hier steht noch einmal eine Informationstafel zur Heidenstraße – biegen Sie halb rechts in einen Fußweg ab, kommen erneut an eine Siedlungsstraße, der Sie geradeaus folgen. Diese Straße führt ebenfalls nach 200 m im Linksbogen bergab. Hier biegen Sie rechts in die Alte Landstraße und haben jetzt die Kirche St. Apollinaris in Frielingsdorf im Blick. Sie werden in die Jan-Wellem-Straße geleitet und können dann erst einmal in der schönen Kirche ausruhen.

Frielingsdorf (Lindlar)

BANK
022 66, 51789

Hotel-Restaurant Montanushof, Montanusstraße 8, 80 85, kontakt@montanushof-hotel.de, www.montanushof-hotel.de, ÜF Preise auf Anfrage, das Restaurant hat als eines der wenigen am Weg auch in der Woche mittags geöffnet, Montag Ruhetag, 120 m

Camping Am Mühlenberg, OT Brochhagen, An der Mühle 3, 440 90 06, 01 76 50 05 00 75, info@camping-muehlenberg.de, www.camping-muehlenberg.de, Ü Zelt € 6, € 5 p. P., € 1, 1,6 km, westlich von Frielingsdorf

♦ **Campingplatz Wiesengrund** GmbH, Im Scheurengarten 9a, 89 78, info@camping-wiesengrund.de, www.camping-wiesengrund.de, Ü Zelt € 5-7, € 4 p.P., € 2, 1,2 km, westlich von Frielingsdorf

Von Frielingsdorf können Sie etwa stündlich mit dem Bus an einen der in der Nähe liegenden Bahnhöfe oder zu den Regional- und Schnellbuslinien gelangen. Sonntags müssen Sie etwas vorplanen, da nur ein Anrufsammeltaxi fährt. Frielingsdorf und Lindlar sind ebenfalls durch Buslinien verbunden.

Wer bei dem Heiligen **Apollinaris von Ravenna**, nach dem die Kirche benannt ist, an das von Coca-Cola vertriebene Mineralwasser denkt, liegt ganz richtig. Bei der Namensvergabe wurde an den Heiligen gedacht. Ein Winzer aus Bad Neuenahr ging 1852 dem schlechten Wachstum der Weinstöcke seines neu erworbenen Weinbergs durch Probebohrungen auf den Grund.

Er entdeckte stark kohlensäurehaltiges Mineralwasser und im Überangebot an Kohlensäure den Grund für das schlechte Wachstum. Nun lag das Weinfeld am Pilgerweg nach Remagen, wo das Kopfreliquiar des Heiligen in der Kirche St. Apollinaris auf dem Apollinarisberg verwahrt wird, und somit war die Namensfindung naheliegend.

Die Kirche St. Apollinaris in Frielingsdorf wurde vom Stararchitekten Dominikus Böhm in den späten 1930er-Jahren erschaffen. Es war sein erster Kirchenbau im Rheinland und gleich ein Meisterwerk. Äußerlich wirkt der Bau gedrungen, das pyramidenförmige Turmdach ist nur leicht gegenüber dem Giebel des Kirchenschiffs erhöht. Form und Farbigkeit sind der Dorfarchitektur angepasst. Trotz der geduckten, Erdhaftung verströmenden Haltung erhebt sie sich doch deutlich als Mittelpunkt über die Dächer des Dorfes hinaus.

Eine ganz andere Wirkung geht vom Innenraum aus. Zwischen schmalen, aufstrebenden Spitzbögen, die wie der Faltenwurf eines weiten Gewandes wirken, strömt je nach Tageszeit unterschiedlich farbiges Licht in den Raum, der Leichtigkeit verspüren lässt. Eine Besonderheit ist am Chorfenster festzustellen. Es setzt sich aus einer Vielzahl von Davidsternen zusammen.

St. Apollinaris Frielingsdorf – die Chorfenster bestehen aus Davidsternen

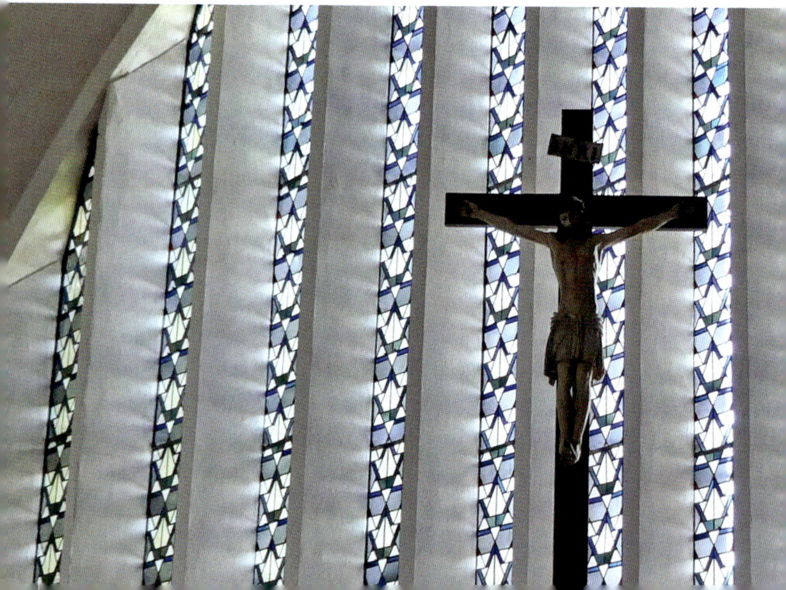

An der Kirche vorbei gehen Sie die Straße ganz hinunter an die Montanusstraße und dort links zum Kreisverkehr 🛒 ☕. Hier biegen Sie rechts in die Ommerbornstraße und steigen nach 150 m links den steilen Dimberg hinauf. Wenn Sie zurückschauen, haben Sie einen schönen Blick über das Dorf zur Kirche.

Sie gehen über die Höhe hinweg bis an die K21 ❻ und dort rechts auf dem Radweg bis in den Ortsteil Klause. An der Bushaltestelle „Klause" biegt Ihr Weg links in den Schmiedeweg ab (auffällig ist der Gewerbebetrieb Holz Richter).

☺ Bevor Sie aber weitergehen, sollten Sie der kleinen **Lucia**- oder **Luzia-Kapelle**, die 100 m weiter an der K21 fast zwischen den Gewerbehallen verschwindet, einen Besuch abstatten. Sie gehört zu den ältesten Kirchenbauten im Raum Lindlar. Vermutet wird, dass das Patrozinium der Heiligen Lucia ursprünglich der Lindlarer Pfarrkirche zugeordnet war. Von Lindlar führte einst ein Kreuzweg zur Klauser Kapelle. Zum Teil sind die Stationen am Weg noch erhalten, andere Bildtafeln sind außen an der Kapelle angebracht.

Weitere Informationen können Sie vor Ort per QR-Code abrufen. Eine kurze Beschreibung der Heiligen Lucia habe ich auch bei Immekeppel ausgeführt, ☞ 11. Etappe.

🚲 Mit dem Rad können Sie, falls Sie in Folge etwas holprige, bei Nässe auch in kurzen Abschnitten glitschige Feldwege vermeiden wollen, entlang der K21 nach Lindlar hinunterfahren.

Beim Gewerbebetrieb Holz Richter folgen Sie links dem Schmiedeweg zur Klauser Straße, gehen rechts und an der nächsten Möglichkeit links (Sattlerweg).

✋ Markiert ist der weitere Weg am Siedlungsrand rechts (Wegweiser).

↳ Sie können aber auch geradeaus den Berg hinauf und über die Höhe laufen. Der Weg führt schließlich an eine Straße (K19), die Sie geradeaus überqueren, biegt danach rechts ab und führt an einen breiten (wieder markierten) Querweg, in den Sie links einbiegen.

Bevor er aber darauf trifft, können Sie rechter Hand die Reste einer Doppelwallanlage im Wald erkennen. Es handelt sich diesmal nicht etwa wieder um ein Hohlwegbündel, sondern um eine **alte Landwehr**. Beide Varianten sind gleich lang.

Der markierte Weg führt eng am Zaun eines Grundstücks entlang und biegt dann im Linksbogen um den Berg herum. Wenn er später abwärtsführt, biegen Sie links in einen Wiesenweg, der im Hang verbleibt. Auch von diesem Weg biegen Sie 40 m vor einem Wohnhaus links leicht aufwärts ab und folgen dem Wiesenweg.

Zuletzt führt der Weg rechts zu einem Teerweg hinab, auf dem Sie links die K19 unterqueren und wieder zur Höhe wandern. (Dort mündet die oben beschriebene Variante ein. 20 m weiter links im Wald sind die Spuren einer alten Landwehr zu sehen.)

Knapp 100 m weiter erreichen Sie einen Bildstock mit Tisch und Bank ❼. Vermutlich gehörte der Bildstock zum Kreuzweg von Lindlar nach Klause.
Kurz vor dem Bildstock weisen die Markierungen auf **zwei Varianten** hin.

☺ ➯ Wer nicht in Lindlar übernachten will oder muss, kann hier bequem geradeaus dem Höhenrücken über Horpe und Eichholz folgen und sich den Abstecher nach Lindlar, das unten im Tal liegt, sparen.

Weg vom Bildstock mit Tisch und Bank über Horpe und Eichholz zur Höllerbank (Umgehung Lindlar) ➲ 2,8 km: Sie folgen am Bildstock geradeaus dem Sträßchen am oberen Siedlungsrand von Horpe Richtung Eichholz. Der Weg führt an eine Straße. Dort gehen Sie rechts zu einer ✕ Gaststätte (Ufers Bergische Stube, Di-Fr 17:30-21:00, So 11:00-17:00) an der L299. Sie überqueren die Landstraße und gehen links am Gasthof vorbei abwärts zu einer querenden Siedlungsstraße und dort links zu einem kleinen Dorfplatz (Eichholz). Geradeaus folgen Sie nun der Burger Straße. Das Sträßchen führt nun wieder sanft aufwärts Richtung Burg. Am Ortsschild biegen Sie rechts in einen Schotterweg ab und erreichen bald ein **Wegkreuz**, errichtet 1911 von den Geschwistern **Wurtscheid** aus Burg. Hier stößt von rechts die im weiteren Verlauf beschriebene Abkürzung von der Jugendherberge auf diese Höhe. Sie folgen geradeaus dem Schotterweg, bis Sie an der Höllerbank auf den aus Lindlar kommenden Weg treffen. Ab hier folgen Sie wieder der Wegbeschreibung der Hauptroute (☞ 11. Etappe, S. 197).

Nach Lindlar geht es am Bildstock rechts. Der Waldweg führt an einen Verkehrskreisel an der L299. Gezeigt werden hier in unterschiedlichen Pflasterungen Produkte der Lindlarer Grauwacke sowie ein Schleifstein aus Sandstein. Folgen Sie geradeaus der Siedlungsstraße mit dem Namen Jugendherberge. Nach dem Ortsschild treffen Sie linker Hand auf die Jugendherberge (☞ Lindlar).

Abkürzung von der Jugendherberge: Falls Sie in der Jugendherberge übernachtet haben, brauchen Sie nicht zwingend erst nach Lindlar hinabzusteigen. Von der Terrasse der Jugendherberge führt rechts ein Weg abwärts. In der Verlängerung heißt er Herbergsweg und führt in einer Siedlung an eine Querstraße. Sie gehen links. Die Straße biegt rechts über den Bach ab und führt danach wieder aufwärts. Sie biegen bald rechts in die Schützenstraße ab. Diese wird zum Fußweg und erreicht auf der Höhe einen breiten Querweg an einem Wegkreuz, gestiftet von den Geschwistern Wurtscheid. Hier geht es rechts weiter bis zur Höllerbank. Ab hier folgen Sie wieder der Wegbeschreibung der Hauptroute (☞ 11. Etappe, S. 197).

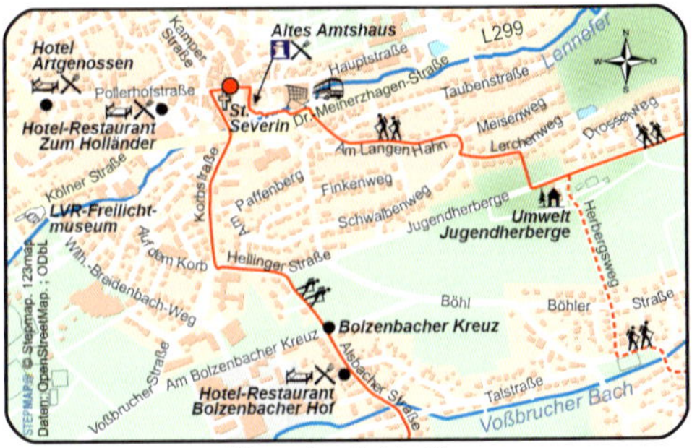

Weg durch Lindlar

Nur 30 m nach der Jugendherberge zeigt die Markierung rechts in einen Pfad abwärts zu einer Siedlungsstraße (Lerchenweg). Sie gehen links und an der Querstraße rechts. Nach 40 m geht es wieder links und dann Am Langen Hahn zur Mühlenseite. Geradeaus führen Stufen und eine Straße hinunter an die Dr.-Meinerzhagen-Straße gegenüber von Busbahnhof und Supermarkt. Sie überqueren die Straße, gehen links über den Parkplatz und rechts zwischen Altem Amtshaus (Touristinformation) und Gemeindehaus hindurch die Pfarrgasse zur Lindlarer Hauptstraße hinauf und dort links zur Pfarrkirche St. Severin.

Lindlar

BANK

022 66, 51789

Lindlar Touristik, Am Marktplatz 1, 964 07, lindlartouristik@lindlar.de, www.lindlar-touristik.de, Mitte März-Ende Okt Mo-Fr 8:30-12:30, zusätzlich Mo-Do 13:30-16:00, Mai-Okt So 10:00-13:00, Winter Mo-Fr 8:30-12:30, zusätzlich Mo u. Mi 13:30-16:00, am Weg, Zentrum

Umwelt Jugendherberge Lindlar, Jugendherberge 30, 47 84 40, lindlar@jugendherberge.de, www.jugendherberge.de → Schnellsuche, ÜF ab € 19,90, am Weg

🛏✕ **Hotel Artgenossen**, Pollerhofstraße 35-37, ☏ 022 66/90 12 80,
✉ claudia.moore@2t-events.de, 💻 www.hotel-artgenossen.de,
14 Zimmer, Preise auf Anfrage, ➲ 380 m, Zentrum

♦ **Hotel-Restaurant Zum Holländer**, Kölner Straße 6, ☏ 66 05,
✉ info@hotel-zum-hollaender.de, 💻 www.hotel-zum-hollaender.de,
17 Betten, ÜF EZ € 70, DZ € 90, ➲ 120 m, Zentrum

♦ **Hotel-Restaurant Bolzenbacher Hof**, Alsbacher Straße 14a, ☏ 88 28,
✉ info@bolzenbacher-hof.de, 💻 www.bolzenbacher-hof.de,
7 Zimmer, ÜF EZ € 70, DZ € 96, ➲ am Weg, 900m südlich des Zentrums

🚌 ☞ Frielinghausen, zwischen Lindlar und Bensberg fahren bis zu zweimal stündlich Busse über Immekeppel. Bensberg ist über die Stadtbahnlinie 1 an das Zentrum von Köln angeschlossen. So ist es möglich die beiden folgenden Etappen von einem festen Standort aus zu laufen. Fahrtzeit Lindlar – Immekeppel 27 Min., Immekeppel – Köln, Zentrum (Heumarkt) 65 Min.

✝ Lindlar gehört zu den Urpfarreien, die von Köln aus über die Heidenstraße gestiftet wurden. Die kath. Pfarrkirche St. Severin hat ihren Ursprung im 12. Jh. Sie gehörte zum Kölner Stift St. Severin, heute im Kölner Stadtbild immer noch als eine der zwölf romanischen Kirchen erhalten. In Lindlar steht aus der Zeit der Romanik nur noch der Turm. Stolz ist man auf das alte Taufbecken mit seinem schönen Zierfries aus der Anfangszeit. Die Kirche selbst ist als spätgotischer Bau mit Lang- und Querschiff sehenswert. Auf dem Kirchplatz steht eine weitere Informationstafel zur Heidenstraße.

⌘ **LVR-Freilichtmuseum Lindlar**, spannender Einblick in die Lebenswirklichkeit des 19. Jh.

♦ Schloss Heiligenhoven, ☏ 901 00, ✉ freilichtmuseum-lindlar@lvr.de,
💻 www.bergisches-freilichtmuseum.lvr.de, 🚪 Di-So 10:00-18:00,
Nov-Feb nur bis 16:00, ➲ 1,8 km westlich von Lindlar an der Talstraße L299

Im Zentrum der Lindlarer Imagebroschüre steht die über 300 Jahre alte Steinindustrie. Lindlar ist steinreich. Die Grauwacke, die hier für sehr unterschiedliche Anwendungsbereiche abgebaut, behauen, gesprengt und verlesen wird, ist härter als Granit und im Übrigen 390 Millionen Jahre alt. Eingeschlossen im Gestein lassen sich hier Fossilien vom ältesten Wald des Erdzeitalters aus dem Mitteldevon entdecken. Das war noch lange vor der Zeit, als die Dinosaurier die Welt beherrschten. Bis heute sind in Lindlar 13 aktive Steinbrüche am Werk.

11. Etappe: Lindlar – Immekeppel

17 km, 5 Std., ↑ 164 m, ↓ 283 m, ⇧ 96-345 m

0,0 km	⇧ 229 m	Lindlar, St. Severin
1,9 km	⇧ 311 m	Höllerbank
5,1 km	⇧ 316 m	Holz, (1 km)
9,3 km	⇧ 227 m	Hohkeppel
17,0 km	⇧ 104 m	Immekeppel

Ein herrlicher Spaziergang auf aussichtsreichen Wegen führt durch Wald und Feld nach Hohkeppel. Im weiteren Verlauf ist die Heidenstraße für den Autoverkehr leider geteert, allerdings führt der Hauptverkehr heute durch das Lennefertal und nicht über die Höhe. Die herrliche Weitsicht entschädigt einigermaßen dafür. Zuletzt steigt der Weg hinunter in das Tal des Baches Sülz an dem sich Immekeppel entwickelte.

Sie gehen an der Kirche St. Severin vorbei und wieder links durch die Straße Kirchplatz zurück an die Dr.-Meinerzhagen-Straße (Hauptverkehrsstraße). Diese wird nun geradeaus überquert und über die Korbstraße (kein Straßenschild, aber eine Jakobswegmarkierung, ausgeschildert ist auch Richtung Jugendherberge) wandern Sie wieder aus Lindlar hinaus.

Sie erreichen einen kleinen Kreisverkehr, biegen dort links in die Hellinger Straße und nach 150 m rechts in die Alsbacher Straße ab.

Dieser folgen Sie zunächst in ein flaches Zwischental. Dabei passieren Sie das **Bolzenbacher Kreuz**, eine Mater Dolorosa oder schmerzhafte Mutter Gottes von 1780. Der Schmerz über den Verlust ihres Sohnes wird durch ein Schwert in ihrer Brust dargestellt.

Sie passieren den Bolzenbacher Hof (☞ Lindlar) und erreichen eine Kreuzung an der Talsohle. Geradeaus folgen Sie der Alsbacher Straße zur **Höllerbank** ❶ auf der Höhe.

Hier biegen Sie rechts in den Querweg. Der Weg fällt nun ab. Ein links abzweigender Weg wird ignoriert (obwohl man diesen auch abkürzend nehmen könnte). Am Waldrand biegt Ihr Weg leicht links und 200 m weiter scharf links in den Wald ab (der erste Weg links ist gemeint, auch A3).

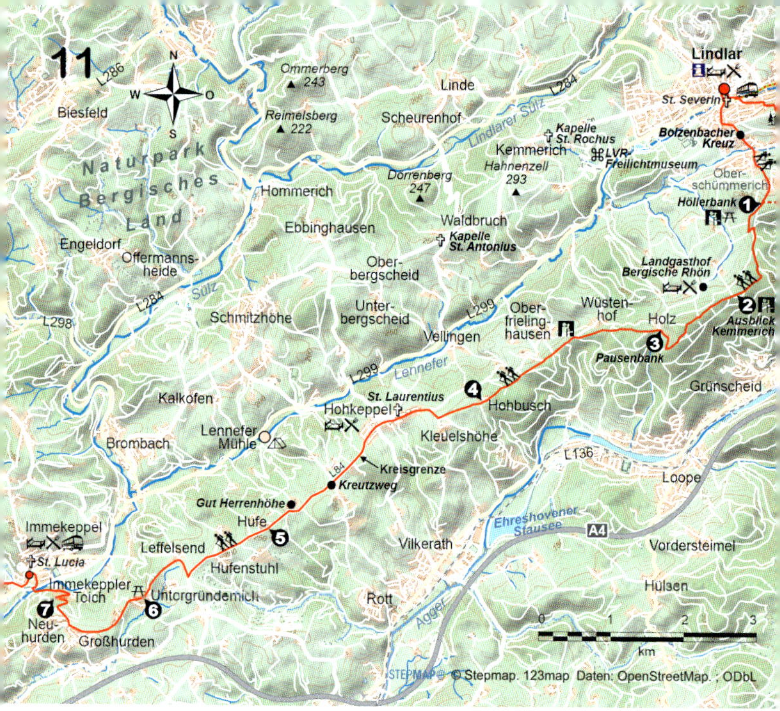

Nach 80 m biegen Sie wieder rechts ab, gehen bis an ein Wegdreieck und dort halb rechts. Sie folgen dem fahrwegbreiten Waldweg noch weitere 400 m.

Dann geben Sie Acht. Es gibt eine kleine Lichtung und voraus fällt der Weg leicht ab. Rechter Hand ist der gelbe Markierungspfahl einer Gasleitung zu sehen. Hier biegen Sie rechts in einen leicht aufwärtsführenden schmalen Pfad ein. 2021, zum Zeitpunkt der Recherche, gab es keine Markierung an dieser Stelle und auch nicht im weiteren Verlauf.

Sie kommen an den Waldrand. Hier gibt es einen weiten Blick nach Lindlar. Es tauchen Fensterrahmen auf, die jeweils den Blick auf unterschiedliche Objekte in der Landschaft lenken. So werden Sie zum Beispiel auf die Lindlarer Route der Heidenstraße aufmerksam gemacht. An dieser Route steht auch die St.-Rochus-Kapelle Kemmerich ❷. Beides ist sehr schön von hier zu sehen.

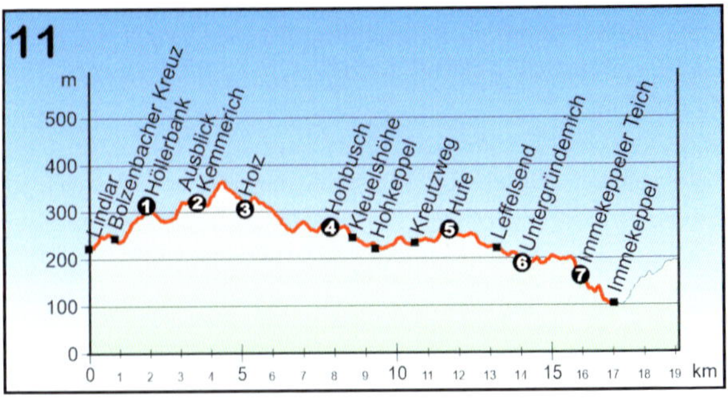

Die Heidenstraße bei Lindlage

Die historische Heidenstraße verlief ab Lindlar in zwei Routen. Die eine führte nicht nach Lindlar hinunter, sondern wie oben beschrieben ab dem Bildstock über Horpe und Eichholz und über den Höhenrücken, auf dem Sie sich gerade befinden.

Die andere Route führte nach Lindlar hinab und über Kemmerich, Waldbruch, Oberbergscheid, Schmitzhöhe, Kalkofen und Brombach auf dem gegenüberliegenden Höhenrücken nach Immekeppel. Auffällig viele Kapellen säumen den Weg entlang des kleinen Sträßchens, das dort heute verläuft. Markiert ist diese Route nicht. Wer sie kennenlernen will, kann gut den Bus nehmen. Der fährt dort lang, während der Großteil des Autoverkehrs heute durch das Tal der Lennefer geführt wird.

Sie bleiben eine Weile am Waldrand und erreichen dann ein Wegdreieck. Hier gehen Sie links. Der Weg wird breiter. Im Bogen geht es rechtsherum. Ein links abzweigender Weg in der Kurve wird ignoriert. Sie kommen in die Ortschaft Holz mit dem Fenster zum Marialindener Dom. Gesehen habe ich den von hier allerdings nicht. Vom weiteren Weg wird er aber noch zu sehen sein. An einer Pausenbank ❸ biegt der Pilgerweg dann links von der Holzer Straße ab.

Geradeaus können Sie über die Straße das Hotel/Restaurant Bergische Rhön erreichen, 1 km.

Landgasthof Bergische Rhön, 51789 Lindlar, Holzer Straße 18, ☎ 022 66/83 59, info@bergische-rhoen.de, www.bergische-rhoen.de, Ü EZ € 50, DZ € 69, F € 8,50,

Es folgt ein besonders schöner Weg, der mal im Wald, mal am Waldrand, sanft auf dem Höhenrücken fallend, schließlich an ein Teersträßchen führt. Diesem folgen Sie links.

Es gibt wieder ein Fenster zur Lindlarer Route der Heidenstraße, hier zur St. Antoniuskapelle Waldbruch. Das Sträßchen führt aussichtsreich nach **Hohbusch** ❹ und erreicht etwas weiter das Ortsschild von **Kleuelshöhe**. An der Kreuzung geht es hier rechts zur Ansiedlung **Wilhelmshöhe** und dort im Bogen links nach Hohkeppel (Bronzetafel).

Hohkeppel (Lindlar) 🛏 ⛺ ✕ BANK ⚕ ⊙ ✝ ✆ 022 06, ✉ 51789

🛏 ✕ **Gasthof-Restaurant Hohkeppeler Hof**, Laurentiusstraße 29, ☎ 91 02 22, ✉ info@hohkeppeler-hof.de, 💻 www.hohkeppeler-hof.de, 3 Zimmer, Ü EZ € 42, DZ € 59, ➲ am Weg

⛺ **Helios Familiensportgemeinschaft Köln e.V.**, Lennefer Mühle 1a, ☎ 50 20, ✉ helios-fsg-koeln@gmx.de, 💻 www.helios-fsg.de, Kölner Sport- und Naturistenverein, Gäste mit Zelt sind immer willkommen, Preise auf Anfrage, ➲ 1,3 km, an der Bushaltestelle „Kreutzweg" rechts über Kepplerburg ins Lennefertal absteigen

Knochensplitterreliquiar auf Bratrost in der Kirche St. Laurentius

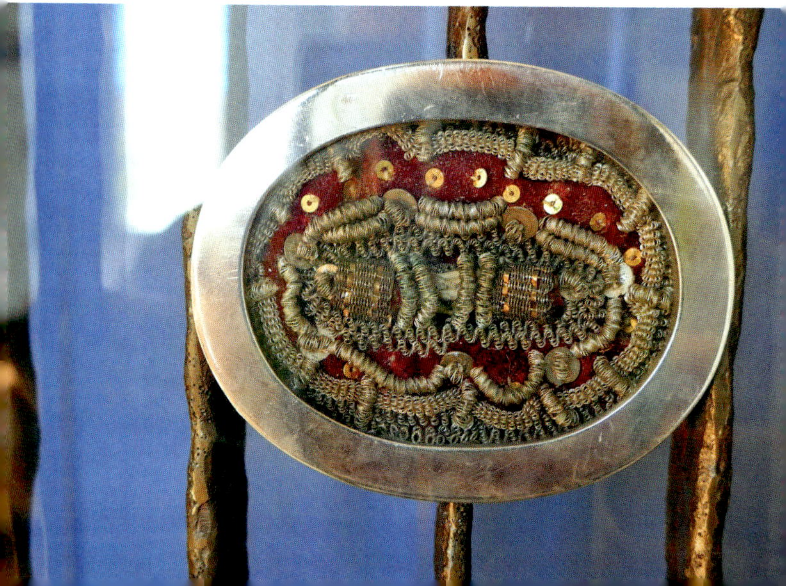

✞ Die Kirche **St. Laurentius** in Hohkeppel ist ein klassizistischer Saalbau aus dem 19. Jh. Er wurde an einen Turm aus dem 12. Jh. angefügt. Laurentius ist ein im Bergischen beliebter Heiliger. Ihm zu Ehren wird hier um seinen Namenstag die sogenannte Laurentius-Oktav mit einwöchigem Festprogramm gefeiert, ☞ 6. Etappe.

⊙ Pilgerstempel im Vorraum der Kirche

Hohkeppel wurde das erste Mal im Jahr 958 erwähnt. Es geht zurück auf einen Rittersitz. Gegenüber der Kirche steht ein prächtiger Fachwerkhof aus dem 17. Jh. Gebaut wurde er als Fuhrmannsherberge an der Heidenstraße.

Hinter Hohkeppel wandern Sie vom Oberbergischen in den Rheinisch-Bergischen Kreis. Sie kommen zunächst in das Gebiet der Stadt Overath und anschließend nach Bergisch-Gladbach.

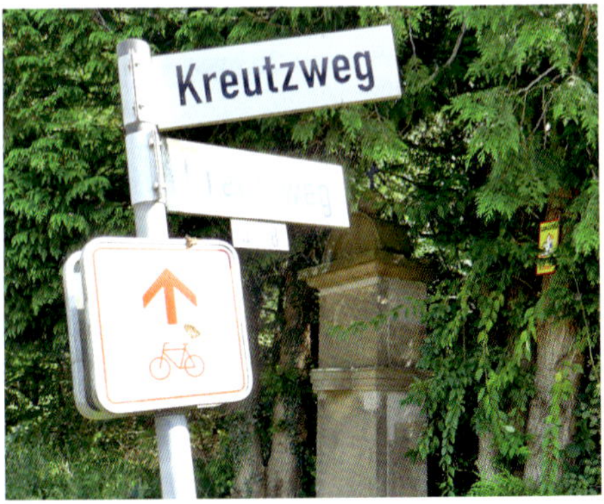

Kreutzweg hinter Hohkeppel

Nach dem Fachwerkhof und der Kirche kommen Sie an ein Straßendreieck mit Autoverkehr und dem 🛏 ✕ Hohkeppeler Hof. Sie gehen links an der Terrasse der Ausflugsgaststätte entlang. Aus dem Ort hinaus begleitet Sie ein Stationsweg der sieben Fußfälle. Die Höhenstraße L84 trägt deshalb den Namen Kreutzweg, in altertümlicher Schreibweise.

Auf dem Höhenzug zur Linken, knapp 5 km entfernt, taucht bald eine auffällige große Kirche auf. Es ist die Wallfahrtskirche St. Mariä Heimsuchung in Marialinden. Sie steht an einer anderen Altstraße, die von Köln nach Siegen führt und Brüderstraße genannt wird. In Bensberg treffen Brüderstraße und Heidenstraße zusammen.

Voraus schauen Sie – passendes Wetter vorausgesetzt – bis in die Rheinebene. Dicke Wolken steigen dort aus der Braunkohleverstromung in den Tagebaugebieten auf.

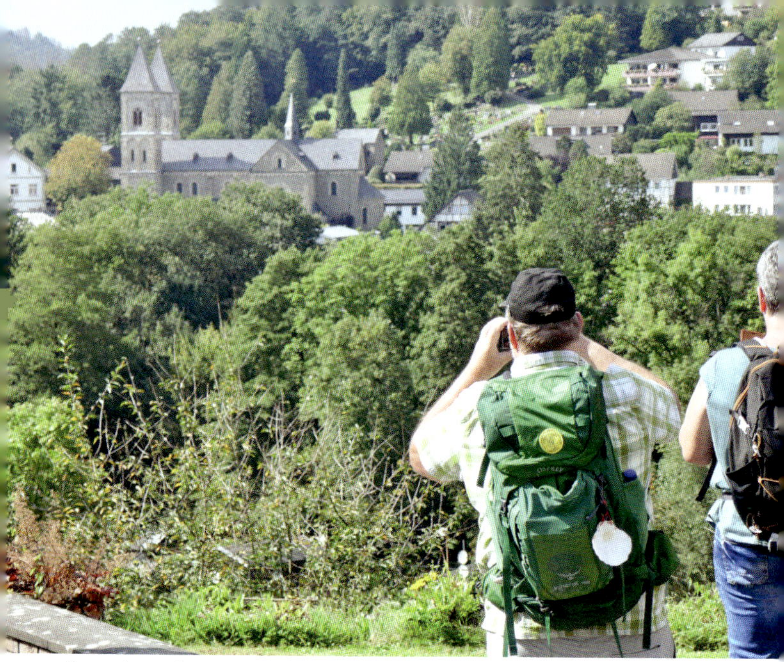

Immekeppel ist fast erreicht

Markant ist das **Gut Herrenhöhe**, ein Pferdehof. Die Ansiedlung am Scheitelpunkt des Höhenrückens heißt **Hufe ❺**. 1,4 km weiter kommen Sie an ein Straßendreieck. Hier geht es nach rechts in die Straße Leffelsend Richtung Kürten und Brombach. Am ersten Haus von **Leffelsend** biegen Sie dann nach links ab und wandern weiter nach **Untergründemich ❻**. Eine Pausenbank steht in der Ortsmitte. 1,2 km weiter, in **Großhurden**, biegen Sie an der gleichnamigen Bushaltestelle rechts Richtung **Neuhurden** ab. Das Sträßchen heißt Altbusch.

Nach 180 m zweigen Sie rechts in einen Forstweg ab. In zwei Serpentinenkurven führt er an die Siedlungsstraße von **Immekeppeler Teich ❼**. Sie gehen rechts und noch einmal scharf links weiter abwärts.

250 m bevor der Bach Sülz erreicht ist, kommen Sie rechts zum Hotel Garni Schmithausen, das eigentliche eine Privatpension ist (☞ Immekeppel).

Sie gehen geradeaus bis zum Bach und überqueren ihn auf einer Brücke.

Gleich nach der Brücke biegen Sie rechts und nach 50 m wieder links ab. An der Gabelung gehen Sie dann rechts auf dem Fußweg bis an die Lindlarer Straße vis-à-vis der Kirche St. Lucia. Sie überqueren die Straße und laufen die Stufen zur Kirche hinauf. Hier ist wieder eine Bronzetafel zur Heidenstraße angebracht. Diesmal wurde sie an einem Mühlstein, der auf Immekeppel als ehemaligen Mühlenstandort hinweist, angebracht.

Immekeppel (Overath)

022 04, 51491

Hotel Garni Schmithausen, Immekeppeler Teich 46, 78 84, www.hotel-schmithausen.de, ÜF EZ € 38-45, DZ € 62-70, 160 m, Wegbeschreibung

Hotel/Restaurant Haus Thal, Haus Thal 4, 975 50, info@haus-thal.de, www.haus-thal.de, ÜF EZ ab € 74, DZ € 90, 500 m, an der Durchgangsstraße rechts

Der schön gelegene Campingplatz im Sülztal ist nur für Dauercamper gedacht.

Lindlar

St. Lucia ist eine sehr schöne, harmonisch, im (neo)romanischen Stil gestaltete Kirche. Die gekonnte Bemalung unterstreicht die Rundbogenarchitektur. Schlanke Säulen mit blockigen Kapitellen wechseln mit massigen, durch Lisenen gegliederten Pfeilern im Längsschiff. Aufgrund ihrer Größe wird die Kirche auch Sülztaler Dom genannt, auch wenn es keine Bischofskirche ist. Die heutige Kirche ist der dritte Bau an dieser Stelle. Sie entstand in den Jahren 1885-87. Warum man sich für das Patrozinium der heiligen Lucia entschied, ist nicht bekannt.

Der Vorgängerbau war Jakobus dem Älteren geweiht. Immerhin erhielt dieser aber eine Würdigung. Im Chor ist ein Jakobusfenster gestaltet. Ein weiterer Hinweis auf eine Pilgerwegstation auf dem Weg zum Grab des Apostels Jakobus könnte eine Darstellung der heiligen Birgitta von Schweden (1303-1373) geben. Die Figur ist die älteste hier im Kirchenraum. Dargestellt ist sie in Ordenstracht. Ihr zu Füßen liegt ein Rind, da sie auch als Schutzheilige bei Tierseuchen gilt. Birgitta von Schweden war mehrfach auf Pilgerschaft, sowohl in Rom, in Jerusalem als auch in Santiago de Compostela. Im schwedischen Vadstena am Vätternsee gründete die in Schweden als Nationalheilige verehrte Adlige den Birgittenorden. Am vorderen Pfeiler auf der rechten Seite steht ihr Konterfei.

Die heilige Lucia steht am vorderen Pfeiler auf der linken Seite und im Altarraum. Sie lebte im 3. Jh. in Syrakus auf Sizilien. Neben dem Palmwedel, dem allgemeinen Kennzeichen einer Märtyrerin oder eines Märtyrers, wird sie für gewöhnlich mit einem Schwert, durch das sie zu Tode kam, dargestellt. Seltener wird sie auch mit einem Augenpaar, das auf einem Tablett liegt, wie hier auch zu sehen, gezeigt. Einer Legende nach wurden ihr auch die Augen ausgestochen. Lucia bedeutet eigentlich die Leuchtende oder die Lichtträgerin. Wenn sie ihren verfolgten Glaubensgenossinnen des Nachts Brot in ihre Verstecke brachte, soll sie sich einen Kranz aus brennenden Kerzen auf den Kopf gesteckt haben, um die Hände zum Tragen frei zu haben. In Schweden wird, wie auch zum Teil in anderen Ländern, am Festtag der heiligen Lucia (13. Dezember) das Luciafest als ein Fest, welches das kommende weihnachtliche Licht ankündigt, noch feierlich begangen. Aufgekommen ist es vielleicht aber mal als Sonnenwendfest, denn vor der gregorianischen Kalenderreform (1582) war der 13. Dezember die längste Nacht im Jahr.

Immekeppel entstand an einer Furt über die Sülz an der Heidenstraße. Erwähnt wurde es am 22. Februar 1166, als das Hofgut Sulsen an das Prämonstratenserinnenkloster Meer bei Büderich übertragen wurde. Warum aus Sulsen Immekeppel wurde, ist nicht bekannt. 1309 tauchte der Name Ymmin kappelin in einer Urkunde auf. Immekeppel hat auch eine Bergbaugeschichte. Vom Hochmittelalter bis ins späte 19. Jh. wurde hier Blei für den Bau des Kölner und des Altenberger Doms geschürft.

12. Etappe: Immekeppel – Köln

➲ *25,1 km,* ⌛ *8 Std.,* ↑ *138 m,* ↓ *189 m,* ⇧ *40-223 m*

0,0 km	⇧	104 m	Immekeppel
4,2 km	⇧	221 m	Moitzfeld
6,6 km	⇧	178 m	Bensberg, Schloss
9,1 km	⇧	124 m	Königsforst, Einmündung Brüderstraße
15,3 km	⇧	53 m	Brück, Mauspfad
21,3 km	⇧	41 m	Köln, Kalk
25,1 km	⇧	51 m	Köln, Domhof

Nachdem die Pilgerinnen und Pilger und die Kaufleute bei Immekeppel die Furt über die Sülz passiert hatten, stiegen Sie zum Löher Berg hinauf und wanderten über den Höhenrücken nach Bensberg. Genau das werden Sie heute nachvollziehen – mit dem Unterschied, dass Sie in Bensberg nicht auf die Burg der Grafen und späteren Herzöge von Berg treffen, sondern auf die Verwaltungsburg des neuen Rathauses und auf ein Schloss von Johann Wilhelm II. und dann können Sie bereits bis zum Kölner Dom die Landschaft überblicken. Die nächsten 6 km führen durch Buchenwald, dem Königsforst am Rande der Stadt Köln und in Brück können Sie ja noch einmal in sich gehen, ob Sie in die Bahn steigen oder doch bis zum Dom zu Fuß gehen.

Von der Kirche steigen Sie Treppenstufen zur Straße Kielsberg hinab und gehen dort links zur Lindlarer Straße. Ihr folgen Sie nach rechts. Nach 150 m biegen Sie rechts in die Löher Straße ab, die Sie bergauf marschieren. Kurz vor der Höhe achten Sie auf das **Bodendenkmal Hohlweg ❶**.

Ein Gedenkstein weist auf diesen tief eingeschnittenen alten Weg neben der Straße.

Die weitere Orientierung bis Bensberg ist denkbar einfach. Sie folgen dieser Straße nach Löhe, ab hier wird sie Herweg genannt, gehen weiter über Ehrenfeld, zunächst nach **Moitsfeld** BANK, das bereits zu Bergisch Gladbach gehört. Ein erster schöner Blick zum Schloss Bensberg ist möglich.

Sie folgen der Straße weiter geradeaus. Sie heißt nun Moitzfeld und im weiteren Verlauf Wipperfürther Straße.

Kurz bevor Sie das Schloss erreichen, setzt der Pilgerweg zu einem empfehlenswerten Rundweg an. Alle Sehenswürdigkeiten liegen so am Weg.

Folgen Sie der Linkskurve der Straße und biegen Sie in die zweite Straße rechts ab (Burggraben) ❷. Am querenden Burggraben (heute die gleichnamige Straße) gehen Sie links und im weiten Rechtsbogen ganz um den heutigen Rathauskomplex herum.

Über die Engelbertstraße und die Straße Markt kommen Sie zur querenden Kadettenstraße und gehen dort links bis vor das Schloss. Geradeaus daran vorbei erreichen Sie die querende Jan-Wellem-Straße. Sie gehen links zur neoromanischen Kirche St. Nikolaus.

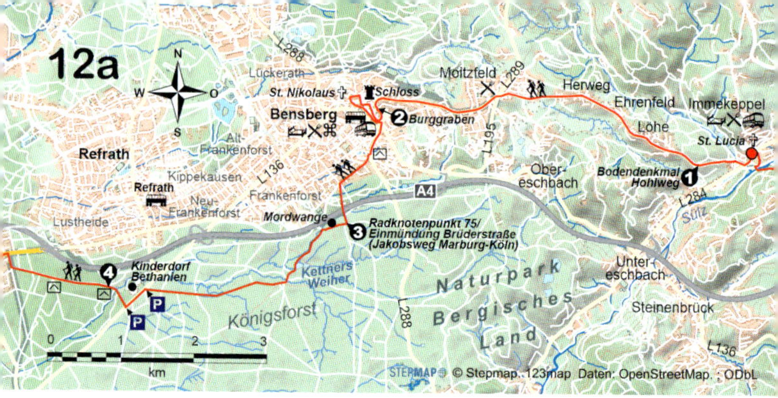

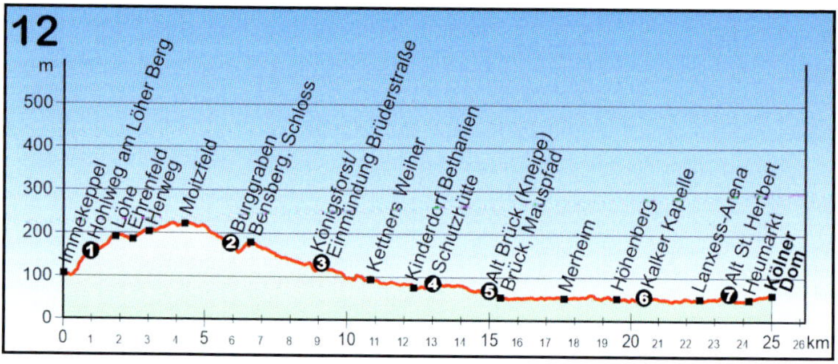

Bensberg (Bergisch Gladbach)

022 04, 51465

Malerwinkel Hotel Betriebs GmbH, Burggraben 6, 950 40, info@malerwinkel-hotel.de, www.malerwinkel-hotel.de, Ü EZ ab € 93, DZ ab € 120, am Weg, Zentrum

Bensberg ist durch die Stadtbahn S1 direkt an die Stadtmitte von Köln angeschlossen.

Lindlar

Die röm.-kath. **Pfarrkirche St. Nikolaus** ist eine neuromanische dreischiffige Basilika, die vom Künstler Helmut Moos in den 1980er-Jahren neugestaltet wurde. Dazu gehört auch ein modernes Triumphkreuz. Geschichten, die sich um das Leben des heiligen Nikolaus ranken, werden auf mehreren Bildern aus unterschiedlichen Jahrhunderten erzählt. Der romanische Taufbrunnen erinnert in seiner von Säulen umfassten Art an den von Meinerzhagen.

⌘ **Bergisches Museum für Bergbau, Handwerk und Gewerbe**

♦ Konrad-Adenauer-Platz 1, ☏ 140, info@bergischgladbach.de,
www.bergisches-museum.de, Di-Fr 9:00-14:00, Sa, So, Fei 11:00-17:00

Die wehrhafte Burg Bensberg war wichtiger Teil der Verteidigungsstellung der Grafen von Berg gegen die Kölner Erzbischöfe. Nachdem die Burg ihre strategische Bedeutung verloren hatte, wurde sie zum Wohnschloss und Verwaltungssitz umgestaltet. 1984 wurden Burg- und Wohnanlage nach Plänen des Kölner Architekten Gottfried Böhm zum Rathaus umgebaut, wobei erheblich in die mittelalterliche Bausubstanz eingegriffen wurde und eine Verwaltungsburg aus Sichtbeton entstand. Nicht alle fanden Gefallen am neuen Bau, da viel alte Bausubstanz abgerissen worden war und nicht alle die Betonarchitektur mögen.

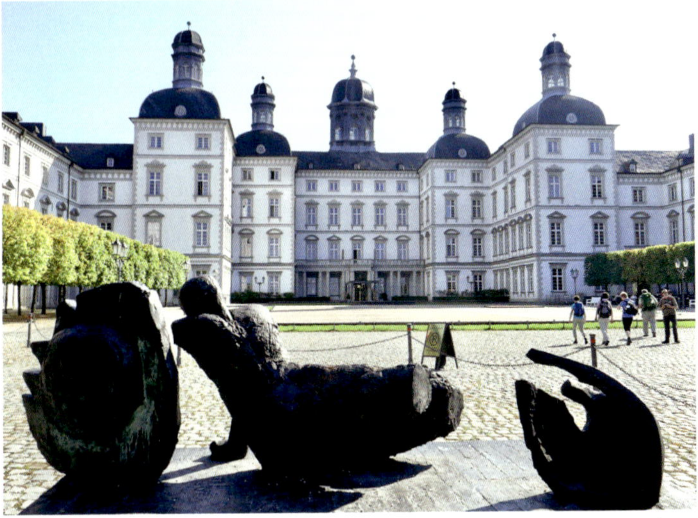

Schloss Bensberg

Johann Wilhelm II. (auch Jan Wellem genannt), Herzog von Jülich und Berg, beauftragte Anfang des 18. Jh. ein neues Schloss im Barockstil. Die Fertigstellung der fünfflügeligen, einen großen Innenhof umfassenden Anlage erlebte er nicht mehr.

Im 19. Jh. war im Schloss eine Kadettenanstalt, wie die weiterführenden, auf eine militärische Karriere vorbereitenden Schulen in Preußen genannt wurden, untergebracht. Dabei wurden schwerwiegende Eingriffe in die barocke Bausubstanz vorgenommen. 1934 erfolgte ein Umbau zur Eliteschule des Dritten Reiches und nach dem zweiten Weltkrieg zogen belgische Soldaten ins Schloss. Es entstand auch eine Schule für die Kinder der belgischen Familien. Einmal im Jahr fand hier unter Anteilnahme vieler Bürgerinnen und Bürger aus Bergisch Gladbach ein Großer Zapfenstreich mit belgischen und deutschen Soldaten statt. Auch Staatsempfänge folgten. In der Zeit konnte das Äußere des Schlosses in seine ursprüngliche barocke Gestalt zurückgeführt werden. Nach Abzug der Belgier wurde 1997 der Ausbau zu einem luxuriösen Hotel vorgenommen.

Vom Podest der neuen Schlosstreppe, einer Verbindung von Schlossplatz und Einkaufsstadt, ergibt sich ein sagenhafter Ausblick zum rund 14 km entfernt stehenden Kölner Dom. Die Mittelachse des Schlosses ist genau auf den Dom ausgerichtet.

Von der Kirche St. Nikolaus gehen Sie links über die Nikolausstraße in die Schlossstraße, passieren die neue Schlosstreppe und wandern geradeaus durch die Einkaufsstraße bis an eine Querstraße. Sie gehen rechts und weiter geradeaus über eine Straßenkreuzung hinweg (rechts gehts hier zur Stadtbahn und zum Busbahnhof).

Auf Höhe einer Parkanlage linker Hand (überdachte Pausenbänke), biegen Sie rechts in die Broicher Straße ab. Nach 600 m, an einer romantischen Ecke mit Fachwerkhäusern, biegen Sie links mit der Straße **Broich** in den Königsforst ein.

Königsforst

Der Königsforst ist heute ein wichtiges Naherholungsgebiet für die Städterinnen und Städter. Er wird nicht mehr forstwirtschaftlich genutzt, sondern ist im Jahr 2000 zum Naturschutzgebiet erklärt worden. Der Name geht in der Tat auf die ursprünglichen Besitzverhältnisse zurück. Bereits im 6. Jh. wurde ein Buchenwald gegenüber von Köln erwähnt, der im 8. Jh. als königlicher Forst bezeichnet wurde. Im Jahr 958 gerät der königliche Besitz in die Hände der Kölner Kirchen und Klöster und danach unter den Einfluss der Grafen von Berg.

Sie unterqueren die Autobahn A4 und erreichen den **Radknotenpunkt 75** ❸. Von links trifft hier die Brüderstraße an die Heidenstraße.

Brüderstraße

Die Brüderstraße entstand wohl erst in der Zeit der fränkischen Landnahme und der damit verbundenen Christianisierung. Sie war Teil der sogenannten Brabanter Straße von Lüttich über Köln nach Leipzig. Wie schon die Heidenstraße führte sie stets über die Höhen.

Die Talböden waren in der Regel versumpft. Mit dem Bau der Köln-Olper Chaussee 1823 bis 1834 verlor die Brüderstraße ihre Bedeutung. Wie die Heidenstraße war die Brüderstraße auch ein Weg der Jakobspilger. Heute setzt sich auf ihr der von Eisenach nach Marburg führende Elisabethpfad als Jakobsweg Marburg – Siegen – Köln fort.

Sie gehen rechts. Achten Sie nach 150 m auf die **Mordwange**, die hier rechter Hand am Wegesrand gerahmt von zwei Thujabäumchen steht.

Mordwange an der Brüderstraße

Die Mordwange wurde an der Stelle errichtet, wo „dirich rutger der junger zu drolshagen" im Sauerland am 1. Dezember 1636 ermordet wurde. Das jedenfalls lässt sich der nur wenig verwitterten Inschrift entnehmen, wobei die Jahreszahl nicht mehr so eindeutig zu erkennen ist. Heute bezeichnet der Stein nicht mehr exakt die Stelle, an der der Mord geschah, da er aus straßenbautechnischen Gründen etwas versetzt wurde. Vermutlich handelt es sich bei dem Kreuz nicht um ein sogenanntes Sühnekreuz, welche vor allem aus der Zeit des 15. Jh. und frühen 16. Jh. bekannt sind. Diese wurden als Sühne- und als Versöhnungszeichen für einen begangenen Mord vom Mörder oder seiner Familie errichtet. Die Mordwange im Königsforst wurde vermutlich als Erinnerungsstein der Familie Rutger angefertigt und aufgestellt.

Folgt man den Ausführungen von Haro von Laufenberg (💻 www.suehnekreuze.de), dann sind die Mörder nicht bekannt und es kann nur spekuliert werden, ob es sich um marodierende schwedische Söldner oder um Räuber gehandelt hat, die hier im Sumpf (Broich ist eine Variante von Bruch und eine Bezeichnung für nasses, tief liegendes Gelände) an einem dunklen Dezembertag dem Junker aus Drolshagen auflauerten.

Sie kommen an eine Gabelung. Dort gehen Sie links Richtung Rösrath, Rath und Heumar. Auf diesem breiten Weg bleiben Sie nun. Ignorieren alle Abzweige, bis Sie nach 3,3 km hinter einem Schlagbaum an einen Parkplatz an einer Straße kommen.

Sie gehen links auf dem Radweg an der Straße entlang. Auf der anderen Seite liegt versteckt im Wald das **Kinderdorf Bethanien**.

Nach etwa 350 m, an einem weiteren Parkplatz, wird die Straße überquert. Geradeaus geht es wieder in den Wald. (Richtung Wildgehege und Brück). Sie gehen über den Flehbach und erreichen eine Schutzhütte ❹.

Sie bleiben auf dem halb links biegenden breiten Weg. Es folgt eine weitere Schutzhütte. Parallel ist ein Baumlehrpfad angelegt. Am Siedlungsrand angekommen gehen Sie rechts bis zur Olpener Straße (B55), die Sie bei dem Haus Nr. 1.094 erreichen. Sie folgen der Straße nach links. Am Weg steht bald rechter Hand das Hotel Silence garden. Achten Sie auch auf die schöne Jugendstilfassade der **Gaststätte Alt Brück** ❺ (Haus Nr. 951). Am querenden Mauspfad können Sie rechts die gleichnamige Stadtbahnhaltestelle erreichen, 350 m.

Brück, Köln 02 21, 51109

Hotel Silence garden, Olpener Straße 1.031, 33 66 60, silence@novum-hotels.com, www.novum-hotels.com/hotel-silence-garden-koeln, Ü DZ ab € 66,10, € 15, am Weg

Brück entstand an einer Kreuzung von Brüderstraße und Mauspfad, der vermutlich bereits in der Eisenzeit existierte und vormals bis in die Niederlande führte. Heute ist Brück der östlichste Stadtteil von Köln. Brück präsentiert sich als ein sehr lebendiger Ort, der sich aber auch seiner historischen Bedeutung bewusst ist. Der Geschichts- und Heimatverein „Unser Brück" hat 12 informative Tafeln an besonderen Orten aufgestellt. Ein kleiner Rundgang ist überaus lohnend. Für Pilgerinnen und Pilger vielleicht besonders interessant ist der schiefervertäfelte Gasthof **Em Hähnche**, der gleich nach der Kreuzung mit dem Mauspfad am Weg steht. Er stammt aus dem Jahre 1725 und geht auf eine fränkische Hofanlage zurück. An der hier anstehenden Stufe zur mittleren Rheinterrasse wurden auch Einspanndienste geleistet. Schräg gegenüber befindet sich der Kirchplatz. Hier steht eine vom Landschaftsverband Rheinland aufgestellte Stele, die an ein 1437 gestiftetes Hospital für Arme erinnert. Auch kranke und erschöpfte Pilgerinnen und Pilger kamen hier unter.

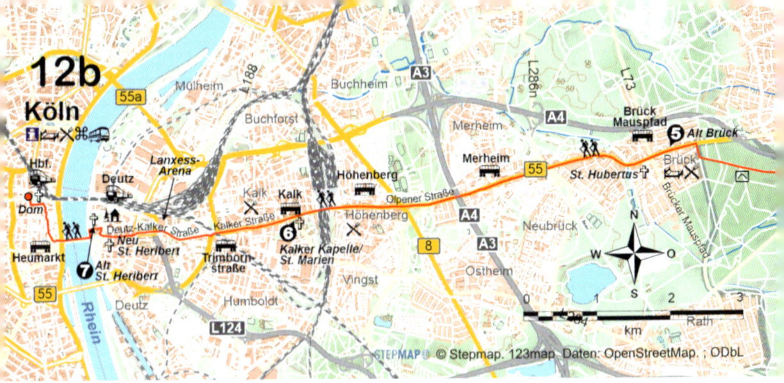

Sie folgen der B55, unterqueren eine auffällige Straßenbrücke. Ein Ortsschild weist auf den Kölner Stadtteil **Mehrheim** hin. Sie unterqueren die Autobahn A4/A3 und wandern nun durch etwas Stadtgrün. Es gehört zu einem Ende des 19. Jh. angelegten preußischen **Festungsring** um die Stadt Köln. Es beginnt der Stadtteil **Höhenberg** BANK. Nach der Eisenbahnunterführung beginnt **Kalk** BANK. Die Olpener Straße endet bzw. beginnt bei Haus. Nr. 1. Die Kalker Straße führt Sie nun durch ein deutlich belebtes Zentrum.

Sünner Brauerei

Zur Linken erhebt sich das 1888 bis 1890 errichtete Brauereigebäude der Gebrüder Sünner. Zechenbrauerei ist dort zu lesen. Die Braumeister waren die Profiteure vom fehlgeschlagenen Versuch, den Energiehunger der beginnenden Industrialisierung vor Ort zu stillen. Auf dem Gelände entdeckte Braunkohleadern entpuppten sich als nicht förderbar. Die Sünner Brauerei kaufte das Gelände. Ein ab 1906 gebrautes obergäriges helles Bier bezeichneten sie das erste Mal als „echt Kölsch". Der Hinweis auf die regionale Erzeugung wurde nach und nach von allen anderen Traditionsbrauereien übernommen. Erst 1997 wurde das Kölsch zu einer durch die EU geschützten Herkunftsbezeichnung.

Die Stadtbahn, die bisher in einer bis zu 300 m entfernten Parallele zum Pilgerweg verlief, lässt sich nun an mehreren Stellen direkt durch einen Abstieg in den Untergrund erreichen.

Es folgt die Marienkirche mit dem achteckigen Backsteinturm. Davor steht eine Kapelle mit einer Christophorus-Darstellung an der Außenmauer ❻.

Kalker Kapelle

Zu sehen ist ein Neubau, der nach Zerstörung im zweiten Weltkrieg notwendig wurde. Kalk war spätestens seit der großen rheinischen Pest von 1665/66 bedeutender Wallfahrtsort. Die verehrte Pietà von 1430 wurde bei dem Bombentreffer nicht zerstört. Sie steht heute noch in der Kalker Kapelle.

Nach der Bahnunterführung mit der S-Bahnstation **Trimbornstraße** verlassen Sie die B55 und folgen geradeaus der Deutz-Kalker-Straße.

Die Lanxess-Arena am Weg, früher Kölnarena (Mehrzweck-Veranstaltungshalle), gehört schon zu Deutz. Den Deutzer Kern, der heute zur Kölner Innenstadt zählt, erreichen Sie an der **Deutzer Freiheit**. Der Begriff Freiheit wies im Mittelalter auf Ortschaften hin, die von Geld- und Naturalienabgaben und den Diensten gegenüber dem Landesherrn befreit waren. Das jedenfalls geht aus einer Information der Stiftung Stadtgedächtnis hervor. Unbedingt sehenswert ist die kath. Pfarrkirche Neu St. Heribert, die Ende des 19. Jh. errichtet worden ist.

Neu St. Heribert

Erzbischof Heribert von Köln gründete im Jahr 1002/3 im Einvernehmen mit Kaiser Otto III. auf den Fundamenten des alten Römerkastells rechtsrheinisch eine Benediktinerabtei. Als er 1021 starb, setzte eine große Verehrung ein, da er zu Lebzeiten ein beliebter Mensch gewesen war. Ihm zu Ehren entstand 120 Jahre später der heute noch existierende Heribertschrein. Die Abteikirche wurde im 19. Jh. für die Gemeinde zu klein. So entstand 1892-1896 die Kirche Neu St. Heribert nach Bauvorbildern der rheinischen Spätromanik. Beim Wiederaufbau der Kirche nach Kriegszerstörungen wurde auch über die Platzierung des Schreines auf einem Podest, das umrundet, aber auch unterschritten werden kann, wertgelegt. Vorbild war ein in Kölner Kirchen belegbarer mittelalterlicher Pilgerbrauch, unter dem Sarg des Verehrten hindurchzuschreiten. Interessant ist auch die Möglichkeit, sich die kunstvollen Goldschmiedearbeiten aus der Nähe anzuschauen. Alt St. Heribert, die ehemalige Abteikirche, beherbergt heute die griechisch-orthodoxe Gemeinde von Köln.

Hinter der Kirche Neu St. Heribert empfiehlt es sich, in die Unterführung zur Stadtbahn einzutauchen und sie Richtung Urbahnstraße wieder zu verlassen. Wenn Sie rauskommen, gehen Sie links Richtung Deutzer Kastell, passieren **Alt St. Heribert ❼** und erreichen die **Rheinterrassen** ✕ ☕.

Hier gehen Sie links hoch zur Deutzer Brücke und überqueren den Rhein. Am **Heumarkt** biegen Sie rechts ein, kommen am Reiterstandbild von Friedrich Wilhelm III., König von Preußen, vorbei und wandern aus der linken Ecke weiter zum Alten Markt. Es gibt viele Möglichkeiten, sich mit Essen und Trinken und anderen Dingen zu versorgen (Stadtzentrum).

Vom ⌘ Museum Ludwig werden Sie gestoppt. Gehen Sie halb links die Treppen aufwärts zum Römisch-Germanischen Museum, dort links zur Domplatte und zum Portal des Kölner Doms, dem Ziel Ihrer Pilgerreise. Wer weiter geht hat, noch rund 2.400 km bis Santiago de Compostela zu gehen, je nachdem welche Route gewählt wird.

Köln

BANK ⌘ ✆ 02 21,

- **Köln Tourismus**, Kardinal-Höffner-Platz 1, 50667 Köln, ☏ 34 64 30, info@koelntourismus.de, www.koelntourismus.de, Mo-Sa 9:00-19:00, So, Fei 10:00-17:00, (im Winter So, Fei geschlossen), ➲ am Weg, schräg rechts gegenüber vom Domportal.
- ♦ **Domforum**, Domkloster 3, 50667 Köln, ☏ 92 58 47 20, Mo-Sa 9:30-17:00, So 13:00-17:00, Informations-, Begegnungs- und Veranstaltungszentrum der kath. Kirche Köln, Besucherzentrum des Kölner Doms, Kirchenführungen, Domführungen etc., ⊙, ➲ am Weg (schräg links gegenüber dem Hauptportal des Doms)
- ♦ **Kölner Santiagofreunde**, Kontaktadresse und Ausgabestelle für Pilgerausweise, Norbert Wallrath, Knapsackstraße 2, 50354 Hürth, ☏ 022 33/754 88, 017 37 58 45 10, norbert.wallrath@web.de, www.santiagofreunde.de
- Köln ist ein bedeutender Sammelpunkt für Pilgerinnen und Pilger. Die Informationsseiten der Pilgerwege im Internet beinhalten häufig auch Nennungen von speziellen Pilgerunterkünften. Für Köln werden Sie auf folgenden Seiten fündig:
  www.elisabethpfad.de → Weg 3 → Übernachtung
  deutsche-jakobus-gesellschaft.de → Pilger für Pilger → Pilger beherbergen Pilger
- ♦ **Jugendherberge Köln-Deutz** City-Hostel, Siegesstraße 5, 50679 Köln, ☏ 81 47 11, koeln-deutz@jugendherberge.de, www.koeln-deutz.jugendherberge.de, ÜF ab € 27,40, ➲ 250 m, am Deutzer Bahnhof
- ♦ **Station-Hostel für Backpacker**, Marzellenstraße 44-56, 50668 Köln, ☏ 912 53 01, station@hostel-cologne.de, www.hostel-cologne.de, Ü EZ ab € 35, DZ ab € 52, MBZ ab € 18 p. P., F € 7,50, ✕, ➲ 250 m (nördlich des Doms).

A&O Hostel Köln Dom, Komödienstraße 19-21, 50667 Köln, ☏ 257 22 57, www.aohostels.com, Ü EZ ab € 45, DZ ab € 72 (Tagespreise), ➲ 100 m, westl. des Doms

♦ **Blacksheephostel Cologne**, Barbarossaplatz 1, 50674 Köln, ☏ 30 29 09 60, www.blacksheephostel.de, ÜF ab € 19 (MBZ), ➲ 900 m, vom Dom 2,3 km

♦ **dpsg Tagungs- und Gästehaus St. Georg**, Rolandstraße 61, 50677 Köln, ☏ 93 70 20 20, gaestehaus@dpsg-koeln.de, www.dpsg-koeln.de/gaestehaus-st-georg/start, Ü ab € 33 (MBZ), ➲ 2 km, Südstadt

Schifffahrten auf dem Rhein buchen Sie im Büro des Köln Tourismus.

Kölner Seilbahn vom Rheinpark zum Zoo, www.koelner-seilbahn.de, April-Okt 10:00-18:00

Der öffentliche Nahverkehr in Köln wird von den Kölner Verkehrsbetrieben organisiert, alle Informationen finden Sie auf der Homepage www.kvb.koeln.

Der Kölner Hauptbahnhof gehört zu den meistfrequentierten Bahnhöfen Deutschlands und ist wichtigster Umsteigebahnhof in NRW. Neben dem nationalen Nah- und Fernverkehr gibt es von Köln aus auch internationale Direktverbindungen (Thalys Köln – Brüssel – Paris, ÖBB nightjet von Brüssel über Köln, München nach Wien und Innsbruck).

Kölner Dom

Der Bau des dem heiligen Petrus geweihten Kölner Doms dauerte Jahrhunderte und der Dom ist bis heute dauerhaft von Reparaturarbeiten betroffen. Er gilt als eine der schönsten gotischen Kathedralen. Es ist eine fünfschiffige Anlage, wobei das Mittelschiff eine Höhe von 43 m hat. Seine absolute Höhe beträgt 157,31 m, damit ist er die dritthöchste Kirche der Welt und die zweithöchste Deutschlands nach dem Ulmer Münster. Während des Zweiten Weltkrieges wurde der Dom bei Bombenangriffen zwar mehrfach getroffen, aber nicht zum Einsturz gebracht. Wie durch ein Wunder ragten seine zwei Türme aus den Trümmern der zerstörten Stadt. Neben den verehrten Reliquien der Heiligen Drei Könige beherbergt der Kölner Dom unzählige Kostbarkeiten wie Altäre, Mosaike und Statuen.

Der Kölner Dom wurde 1996 von der UNESCO zu einem der größten europäischen Meisterwerke gotischer Architektur und zum Weltkulturerbe erhoben.

♦ **Kölner Dom**, Domkloster 4, www.koelner-dom.de, Dom: Mo-Sa 10:00-20:00, So, Fei 8:00-20:00, Schatzkammer tägl. 10:00-18:00, Turmbesteigung Okt u. März-April 9:00-17:00, Mai-Sep 9:00-18:00, Nov-Feb 10:00-16:00

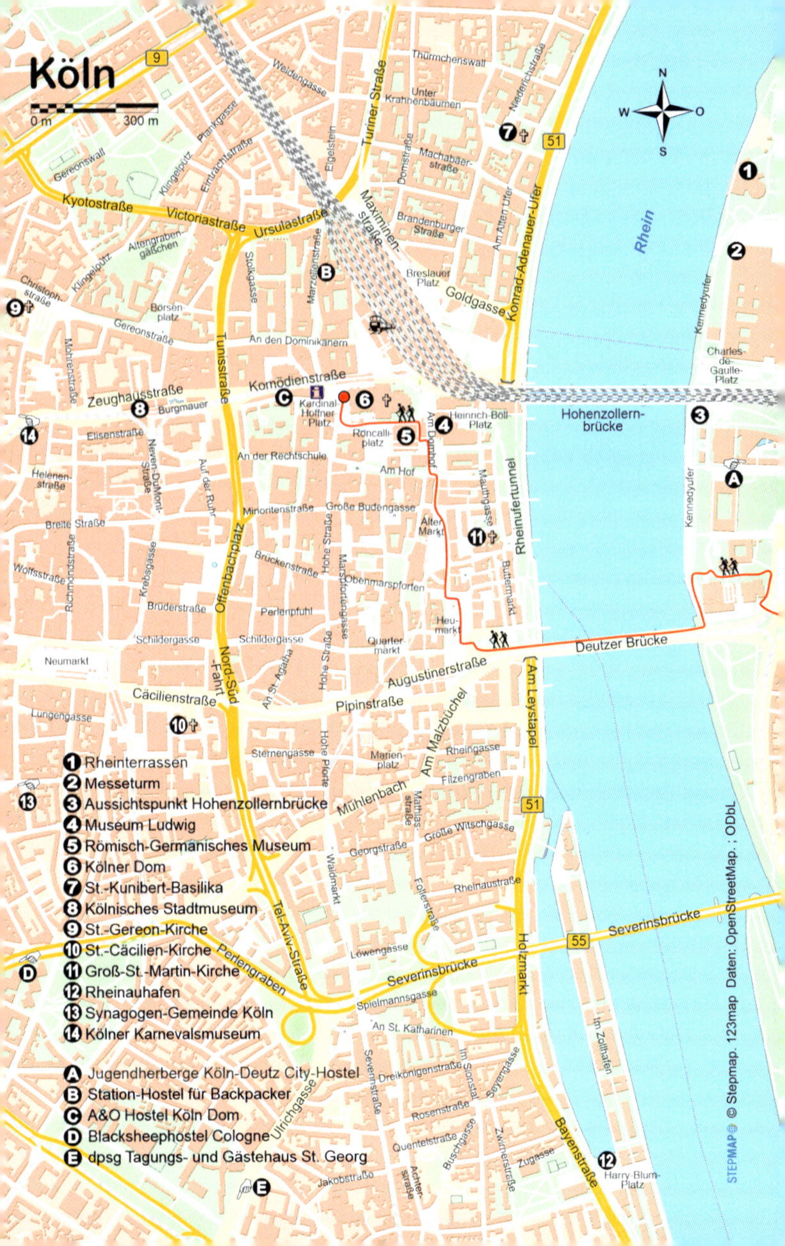
Köln
0 m
300 m
N
W
O
S
Rhein
Thürmchenswall
Weidengasse
Turiner Straße
Unter Krahnenbäumen
Niederichstraße
Machabäerstraße
Domstraße
Eigelstein
Plankgasse
Eintrachtstraße
Klingelpütz
Gereonswall
Kyotostraße
Victoriastraße
Ursulastraße
Maximinenstraße
Brandenburger Straße
Am Alten Ufer
Konrad-Adenauer-Ufer
Altengrabengäßchen
Marzellenstraße
Stolkgasse
Breslauer Platz
Goldgasse
Kennedyufer
Charles-de-Gaulle-Platz
Christophstraße
Klingelpütz
Börsenplatz
Gereonstraße
An den Dominikanern
Tunisstraße
Komödienstraße
Zeughausstraße
Burgmauer
Kardinal-Höffner-Platz
Hohenzollernbrücke
Heinrich-Böll-Platz
Am Domhof
Roncalliplatz
Elisenstraße
Neven-DuMont-Straße
Auf der Ruhr
An der Rechtschule
Am Hof
Helenenstraße
Minoritenstraße
Große Budengasse
Mauthgasse
Rheinufertunnel
Breite Straße
Alter Markt
Offenbachplatz
Hohe Straße
Brückenstraße
Marspfortengasse
Obenmarspforten
Wolfsstraße
Richmodstraße
Krebsgasse
Brüderstraße
Perlenpfuhl
Buttermarkt
Heumarkt
Schildergasse
Quatermarkt
Deutzer Brücke
Neumarkt
Nord-Süd-Fahrt
An St. Agatha
Augustinerstraße
Cäcilienstraße
Pipinstraße
Am Leystapel
Lungengasse
Am Malzbüchel
Rheingasse
Sternengasse
Hohe Pforte
Marienplatz
Filzengraben
Mühlenbach
Mathiasstraße
Große Witschgasse
Georgstraße
Waidmarkt
Follerstraße
Rheinaustraße
Tel-Aviv-Straße
Perlengraben
Löwengasse
Severinsbrücke
Holzmarkt
Spielmannsgasse
An St. Katharinen
Im Zollhafen
Severinstraße
Dreikönigenstraße
Im Sionstal
Severgasse
Ulrichgasse
Rosenstraße
Quentelstraße
Buschgasse
Zwirnerstraße
Zugasse
Bayenstraße
Jakobstraße
Achterstraße
Harry-Blum-Platz
9
51
55
1 Rheinterrassen
2 Messeturm
3 Aussichtspunkt Hohenzollernbrücke
4 Museum Ludwig
5 Römisch-Germanisches Museum
6 Kölner Dom
7 St.-Kunibert-Basilika
8 Kölnisches Stadtmuseum
9 St.-Gereon-Kirche
10 St.-Cäcilien-Kirche
11 Groß-St.-Martin-Kirche
12 Rheinauhafen
13 Synagogen-Gemeinde Köln
14 Kölner Karnevalsmuseum
A Jugendherberge Köln-Deutz City-Hostel
B Station-Hostel für Backpacker
C A&O Hostel Köln Dom
D Blacksheephostel Cologne
E dpsg Tagungs- und Gästehaus St. Georg
© Stepmap. 123map Daten: OpenStreetMap ; ODbL
STEPMAP

☺ Neben dem Dom befinden sich im Kölner Altstadtbereich **zwölf** kulturgeschichtlich herausragende **romanische Kirchen**, von denen ich hier vier aufgeführt habe. Falls Sie Interesse an einer näheren Betrachtung haben, könnten Sie sich eine App über den Link auf folgender Webseite herunterladen, sie enthält einen audiovisuellen Guide zu zehn dieser Kirchen.

romanischekirchen.pausanio.de

✞ **St.-Gereon-Kirche**. Die Ursprünge dieser von der katholischen Gemeinde genutzten Kirche reichen bis in die spätrömische Zeit zurück (4. Jh.).

♦ Gereonkloster 2, www.stgereon.de, tägl. Mo-Sa 9:00-12:30, Mo-Fr zusätzl. 13:30-18:00

✞ **Groß St. Martin.** Im 12. Jh. auf römischen Fundamenten errichtete Basilika. Sie steht in der sogenannten Köln-Vorstadt auf einer ehemaligen Rheininsel und diente über viele Jahrhunderte einem Benediktinerkloster als Abteikirche.

♦ Martinspförtchen 8, Di-Sa 8:30-19:30, So 13:00-19:15, aber nur außerhalb der Gebetszeiten der „Schwestern und Brüder von Jerusalem“, welche die Kirche als Klosterkirche nutzen, Gebetszeiten 9:30, 12:30 und 18:00, So 7:30, 10:30, 11:00 und 18:30 jeweils eine halbe Stunde

✞ **Basilika St. Kunibert**. Die Kirche stammt aus der ersten Hälfte des 13. Jh. Eine Legende ist mit einem in der Kirche heute nicht mehr zugänglichen Brunnenschacht verbunden, nach der die neu geborenen Kinder nicht wie anderswo vom Storch gebracht werden, sondern diesem Kunibertspütz entstammen, auf dessen Grund sie vorher in paradiesischen Verhältnissen gelebt haben. Der Schacht ist heute durch eine 1955 von Elmar Hillebrand gestaltete Bodenplatte im Chor der Kirche kenntlich gemacht.

♦ Kunibertsklostergasse 2, www.st-kunibert-koeln.de, tägl. 10:00-18:00

✞ **Synagogen-Gemeinde Köln.** In Köln ist die älteste jüdische Gemeinde Deutschland beheimatet. Das Haupthaus der Gemeinde ist ein neoromanscher Bau aus dem Ende des 19. Jh.

♦ Roonstraße 50, 50674 Köln, www.sgk.de, einmal im Monat finden öffentliche Führungen nach Anmeldung statt, einen Link zu den Terminen finden Sie auf der Webseite unter „home“, Gottesdienste Mo-Fr um 7:15, am Schabbat um 9:30 sowie So, Fei um 8:15

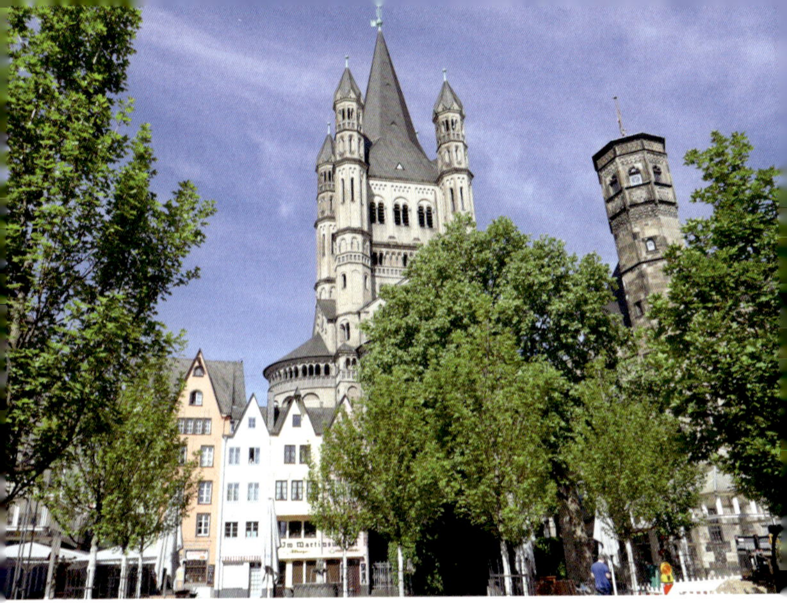

Eine der 12 romanischen Kirchen in Köln: Groß St. Martin

✞ ⌘ **St. Cäcilien (Museum Schnütgen).** Die Stiftskirche mit Ursprüngen im 9. Jh. ist heute Museum für sakrale Kunstgegenstände aus vier Jahrhunderten.

♦ Cäcilienstraße 29-33, 50676 Köln, ☏ 22 12 23 10, 💻 www.museenkoeln.de, 🚪 Di-So 10:00-18:00, Do bis 20:00 und an jedem ersten Do im Monat bis 22:00

⌘ **Römisch-Germanisches Museum**. Das Museum bietet einen Einblick in die römische Kultur am Rhein, ausgestellt sind u. a. Alltagsgegenstände und Schmuck.

♦ Roncalliplatz 4, 50667 Köln, ☏ 22 12 44 38, 💻 www.museenkoeln.de, wegen Generalsanierung geschlossen (Stand 2021), Ausstellung im Belgischen Haus, Cäcilienstaße 46, 🚪 ☞ St Cäcilien (Museum Schnütgen)

⌘ **Kölnisches Stadtmuseum**. Das Stadtmuseum zeigt die Geschichte der Stadt Köln und das Leben ihrer Bewohnerinnen und Bewohner vom Mittelalter bis heute.

♦ Zeughausstraße 1-3, 50667 Köln, ☏ 22 12 57 89, 💻 www.museenkoeln.de, 🚪 Di 10:00-20:00, Mi-So 10:00-17:00

⌘ **Museum Ludwig**. Ausgestellt ist Kunst des 20. und 21. Jh., Pop-Art, Picasso, Expressionismus, Fotografie.

♦ Heinrich-Böll-Platz, 50667 Köln, ☎ 22 12 61 65, 💻 www.museenkoeln.de, 🚪 Di-So und Fei 10:00-18:00, jeden ersten Do im Monat bis 22:00

⌘ **Kölner Karnevalsmuseum**. Alles was Sie schon immer über den Karneval in Köln wissen wollten.

♦ Maarweg 134-136, 50825 Köln, ☎ 574 00 76, ✉ info@kk-museum.de, 💻 www.koelnerkarneval.de/museum, 🚪 an ausgewählten Tagen einmal im Monat, die Termine erfahren Sie auf der Webseite.

☺ **Rheinauhafen,** Hafenviertel mit Wohn- und Bürogebäuden der Moderne (Kranhäuser), Flaniermeile mit zahlreichen Cafés, Restaurants und Galerien, ➲ 1,8 km südl. des Doms am Rheinufer

Die heute 1,1 Millionen Einwohnerinnen und Einwohner zählende Stadt Köln ist die größte Stadt Nordrhein-Westfalens und die viertgrößte der Bundesrepublik Deutschland. Dabei ist die zu beiden Seiten des Rheins gelegene Großstadt nicht nur eines der Zentren des Karnevals in Deutschland, sondern auch ein Wirtschafts- und Kulturstandort von internationalem Rang. An der Universität und den Fachhochschulen sind mehr als 60.000 Studentinnen und Studenten immatrikuliert. Das herausragende Wahrzeichen der Stadt, der Kölner Dom gehört heute zu den meistbesuchten Sehenswürdigkeiten Deutschlands, ist selbst Wallfahrtszentrum und im Ursprung Kathedralkirche der Erzbischöfe und Aufbewahrungsort der Gebeine der Heiligen Drei Könige.

Köln gehört neben Trier zu den ältesten Städten Deutschlands. Sie wurde von den Römern im Jahr 50 n. Chr. als „Colonia" (Kolonie) gegründet. Nach der Blütezeit des römischen Kölns im 2. und 3. Jh. brach Mitte des 5. Jh. die Herrschaft der Römer im Rheinland zusammen. Im Jahr 795 wurde unter Karl dem Großen der Kölner Bischof Hildebold zum Erzbischof erhoben. Mit dem Bau eines ersten Doms wurde im 9. Jh. begonnen und in der Folgezeit wurde die Stadtfläche mehrfach u. a. durch Aufschüttungen sumpfiger Rheinflächen vergrößert. Zum Ende des 12. Jh. wurden die ersten Bürgermeister der Stadt urkundlich erwähnt. Köln hatte zur damaligen Zeit etwa 40.000 Einwohnerinnen und Einwohner und war die größte Stadt im Reich.

Der Grundstein für den neuen, den heutigen Dom wurde im Jahr 1248 gelegt. Bereits 1320 war das Gebäude um den Chor errichtet. Ende des 14. Jh. kam es zu Auseinandersetzungen zwischen den bürgerlichen Handwerkern und den Mitgliedern der Oberschicht. Hierbei setzten sich die Zünfte durch und es wurde eine erste Kölner Verfassung, der Verbundbrief, erlassen. Im Jahr 1475 wurde Köln durch ein Dekret von Kaiser Friedrich III. zu einer freien Reichsstadt. Mitte des 16. Jahrhunderts wurde die Kölner Börse gegründet. Sie gehört zu den ältesten weltweit.

Während des Dreißigjährigen Krieges verhielt sich Köln neutral. Köln litt aber unter dem stark behinderten Warenverkehr. Zum Ende des 18. Jh. wurde Köln durch französische Truppen besetzt (☞ 9. Etappe, Nierhof). In der Folgezeit trat die französische Verfassung in Kraft, die in das Rheinische Recht einfloss, welches auch nach Abzug der Franzosen im Jahr 1814 bis zum Ende des 19. Jh. Bestand hatte. Im Jahr 1835 wurde die Rheinische Eisenbahngesellschaft gegründet und Mitte des 19. Jh. der Vorgängerbau des heutigen Hauptbahnhofs errichtet. Der Rheinauhafen wurde um die Wende zum 20. Jh. eingeweiht.

1917 wurde der spätere erste Bundeskanzler Konrad Adenauer Bürgermeister Kölns und nach Machtergreifung der Nationalsozialisten 1933 des Amtes enthoben. Im Jahr 1922 wurde die Kölner Messe gegründet. In den folgenden Jahren wurden das Müngersdorfer Stadion (heute: Rhein-Energie-Stadion), der Rheinpark, Automobilwerke und viele andere wirtschaftliche und kulturelle Einrichtungen in Köln gegründet. In den Jahren 1942 bis 1945 wurden rund 90 % der Kölner Altstadt und das restliche Stadtgebiet zu mehr als 70 % durch Bombenangriffe zerstört. Die Schäden wurden nach Kriegsende behoben, der wirtschaftliche Aufschwung ließ Köln wachsen. Mit dem Bau der U-Bahn wurde 1968 begonnen. 1981 eröffnete man den Fernmeldeturm Colonius mit einem sich drehenden Restaurant. 1975 wurde Köln aufgrund der Gemeindereform zur Millionenstadt.

Köln ist heute eine Stadt, in der nationale und internationale politische und wirtschaftliche Veranstaltungen stattfinden. Außerdem gehört Köln auch aufgrund des kulturellen und sportlichen Lebens zu den führenden Städten in Deutschland.

Wie es weitergeht, erfahren Sie in folgendem Pilgerführer

📖 **Jakobsweg Via Coloniensis von Köln nach Trier** von Ingrid Retterath, Conrad Stein Verlag, ISBN 978-3-86686-628-7, € 14,90

Index

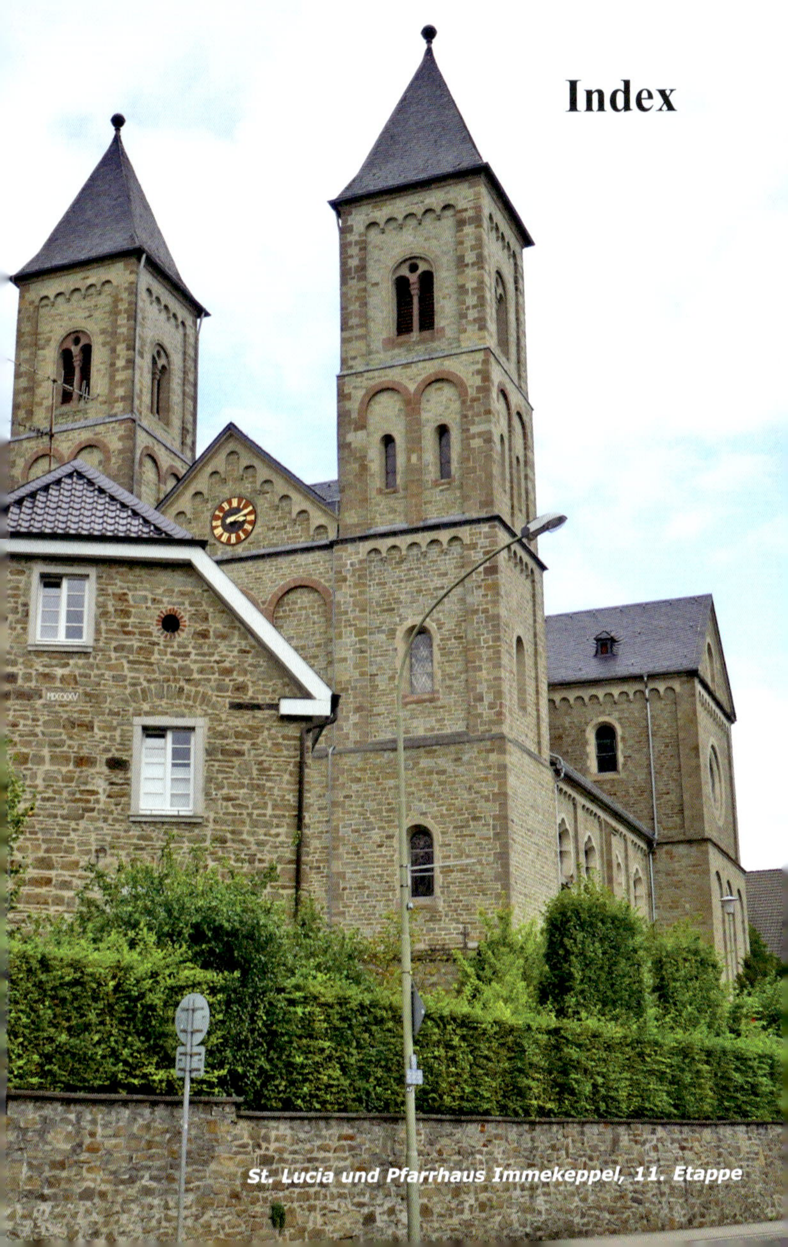

St. Lucia und Pfarrhaus Immekeppel, 11. Etappe

A

B

C/D

E

F

G

H

I/J

K

L

M

N

O

P

R

S